LOCUS

LOCUS

LOCUS

LOCUS

touch

對於變化，我們需要的不是觀察。而是接觸。

a *touch* book
Locus Publishing Company
11F, 25, Sec. 4, Nan-King East Road, Taipei, Taiwan
ISBN-13:978-986-7059-45-1 ISBN-10:986-7059-45-X
Chinese Language Edition

If You've Raised Kids, You Can Manage Anything
By Ann Crittenden

October 2006, First Edition
Printed in Taiwan

媽媽經大於管理經
作者：安・克坦頓（Ann Crittenden）
譯者：郭春美
責任編輯：張碧芬　美術編輯：何萍萍
法律顧問：全理法律事務所董安丹律師
出版者：大塊文化出版股份有限公司　www.locuspublishing.com
台北市105南京東路四段25號11樓　**讀者服務專線：0800-006689**
TEL:(02)8712-3898　FAX:(02)8712-3897
郵撥帳號：18955675　戶名：大塊文化出版股份有限公司

總經銷：大和書報圖書股份有限公司　地址：臺北縣五股工業區五工五路2號
TEL:(02)8990-2588（代表號）　FAX:(02)2290-1658
排版：天翼電腦排版印刷股份有限公司　製版：源耕印刷事業有限公司
初版一刷：2006年10月

定價：新台幣280元

touch

媽媽經 > 大於 管理經

領導從家庭開始。
帶小孩的撇步，就是企業管理的要訣

If You've Raised Kids, You Can Manage Anything
Leadership Begins At Home

前《紐約時報》記者·普立茲獎提名
Ann Crittenden

郭春美　譯

推薦序 多元身分的創新刺激

精英公關集團執行長 嚴曉翠

媽媽經理人越來越聰明的秘密，原來是同時兼顧家庭與工作！

最近我建議我們集團一家公司的副總，拔升一位剛當了幾個月媽媽的小主管，讓她擔負更高的管理職務，管理更多人與客戶。一般主管對這樣的建議一定會覺得不可思議，但這位副總不僅採納了我的建議，不久後也很興奮地告訴我，在跟這位媽媽小主管談過升等計畫與生效時間後，這位媽媽不僅欣然接受挑戰，更立即不慍不火地展開同步多工而細膩的各項人與事安排。這位副總告訴我，她覺得生過小孩的女性經理人真的很神奇。

這位小媽媽本來就是個工作很有效率、很優秀的女生，在請產假前，曾經很徬徨地跟她的副總長談，她表示，雖然家庭環境讓她可以當全職媽媽，也很想做個稱職的好媽媽、好太太，但她並不想放棄自己所學與工作，只是魚與熊掌很難得兼。這位副總承諾，只要她願意重返崗位，一定全力協助她，更何況網路跟行動電話這麼方便！對於公關公司這個女性多數的行業而言，我們做到的只是同理心與體貼，但這位媽媽經理人卻成功挑戰了自己的潛能，讓家庭與職場的表現同樣成功！

這幾年來，我除了集團管理的工作與家務之外，因爲還在學校教書，也跑去再進修，同時扮演老婆、媽媽、女兒、媳婦、執行長、老師、研究生這七、八種身分，而在多種身分轉換的過程中，我感覺到自己比生命中任何時期都更聰明、更有智慧以及更不需要睡眠，就跟本書所提到的媽媽們一樣。我一直以爲那是因爲懷孕生小孩改變荷爾蒙而變得更聰明，直到從本書作者提到的專家研究才知道：「其實改變環境和注意力的焦點，通常可以刺激大腦思考，因而找到不曾想過的關聯，產生平時不會想到的點子。」原來，這些多元角色與場景的不斷轉換，竟然是讓媽媽經理人越來越有創新能力的原因。

作者在書中提到：「每位員工都有他過去的包袱，成長過程中對父母的愛恨情仇，都會投射到自己上司的身上」，這正是我也很推薦這本書給所有未婚的經理人們看的原因！雖然他們都還沒結婚當爸媽，但他們一定都有與自己父母相處的經驗與記憶，如果能邊看著作者的故事教學，邊倒過來反思職場中的所有管理課題，相信對他們將有更具像的幫助。

這本書眞的很適合給所有已婚跟未婚的女性經理人看——叫已婚的不要輕言放棄工作，叫未婚的要勇敢結婚生小孩！

目錄

引言 領導從家庭做起

當自己兩歲大的小孩在超市裡頭亂發脾氣，或者正值青春期的孩子對著你大喊：「我恨你！」的時候，父母親心裡通常會這麼想：「如果我能搞定這傢伙，那世上沒有任何事能難倒我了。」

大部分爲人父母者都深深了解，養兒育女是他們這一輩子碰過最辛苦的工作。就算對某些人來說，帶小孩並沒有那麼困難，不過，至少「帶小孩」這件事情也可以拿來和「跟成人打交道」相比，不論你打交道的對象是主管、客戶、同事、員工，還是脾氣不佳的朋友。任何人只要曾經學過如何安撫麻煩的學步兒、撫平暴躁青少年的感受，或者打理好複雜的家庭問題，就有能力搞定勃然大怒的老闆，也能處理好各種危機，同時解決幾個緊急狀況，還能激勵團隊，並且從最詭譎狡詐的辦公室政治當中全身而退。

領導從家庭做起。

女人在某種程度上都知道這個道理。自盤古開天以來，女人就了解照顧一個家庭和應付生活中其他挑戰，需要什麼樣的技能、組織力和個性。「育兒技巧很明顯地也可以應用在職場上。」維吉尼亞大學達頓商學院的珍妮萊德卡（Jeanne Liedtka）說道。「這都是人的問題，因此同樣的原則放諸四海皆準。」

不過，只要母親被限制在家庭當中，這個不辯自明的道理仍舊會被忽略、駁回，甚至被嗤之以鼻。認爲小孩的行爲經常和團體當中的成人行爲相似的顛覆性母性思維，很可能會被當作笑話看待。然而當今的女性已經在專業領域、商界和政界發光發亮，她們現在可以了解認眞扮演育兒的角色，是她們在人生當中的重要成就。她們也開始體認到，她們應用在家庭中的技巧，也可以應用在職場上。這個道理終於開始爲世人所了解。

兩項研究

最近有兩項針對成功女性經理人的研究，意外證實了育兒技巧可以應用在其他領域中。北卡羅萊納州葛林斯堡創意領導中心（The Center for Creative Leadership）針對六十一位白人高學歷女性經理人做了一項研究，試圖了解在生活當中扮演多重角色，究竟是會提升還是降低她們的工作效率。接受研究的這些女性都表示，所有的私人角色都會提升她們的專業表現，其中又以母親這個角色被提及最多次。有些女性甚至表示，同事們認爲她們當上母親後，變成更好的經理人。

「做點正經事！」就某個角度來說，或許是個不錯的生涯建議。

另外一項研究，是衛斯理學院女性研究中心（Wellesley College Center for Research on

Women）針對六十位包括企業執行長、大學校長、律師、醫生和作家在內的傑出女性領袖所作的調查，調查發現幾乎所有爲人母者，都認爲當媽媽的經驗讓她們成爲更好的主管。主持研究的學者對這個出乎意料的結果大爲吃驚。這些研究對象的女性表示，生養小孩是訓練領導統御的絕佳機會。「如果你能夠應付一群年幼的孩子，你就能應付一群官僚。兩者的過程幾乎完全一樣。」一位受訪者表示。

有趣的是，年紀愈輕的女性領袖，比較願意把養兒育女的經驗當作是和工作有所相關的經驗。

相對而言，上一代的女性主管通常會仿效男性同儕的行爲舉止，以便在男性主導的職場中獲得晉升。研究發現四十五歲以下的受訪者當中，有將近一半的人視母親這個角色爲擔當領袖責任的準備，而年紀較長的受訪者當中，只有百分之十的人如此認爲。

「這就表示，她們對於母親角色的調適程度有所不同。」研究主持人薩姆魯・愛科特（Sumru Erkut）表示。「在過去，女性不會把他們的女性特質帶到工作場合當中。」

這類的調查並沒有證明爲人父母和成爲更好的經理人之間有因果關係。它們或許只反映了所謂的超級媽咪現象：活力十足、天資聰穎的成功女性，較能從容應付生活當中包括爲人母在內的多重角色。事實是許多有能力的母親仍然相信，生養小孩能夠讓她們在工作上有更佳的績效。

身兼母親與繼母兩種角色，同時在費城應用研究中心（Applied Research Center）擔任管理顧問一職的南西・卓斯鐸（Nancy Drozdow），對這個現象下了一個簡單扼要的結論：「只要你認真對待照顧小孩這個責任，你自然就會成爲更好的經理人。」

女性的生理特質

有趣的是，關於人類大腦最新的研究結果也顯示，教養子女和特定能力之間具有生理上的關聯。最近兩位維吉尼亞大學的神經學專家，以老鼠爲受試對象所作的研究顯示，在懷孕和哺育時期，母鼠體內所釋放出的荷爾蒙能夠強化大腦當中負責學習與記憶的部位，而且這些正面的改變似乎是永久的。關於這項研究結果的新聞報導，甚至出現了〈懷孕會讓妳更聰明〉這樣的標題。

這些研究結果一一挑戰了傳統上認爲「懷孕會讓女性變得自我封閉，讓她們的分析能力退化」的思維。

很明顯地，這種過時的假設並沒有演化發展的根據。我們知道人類的嬰兒比其他哺乳類動物的幼獸需要更多、更長時間的仔細呵護。我們也知道這類的呵護絕大部分都是由女性負起責任。因此，合理的推斷是，假設在數百萬年的演化天擇壓力之下，人類女性的大腦應該會具備特定的認知優勢，以有利於子女的生存——例如同時記得並專注於多項工作的能力、辨別環境中有危險的能力，以及當出現危險威脅時，能夠無懼因應的能力。

針對生育角色會如何影響我們，尤其是女性大腦的研究仍在初始階段。隨著這方面的研究從老鼠延伸到靈長類動物，我們或許能證明教養下一代的責任，確實能夠刺激爲人父母者的能力到令人無法想像的境界。

本書的內容，主要是根據我針對超過一百位身爲家庭主要照顧者的父親與母親，所作的深入訪談而來。我訪談的對象不僅是養育子女方面主動積極的家長，同時也在商界、法界、政治界、外交界、學術界、娛樂界，和非營利事業領域擁有卓越的成績。（我儘量避免訪問那種《紐約客》漫畫專欄會嘲諷的父母。這類漫畫裡可能會出現兩個坐在娃娃車、由保母推著的小娃娃，其中一個娃娃對另一個說：「我爸媽也是一樣，只會在人前裝模作樣，卻很少親自照顧我。」）

養兒育女幾乎全是女性的責任

我訪談的對象女性的數目遠大於男性，主要是因爲日常養育子女的工作主要還是由女性承擔的原因所致。例如在二〇〇二年，全美國有一千一百萬名兒童是由專職的家庭主婦負責照顧，而只有十八萬九千名兒童是由專職家庭主夫所帶大。單親媽媽的人數也遠超過單親爸爸（一千六百五十萬人比三百三十萬人），而擁有正常婚姻關係的家長之間，母親花在養育子女上的時間也至少是父親的三倍，這比過往的差距還要大。

除此之外，能夠同時扮演「認眞照顧小孩的家長」和「成功專業人士」這兩種角色的，也多半是女性。家庭與工作學會（Families and Work Institute）於二〇〇二年訪問了一千兩百名主管，其中男性與女性擁有子女的百分比幾乎相當（女性七九％，男性七七％）。但是有七五％的受訪男性背後有一位全職做家管的妻子，相對而言，女性擁有全職家管伴侶的比例就微不足道了。所以符合條件以比較教養子女和專業工作的對象，絕大部分都是女性。

我開門見山問這些受訪者，是否認為她們從為人父母的責任當中學習到了寶貴的管理技巧，只有少數受訪者認為這兩者之間完全沒有關聯。以下是一些典型的回答。

◎「教養子女和管理成人，都需要你接受別人原本的樣子，找出他們擅長的領域，指導他們如何能夠做到最好，在他們需要幫助的時候支持他們，而在他們不需要你的時候，也要識趣地走開。」CNBC電視網執行長潘蜜拉・湯瑪斯・葛拉罕（Pamela Thomas-Graham）做了上述表示。

◎「經營一家大公司基本上和經營一家幼稚園沒什麼兩樣。」雷神公司（Raytheon）飛彈系統部門主管路易絲・法蘭西絲康尼（Louise Francesconi）如此表示，她手下有一萬一千名員工，該部門負責供應在阿富汗對抗蓋達組織的雷射導彈系統。

◎「我很在意某些人說，如果妳是個成功的主管，妳就不能有小孩的說法。那根本是無稽之談！如果妳有小孩，妳會是個更好的主管！」奧美環球廣告公司董事長暨執行長雪莉・拉沙羅斯（Shelly Lazarus）表示。

◎「你不能說我是『儘管為人父母，還能夠成為傑出的經理人』，而是應該說『因為我為人父母，所以我才能成爲更好的經理人』。」寶鹼全球嬰兒產品部門總裁黛比・漢瑞塔（Deb Henretta）表示，她和奧美董事長暨執行長雪莉・拉沙羅斯，都被《財星》雜誌選爲商業界五十大傑出女性。

◎「我從帶小孩這件事上學到的管理下屬和上司的技巧，比我從任何管理課程上學到的還要多……我的兩歲小孩教了我很多關於顧客服務、目標管理和利用報酬系統提升績效的經驗。帶過學步兒的媽媽基本上可以應付任何危機狀況。」氧氣媒體（Oxygen Media）總裁暨執行長潔洛汀・雷本（Geraldine Laybourne）表示。

◎「沒有比爲人父母還要更好的職業預備訓練了。」紐約州立大學石溪分校校長雪莉・史多姆・肯尼（Shirley Strum Kenny）表示，她同時也是五個小孩的母親。

◎「當你需要領導別人，當你需要組織團隊的時候，或許你最需要的技能就是一般母親在家裡帶小孩的那套。妳在一天之內教訓你那個十歲小孩的話，或許正是妳應該應用在商場上的話語。」時代雜誌社董事長安・摩爾（Ann Moore）表示（摩爾的四個基本原則包括：不准發牢騷、要聽老師的話、做你的功課和不要忘記說謝謝）。

一九七九年負責調解以埃和平問題的美國外交官哈洛德・桑德斯（Harold Saunders）跟我說過，如果他不是因爲喪妻，必須要隻手帶大兩個正值青春期的小孩的話，他絕對沒有辦法說服以埃雙方接受調解的結果。他的兩個小孩多年以來都會在母親節送卡片給他。桑德斯說，若非有過安慰自己的小孩喪母之痛的經驗，他尤其不可能了解以色列人那種深沉的哀痛和強烈的不安全感。

管理家庭和管理企業

管理大師、企管書籍的作者和主管級訓練講師，也紛紛指出管理家庭和管理企業這兩件事情的關聯性。紐約市畢姆派恩斯公司執行講師約書亞・恩力奇（Joshua Ehrlich）會贈送他所有的客戶《領導效度訓練》（*Leadership Effectiveness Training*）這本書，其爲《父母效度訓練》（*Parent Effectiveness Training*）這本書的續集，這兩本書假設同一套管理技巧在家中和在辦公室都適用。波士頓一位人事主管瑪莎・布雷斯特（Martha Brest）也表示，她的客戶發現，他們對待小孩和在工作上待人處事的方法有異曲同工之妙。

「我有一位客戶，他是一家投資管理公司非常資深的高階主管，可以說是我認識的人裡，聰明才智最讓人佩服的一位，我認識他的時候他已經有小孩了。他主動告訴我，他從管理他的小孩上，學到了很多管理員工的技巧。他認爲帶小孩實際上需要更多自然的管理技巧，因爲帶小孩是沒有既定準則、沒有管理架構，更沒有實務訓練的。我認爲一般人也會同意這樣的看法。」

暢銷書《與成功有約》（*The 7 Habits of Highly Effective People*）作者史蒂芬・柯維（Stephen R. Covey）寫了一本叫《與幸福有約》（*The 7 Habits of Highly Effective Families*）的續集，

在這本書當中，他承認這些概念都是在家中體悟到的。身爲九個小孩的父親，柯維表示：「將這七個習慣運用在家庭中，是再自然也不過的事情了。它們不但適合，基本上這些概念都是我在家中學到的。」

另外一個證明這種逐漸認同家管者領導能力的例子，是在最近的一項調查當中，大多數的受雇成人受訪者都表示，他們的媽媽或許都能做得比他們公司目前的執行長來得好。一家位於紐澤西州的人力招募服務公司亞吉龍公司（Ajilon Office）訪問了六百三十二位人士，結果發現將近四分之三的受訪者都認爲，他們的母親相較於他們公司的執行長，在與員工溝通上都能夠做得更好，或者至少做到一樣好。三分之二的受訪者認爲，他們的母親在解決員工爭端上能夠做得更好或一樣好，另外也幾乎有三分之二的人認爲，他們的母親在處理公司財務問題上能夠做得更好或一樣好。想當然爾，有八成的受訪者認爲他們的母親能夠替他們公司的執行長上一堂道德課。

哈特佛保險公司（The Hartford）的執行副總裁茱蒂·布雷茲（Judy Blades）在二〇〇二年被選爲保險業年度女性（Insurance Woman of the Year）時，在一場於紐約曼哈頓俄羅斯茶室（Russian Tea Room）餐廳舉行的午宴當中，她敞開心胸告訴在場的保險業主管們，她的一言一行，都是學習自她的家人，包括她的兒女在內。她後來跟我說，她從來沒有在一場演講中，得到像當時那麼多的回應。

至於我自己，則是在我兒子於一九八二年出生後不久就體驗到這個道理。我當時看了很多關於育兒知識的書，發現在許多育兒書籍當中的建議，竟然和我之前身爲商業線記者所看的管理書籍如此類似。我開始懷疑給新手媽媽看的書，和給新進主管看的書是否講的是同一套理論，只是因應不同的讀者而有不同的包裝方式而已。

如何處理難纏人物

幾年之後，我開始深入探討這個想法。我報名參加了一場爲期三天，在哈佛大學舉辦的「如何處理難纏人物和危機狀況」研討會。這門課程是由史上最暢銷的商業書籍《實質利益談判法》（*Getting to Yes*）的作者之一威廉·烏瑞（William Ury）主講的。而正如我原先所料，這些企業主管和軍官每人付了將近兩千美元的學費所學到的管理秘訣，基本上和十美元一本的平裝育兒書裡頭寫的東西差不了多少。

烏瑞表示，他的建議多半來自純粹陽剛的來源，例如中國傳奇兵法家孫子，以及普魯士戰略家暨《戰爭論》（*The Art of War*）一書作者克勞塞維茨（Carl von Clausewitz）。不過，他在午餐時則溫厚地表示，他的授課內容大部分都直接取材自人文主義心理學家海穆·基·吉諾特（Haim Ginott）於一九五六年出版、被視爲育兒聖經的著作：《父母怎樣跟孩子說話》（*Between Parent and Child*）。在哈佛那些聽他演講的男性學員，以爲他們正在學習如何將過去戰場上的經驗應用在商場上，卻不知道他們學的，其實是過去幾十年媽媽們在家中應用的兒童心理學。

這些經驗到底是什麼？認真的父母到底從育兒方面學到了什麼技能，能夠運用在他們的專業生涯上呢？在我與受訪父母的對話當中，有四大類可以借用的技能不斷被提及。

第一種（也是最常被提到的一種）就是**「一心多用」**（multitasking），也就是能夠同時耍好幾個球的能力。一心多用的基本條件，包括了設定優先順序的能力、在混亂當中維持注意力的能力、有效管理複雜事務的能力，以及臨危不亂處理危機的能力。就像我一位朋友曾經下過的結論：「人生不是一場期末考，而是每天不斷隨堂小考。」

帶小孩也能夠培養出**「人際關係的技巧」**（interpersonal skills），讓人們能夠了解並且成功地和成人共事。待人處事的技巧愈來愈被認爲是，每個傑出領袖所必須具備的成功特質。其中包括了我所謂的「辨認小寶貝」技巧，以及處理各個年齡層的人不理性和不成熟行爲的能力、了解雙贏協商重要性的能力，傾聽他人想法的能力、表現耐心、同理心和尊重個人差異的能力、學習感恩，以及發掘每個人不同才能的能力。

第三類的育兒技巧主題是**「發展個人潛能」**（growing human capabilities）。這些是能夠讓經理人或領導者開發他人能力，並且激發他人潛能的授權和指導技巧。這些技巧包括正面強化的能力、闡述願景並激勵他人加入共同創造和執行該願景的能力，以及放手的智慧，也就是說讓他人有成長的自由和犯錯的空間，同時也提供足夠的支持和回饋讓他們不至於一敗塗地的能力。

第四類的育兒技巧屬於人格方面，或者可如政治學者維拉芮・哈德遜（Valerie Hudson）

所稱的**「誠信的習慣」**(habits of integrity)。小孩要帶得好，需要擁有某些公認的傳統美德。要能夠達到盡善盡美的境界，需要堅忍、勇氣、謙遜、無私、創意和某種程度的自制，這些美德在現今過於縱容個人主義的文化中已經受到了衝擊。這也難怪一位文化心理學家會把養育子女這件事形容成「日常生活當中被忽視的英雄氣概。」

神話學大師喬瑟夫・坎伯 (Joseph Campbell) 曾經定義英雄為，能夠為比自己更重要的事物犧牲生命的人。「失去自己、奉獻自己是英雄行為的一部分。」坎伯在電視專訪時告訴莫比爾 (Bill Moyers) 說。「英雄氣概包含了試煉……考驗和最終的啓示……那是靈魂最極致的冒險。」我想再也沒有比這更好的形容能夠應用在帶小孩的經驗上了。

誠信的第一個習慣就是——單純地陪伴。大部分的媽媽都會說，她們能為小孩做的最重要的事，就是陪伴在他們身旁。她們的意思是扮演那個讓小孩可以在任何情況下仰賴倚靠的肩膀。這也意味著建立一個穩定的環境、一個能夠滿足家人需求和期望的基地。

幾乎我訪問過的所有家長也都會告訴我說，帶小孩讓他們能夠擁有更寬廣的視野：能夠分辨人生當中眞正重要事物的能力。小孩絕對能讓你分辨清楚事情的優先順序。

每一位曾經替小孩切過生日蛋糕的父母都知道，小孩對不公平非常敏感。好的父母和好的經理人一樣會努力做到公平和公正。

小孩還能夠替我們上另外一課。我相信所有望子成龍、望女成鳳的父母都會對未來存著特定的信念。對父母來說，未來茲事體大。身為父母，很難不去想到當我們離開人世之後的事情，以及我們將爲後世留下的典範。換句話說，認眞教養子女的責任，還包括爲建立一個我們希望下一代會繼承的世界盡心盡力。

這些都是非常寶貴的教訓，也是我訪問過的父母所表示，他們得到的重要經驗。顯然不是所有的父母都學到了這些教訓，也有些父母可能完全沒學到什麼。我們談的不是任何有小孩的父母，而是那些認眞養育小孩的父母。而且即便有許多認眞的父母能夠承擔嚴肅的管理責任，也不是所有的人都是如此。

不是父母的專利

我並不是要聲稱唯一取得這些人生技能的方式就是生育子女。這些教訓也可以從各種深刻的個人經驗當中獲得，包括重大疾病和其他會讓人深刻自省的危機。就像我訪問過的一位猶太教拉比就說得很好：「我不希望我說的任何話，會被穿鑿附會成『不是爲人父母者，就無法學到我從我小孩身上學到的東西』。你可以從照顧弟妹學到這樣的智慧，或者從扮演教母、繼母或繼父的角色，或者照顧生病的父母，也或者隨著年歲的增長就能夠習得。換句話說，從照顧他人學習到的教訓，不是爲人父母者的專利。」我非常同意他的說法。

所以我們一開始就要講淸楚，這本書的內容不是要讚美母親的偉大，或者重新把領導統御視爲母性或父母的行爲。這本書其實要介紹的，是關於那些相信小孩確實對他們的職場生活帶來了正面影響，同時也了解這並不是每個人都會擁有的經驗。

更重要的是，這本書主要是肯定那些值得肯定的人。就像衛斯理學院的研究報告所述：「肯定那些領導特質長期受到忽視的傑出育兒行爲。」

本書的最後一部分，研究的是社會在將育兒工作視爲相關工作經驗這方面，做到了什麼程度。這個答案對成千上萬目前以照顧小孩爲主要工作、但是未來打算重返職場的女性來說十分重要。最近一篇在《紐約時報週日版》刊登的文章提出了一點警告：「……女性重返職場的前景未明。這是目前職場議題當中最熱門的討論題目之一……對於發生在職場的改變，以及那些選擇完全或暫時離開的工作者所面對的挑戰，都完全沒有受到任何重視。」本書就針對了這個問題進行討論。

另一方面，有愈來愈多人注意到所謂的**「女性或愛心管理風格」**（benevolent management style）非常有效，大家也開始注意到和這種風格有關的技能，和養兒育女所需要的技能完全一樣。「大家總算開始覺醒。」瑪莎・布雷斯特表示。「但是這也花了太久的時間了。這早該在多年前就發生了。」

但是相對的，大部分的雇主仍舊沒有認眞看待帶小孩的經驗。在撰寫這本書的過程當中，每次我跟別人談到本書的內容，得到的第一個反應就是大笑。他們的第二個反應則通常是：「噢！你說的眞對！」那麼爲什麼要笑呢？到底什麼事那麼好笑？

爲什麼一般人總是認爲帶小孩的工作很簡單，不需要什麼技能，甚至算不上是眞正的工作呢？爲什麼我們看到市面上許多管理書籍，從鯨魚訓練師、小熊維尼，甚至是耶穌基督的故事當中取經，卻沒有一本書談到了最原始的領袖、嚮導和精神導師，也就是母親所帶給管理界的啓示呢？爲什麼雇主總是假設當你請假照顧小孩的時候，其實想的是偷懶放假呢？（我曾經在倫敦的《每日電訊報》（*Daily Telegraph*）上看過以下的標題：老闆說帶小孩讓女人的大腦變漿糊。）

還有，爲什麼當你在面試的時候，提到你之前的工作是在家帶小孩時，就得冒著被嘲笑的風險呢？

家庭主夫與重返職場

幾年前，我曾經參與一個招募委員會，負責替一個環保組織尋找一位新任的執行總監。有一位資歷非常好的男士，他卻有一份典型媽媽的履歷表。他離開職場七年，在家照顧三個小孩。在這段期間，他也曾經擔任過一所學校的董事，並且參與過至少四次的基層環保活動。我覺得他聽起來是個稱職的候選人，不過我們委員會當中的一位男性，看過他的履歷表之後竊笑地說：「原來是個家庭主夫啊。」我們甚至沒有通知這位男士來面試。

最後，我們把這份工作給了一位在某個環保組織任職超過十五年的女性應徵者。她有兩個學齡階段的孩子，但是在面試的過程當中，她完全沒有提到她的小孩。我們假裝她有一位代理孕母，會負責代理她這方面的工作，我們也理所當然地認爲，她身爲母親的經驗完全和她管理一個組織的能力毫無相關。

在她上任幾個月之後，她告訴我，她有許多管理的技能，其實都是在「父母效能訓練」(Parent Effectiveness Training) 課程當中學到的。這位女士很聰明，沒有把這個部分列在履歷表當中。

履歷表該怎麼寫？

研究顯示，社會對花時間照顧小孩的家庭主夫有嚴重的偏見。這種認爲照顧小孩表示一個人無能的偏見，不管在任何情況下都表現地相當明顯。前參議院幕僚南西・席格 (Nancy Segal) 是一位職場歧視問題的專家，二〇〇三年時，她去申請一份在勞工局的工作。負責面試的一位男性主管問她說，她是否擅長於同時處理好幾個不同的專案，能夠應付不斷被打斷的情形云云。

「你在開玩笑嗎？」她衝口說出：「我是兩個孩子的媽耶！」她馬上發現她不應該這樣回答。

「既然你提起了這點。」這位一無所知的官僚繼續問道。「我不知道這和你的工作有沒有關係，我只想知道你是不是眞的覺得你可以應付這份工作呢？」

南西・席格有好一會兒說不出話來。她費了好大一番力氣才說服對方她有能力應付這份工作，她最後也拿到了這份工作。不過，她沒有接下這份工作。

這些負面的刻板印象對於想要盡到育兒責任的父母來說，造成了一個實際的兩難困境。

我們在書中也會討論一些母親們處理這個兩難問題的方式，尤其是到底要不要把育兒經驗放在履歷表上的問題。

最後，這本書彙總了我的研究當中，最有趣也最出乎大家意料的兩個問題。因爲我之前研究過女性在職場上所可能碰到的障礙，因此我很高興我意外發現到，有如此多的母親能夠兼顧母職和極度成功的事業。我發現位居各行各業高層的母親們，不論她們是在國防產業還是國家科學委員會工作，也不論她們是電影製作人還是神職人員，都能夠身處要職。除此之外，我也了解到高成就的女性，和一般全職的職業婦女相比，結婚生子的機率都一樣高。

其次，這些位高權重的女性已經改變了職場的環境。權力的語言也正在改變當中，逐漸包含了和生育兒女與童書相關的比喻。根據好幾位女性主管的說法，在辦公室談小孩的事情不再是父母的一種負擔，反而是一種資產。

我也聽到了許多故事，描述在組織最高層的媽媽們，如何提供更適合父母們工作的職場環境。我預計隨著女性逐漸掌權的趨勢，我們將會看到更多類似的情況，而不是像過去一樣，只有高階女性主管在男性主導的環境當中工作，對改變整體環境無能爲力。

這不是說女性就一定會比男性成爲更和善、更關心員工，也更好的經理人。培生出版集團執行長瑪喬麗•斯卡爾迪諾（Marjorie Scardino）幾年前在一場女性企業家會議上就觀察到這點。「我們都曾經看過很難相處、極度獨裁的女性主管，也看過非常好相處，非常關懷員工的男性主管。所以我們千萬不能有這種刻板印象的思維。」我完全同意她的說法。

但是對我來說，有一件事是非常清楚的。當媽媽和其他有不同人生經驗的人士身處領導地位時，她們會導入新的觀念，找到做事的新方法，也爲從來沒有人發現的問題，找出創新的解決方案。在我聽到的故事當中，媽媽們和認眞帶小孩的爸爸們都會促成改變，不論是設計更好的紙尿布、管理工程師的創意方式，還是國際關係的新思維。他們的努力拓展了我們的人際層面。因此，肯定他們的技能、傾聽他們的聲音，並且留心他們的智慧，一定會豐富我們每個人的人生。

1

一心多用

生活經理人的興起

如果你要找能言善道的政治人物，

那麼就去找男人；

如果你想要找眞正會做事的政治人物，

請去找女人。

前英國首相　柴契爾夫人

我在帶小孩的那段混亂歲月裡，

完成的工作竟然還比較多。

洛杉磯劇作家兼製作人

娜奧美・芬娜

職業生涯傳奇地從家庭主婦搖身一變成爲美國國務卿的麥德琳·歐布萊特（Madeleine Albright）曾經將一心多用形容爲一項重要的育兒技巧，一種「一隻眼睛盯著小孩，同時要和水電工討論問題，還邊想著其他事情（例如你的博士論文）的能力。」一心多用是所有母親唯一被公認肯定擁有的技能。幾乎每個人都承認，能夠經營家庭和照顧小孩的母親，更不用說那些還同時上班賺錢的職業婦女，都稱得上是個生活專業經理人。

「請問您從事什麼工作？」這個問題拿來請問所謂的生活經理人實在不太恰當，因爲如果要把她們的工作內容認眞地一項項列出來，可不是三言兩語就能夠打發的了。維吉尼亞州費爾費克斯公司（Fairfax）金融服務部門主管瑞克·艾德曼（Ric Edelman），就曾經計算出母親的工作內容至少包括十七種不同職業的要素，這讓母親和執行長同列爲職場上最爲通才的職位之一。

以下是我自己列出來的生活經理人重要工作清單（我知道一定還有所遺漏）：

1、監督兒童發展：情感面、智能面和體能面。這包括日常心理支持、傾聽和解決家庭問題、確保並維持適當的學習環境、協助完成家庭作業、每晚說故事時間、向學校老師和教務人員求情、定期接受醫療的責任、參加學校母姐會、運動賽事和社區活動、持續爲小孩安慰打氣，以及善盡監督之責。

2、爲家人維護家庭環境，包括打掃、保養與維修居家環境，購買包括從家具、燈泡、牙膏、禮物到衛生紙在內的各種日常用品。這種確保家人永遠不虞匱乏的努力還包括維持家庭生活高枕無憂，井然有序的精神支持力量。

3、確保家人營養狀況，包括購買食物、煮飯、幫小孩準備便當、清理善後、打掃與維護廚房設備，以及研究了解最新飲食趨勢和警訊。

4、洗衣與熨燙，包括購買與縫補衣物，這些衣物包括手套、運動用品、新鞋和學校用品，另外還包括檢查配偶的衣櫥以確保伴侶的打扮稱頭得宜。

5、危機管理，包括處理意外、火災、水災、車禍與修車、竊盜、蟲害和小孩學校校長打來的電話。

6、財務管理，包括管理家庭預算、取得裝修家裡計畫的報價和合約、儲存家庭存款、爲重大支出如聖誕節相關費用等訂定預算。

7、專案規劃和執行，包括家人的生日派對、宗教儀式、婚禮、畢業典禮、喪禮和學校活動等。

8、提供上學、課後體育活動和約會、週末運動比賽等活動的交通服務。

9、照顧寵物，從日常餵養、預約獸醫、消滅跳蚤到整修家中被小狗小貓和其他失控的動物破壞的環境物品。

10、透過禮物、卡片、感謝函、定期電話致意和電子郵件，維持家庭與親朋好友、其他關心你們的成人和小孩玩伴間的社交關係，並安排每週與友人的聚會時間。

11、看護家中生病與受傷的成員，包括帶他們去看醫生、跑急診室、從上班中途返家爲臥病子女準備雞湯等工作。

12、如果是已婚或有穩定的感情關係，還必須提供情緒支援、工作建議、心理諮商、娛樂和寬容對方同事等服務。

如此繁重工作責任當中最有趣的特質，是在幾年前由雪莉‧肯尼這位五個小孩的母親所寫下的，她曾經擔任英文系教授，目前是紐約州立大學石溪分校的校長。她描述當年在華盛頓特區的天主教大學教書時的日常生活：

從床上爬起來、叫小孩起床、做早餐和學校午餐便當、開車去接保母、和人共乘上班、趕到學校上第一堂課、教書、在辦公室值班……有時還要開會、趕忙回家、送保母回家、煮晚餐、看小孩做家庭作業和預習功課、分配家庭清潔工作、簽好給小孩老師的聯絡簿、親吻小孩、送大的進房間睡覺、哄小的上床睡覺、再親吻小孩、再親一次、拿出公事包、批改學生報告或者從事研究工作、凌晨時分爬上床睡覺、在丹尼作惡夢被嚇醒時安慰他、上床睡一會兒，然後明天從頭再來一遍。

有任何人會因爲這個了不起的女人最後成爲一所知名大學校長而感到驚訝嗎？或者就像

她後來跟我說的一樣，「雖然男人可能不願意聽到你這麼說，但是管理學校事務就像管理一個家庭一樣。我曾經在一個學術團體當中做過這樣的比喻，結果所有人都用好奇的眼光看著我。不過看看這兩者的相似之處吧：它們都包括上百件永遠沒有完成的雜務，如果你不每天盯著這些工作的話就會出問題，但是這些工作理論上沒有一件是非常重要的，但是實際上每一件都是缺一不可、攸關全局。」

凱瑟琳·貝琪爾（Catherine Beecher）是最早把家庭和組織管理放在一起比較的女性之一，在她一八四一年出版的暢銷書《論家庭經濟》（*A Treatise on Domestic Economy*）當中，貝琪爾強調經營一個家庭需要一個政治人物的「智慧、堅定、睿智、辨別力、深謀遠慮和多才多藝」，和商業上的「系統與秩序」。她還指出家庭的財務管理，通常還超越許多企業「散漫雜亂」的表現。

過了一百年，前美國總統夫人愛蓮娜·羅斯福（Eleanor Roosevelt）用幾乎同樣的語言提出了同樣的論調：「管理家庭所需要的智慧和管理能力，和管理任何事業需要的一樣。」

儘管如此，一直要到一九七三年，亨利·明茲柏格（Henry Mintzberg）教授出版了一本經典之作《管理工作之本質》（*The Nature of Managerial Work*）之後，「一心多用」才成爲商業管理上的一種概念。當時一般的想法，都認爲經理人就是坐在豪華的個人辦公室、思考公司未來的方向，然後向屬下發布命令云云。但是明茲柏格根據男性主管的行事曆，得到的資料卻顯示這種想法極爲不正確。企業主管實際上花在規劃或思考策略上的時間很少，他們實際的工作情況基本上和忙碌的家庭主婦很像：他們要回電話、解決爭端、處理危機、回覆他人的問題，而且工作經常被打斷，工作型態可以說是毫無條理可言。

如同明茲柏格所述，管理工作的特性是「短暫、多變和零碎」。經理人如果想要嘗試專注在一件工作上的話，通常會因爲一直被打斷而告失敗。聽起來很熟悉嗎？

在明茲柏格提出觀察後的三十年間，管理工作只變得更加緊湊，更像家庭主婦忙碌的一天。行動的步調、全年無休的經濟、忙不完的專案計畫、來自不同重要人物的需求、科技的快速變化，和經常性的生涯轉換，都對經理人和母親帶來挑戰。

今日的母親要縫製萬聖節的服裝、烤聖誕節餅乾、幫忙小孩完成家庭作業，還要做出重大投資決策、和客戶周旋、教課、寫報告。今日的母親當中，有像家有三胞胎，還身兼退休金暨保險公司主管的女性，每天通勤一個小時到曼哈頓上班，忙碌的行事曆讓瑞士火車的時刻表都相形見絀。她的老闆可能也是三個小孩的媽，連續八年負責舉辦童子軍露營活動、爲還在念小學的孩子舉辦週五電影之夜、購買日常用品、計畫菜單、週末擔任小孩司機，同時還要應付需要經常出差的繁重工作（她出差時會在家裡四處留下字條，寫著像是「我在盯著你看！別忘了要刷牙！」這類的話）。

今日的母親還包括了離婚獨自扶養一個兒子的世界銀行主管，她每天早上八點要進辦公室，不過她的一天可是從凌晨五點就開始忙碌了，準備早餐和學校午餐、計畫晚餐、清理小孩弄髒的地方、包裝兩份生日禮物、清理狗的排泄物和回電子郵件。有一天她上班的途中看到一個男人穿著睡袍，睡眼惺忪地走出家門拿報紙。她心想：「那傢伙根本不懂我過的是什麼樣的生活！」

今日的母親還包括了前任司法部高層長官，她一般的週末行事曆項目包括：

丹尼的足球比賽
和黛娜一同參加蘇菲亞的生日派對
國家安全會議開會
購買日常用品

大部分人依舊認爲生日派對、萬聖節的服裝、足球比賽和上超市，肯定會影響某人在國家安全會議上的表現。不過這樣的想法是完全沒有根據的。相反地，女性經理人表示，規劃和排定多項工作的優先順序，有助於提升效率、專注力和組織能力。就像在最近的一項研究當中，一位女性經理人所說的：「扮演所有的角色……照顧小孩、打理家庭、和幫傭共事、扮演伴侶和朋友等……讓你在生活當中更有組織能力，也讓你在工作上能夠更有效率，更有組織能力。」

有趣的是，證據顯示這背後可能和生理因素有關係。

母性的優勢

一般咸信，能夠同時處理多項工作的能力是一種女性特質。喜劇演員羅勃・貝克（Rob Becker）在他廣受歡迎的單人脫口秀《爲原始人辯護》（*Defending the Caveman*）當中就強調，像雷射光一樣聚焦的專注力是男人的特質，而同時能夠處理十幾項工作，一邊咀嚼獸皮、一邊採集水果和莓果、還邊餵小孩邊觀察是否有掠食性動物在旁虎視眈眈，則是女性的一貫特性。正如一位女性所言：「我想要一次應付一天的事情，但是往往好幾天的事情會同時出現在我的面前！」

心理學家早已發現女性的大腦和男性有所不同。女性比較會去蒐集身邊事務的細節資訊，然後將這些資訊整合成更全面性的觀點。人類學家海倫・費雪（Helen Fisher）把這種特質稱爲「網狀思維」（web thinking），並將其與男性較爲明顯的線性思考（linear thinking）和心理區隔（mental compartmentalization）作比較。

現在新的研究更將女性大腦的適應能力，和與母性相關的荷爾蒙數量變化連上關係。科學家逐漸發現扮演母親角色和照顧幼兒的行爲，可能眞的會促進大腦功能的提升。一項在維吉尼亞州的兩所大學所做的老鼠實驗顯示，懷孕和哺乳中的實驗室老鼠身上，其大腦神經元之間溝通所必要的細胞架構樹狀突數目會增加一倍。大腦當中作爲溝通傳導介質的神經膠質細胞數目也會增加一倍。母鼠學習走迷宮的速度會變得更快，相對於控制組的老鼠而言，行為舉止也更大膽、好奇。一項後續研究顯示，新的神經架構和通路，以及學習和空間記憶的相關成長是長期的，這種現象將持續到相當於人類年齡八十歲的高齡。

在一項針對懷孕和哺乳老鼠的實驗當中，受試老鼠被放在一個照明充足、五英尺見方的開放空間當中，對於經常成為捕食對象的老鼠來說，這是令牠們非常侷促不安的環境，因為牠們通常都是躲在暗處以防衛天敵。瑞查蒙德大學（University of Richmond）神經心理學家克雷格．金斯利（Craig Kinsley）和蘭道夫麥肯學院（Randolph Macon）心理學家凱利．藍柏（Kelly Lambert）共同進行了這項實驗，根據實驗結果，金斯利表示受試母鼠表現的較為大膽無懼，相較於其他老鼠也比較願意去覓食。另一項於邁阿密猴子叢林（Monkey Jungle）所作的實驗當中，藍柏和研究生安．賈瑞特（Anne Garrett）發現，有育兒經驗的絨猴在搜索被藏起來的水果早餐玉米片上，比沒有子嗣的猴子更有效率。在一些初步的測試研究當中，當過爸爸的雄絨猴在記憶水果早餐玉米片被藏在何處的實驗當中，表現得也比沒當過爸爸的同儕更好。

三十九歲的藍柏正準備針對靈長類動物進行新的實驗，她承認自己的研究動機有部分是出自於她自己的體驗。身為五歲和九歲兩位小孩的母親，她同時在寫書、教書、進行研究，並且擔任蘭道夫麥肯學院心理系的系主任。為了兼顧每項工作，她經常在所有人上床睡覺之後，還熬夜埋首工作當中。她表示，她現在比她生命當中任何時刻都感覺更聰明、更大膽、更生產力，也不需要太多睡眠。「新奇的經驗是最能滋養大腦的養分。」她告訴一位記者。「新奇的經驗讓我更能觸類旁通，而每天和小孩在一起都會有新鮮事發生。」

雌性哺乳動物大腦功能的提升應該不令人驚訝。因爲不論如何，我們那些較不具自衛能力的女性祖先一定需要格外地聰明和勇敢，才能在無依無靠的情況下，維持子女的存活。如果人類的母親沒有比一般的原始人男性更具魄力和創意的話，那麼人類可能沒有辦法走出石器時代。科學家對神經病理學的了解日益增加，也發現成人大腦的能力會在青春期之後仍不斷發展。想像在未來我們可能會發現忙碌母親在鍛鍊大腦能力上扮演的角色，就像阿諾史瓦辛格之於健身一樣。

一心多用

有趣的是，我訪問過的幾位女性都把一心二用形容成彷彿大腦的運動一般。電影製作人莎拉・皮斯布瑞（Sarah Pillsbury）表示：「製作電影時，你有時要用大腦的許多部分想很多事情，這種大範圍的思考我不知道男性在生理上有沒有辦法做到。至少你可以同時運用大腦的每個部分而做得更好，包括創意層面、效率、實際層面、人際關係……舉例來說，當你在製作一部電影的時候，你必須要同時思考故事，並考慮拍出這個故事的實際需求——你需要多少人手、什麼布景、白天有多少時間可以拍片、各個演員的情緒、你要怎麼在時間表當中加入某件工作，或者你要如何縮短拍片時間表，以早點結束在成本高昂地點的拍攝工作……

要考慮的事情說也說不完。」

我很驚訝聽到許多母親說，從事多種差異極大的活動，事實上讓她們在工作上變得更爲精力充沛，也更具創意。正如育有兩個分別爲十三歲和十歲小孩的組織心理學家瑪莉安・盧德曼（Marian Ruderman）所述：「我的孩子讓我忘卻工作上的壓力，也讓我能以更客觀的角度看待工作，因爲他們帶領我進入更深刻的領域。這個完全不同的領域讓人有煥然一新的感受，它給你一套完全不同的準則，也讓你能夠以更有創意、更自由的方式，去面對你在專業領域所面對的問題。對我而言，許多工作上的好點子都是在幫小孩換尿布的時候想到的。」

《華爾街日報》〈工作與家庭〉專欄的作者蘇・沙倫伯格（Sue Shellenbarger）就表示，許多事業成就非凡的女性都曾告訴她，她們最棒的點子都是在跟小孩玩、慢跑，或者只是全然放鬆的時候想到的。大腦在密集和線性思考的模式下，不一定能夠發揮最大效用，反而是改變環境或焦點，通常可以刺激大腦思考平常不會想到的點子和關聯。許多人都發現他們最具創意的概念和突破，都是在他們度假、爬山、種花和做其他「遠離工作環境」的活動時出現的。我們現在知道了帶小孩（甚至做家事）也有同樣的效果。已經過世，但對職場女性有透徹了解的菲莉西・舒華茲（Felice Schwartz）曾經跟我說過，在她早年還待在家裡照顧小孩的時候，她很多好點子都是在洗衣服時想到的。

最後，母親能夠接收更多資訊的能力，也幫助她們察覺外界變化的早期徵兆。參加創意領導中心進行實驗的一位經理人就表示，在她爲人母之後，她預測問題的能力提升了「十倍」。

她所服務的機構之前經歷了許多變化，也讓許多人跌破眼鏡。她看到許多人在開會的時候對發生在他們身上的事情百思不得其解。但是她當時總是處變不驚，因爲就像她說的：「當你有了小孩以後，你會伸出身上所有的天線……身爲人母，我必須能夠從一聲咳嗽當中，就聽出我的小孩會不會是生病了。如果是的話，我就要開始規劃明天早上該怎麼安置小孩。這就是我的生活……無時無刻不是如此。你永遠沒有放下警覺心的一刻……因爲帶小孩的關係，你在判讀各種徵兆時會更爲敏銳。」

她聽起來就像是位史前時代身處荒野的母親，不斷注意著危險的徵兆。

父親和母親大腦的差別

媽媽和爸爸在看電視，媽媽說：「我累了，時間也晚了，我想我該去睡了。」她走到廚房去準備明天午餐吃的三明治，接著清洗裝爆米花的大碗，然後把肉從冰箱拿出來準備明天的晚餐、檢查一下早餐玉米片剩下多少、把糖罐裝滿、把湯匙和碗放在桌上，順便把明天早上要用的咖啡壺準備好。然後她把一些濕衣服丟進乾衣機，把一堆衣服放進洗衣機、熨好一件襯衫、縫好一粒鬆脱的鈕扣。她把桌上的紙牌遊戲收好，把電話簿放回抽屜。她幫家裡的植物澆水、把垃圾桶清乾淨，然後把一條毛巾掛好晾乾。她打了個哈欠，伸了伸懶腰，然後走回臥房。她經過書桌時停了下來，寫了一張給學校老師的字條、準備好小孩校外教學要繳的錢、然後從椅子下面翻出一本小孩找不到的課本。她寫了一張卡片給要過生日的朋友，還把信封上的地址寫好，並貼好郵票，然後很快地寫了一張購物清單。她把卡片和購物單放在她的皮夾旁邊。然後她用三合一洗面乳洗了臉、抹上晚霜和抗老滋潤乳液，還用牙線清潔牙齒，銼了銼指甲。爸爸這時出聲了：「我以爲妳說妳要上床睡覺了。」

「我正準備要去睡呢。」她回答道。接著她在狗兒的餐盤裡加了一點水，把貓放到屋子外頭，然後確認門都鎖好了。她進到每個小孩的房間去看看，順便幫他們關掉床頭燈、把亂丟的衣服掛好、把一些髒襪子丟到洗衣籃裡頭，然後和仍然在寫功課的小孩講幾句話。她回到臥房，把鬧鐘調好、準備好第二天要穿的衣服、把鞋架上的鞋整理一下。她在她的重要事項清單上多記了三件事情，然後默默禱告，想像她目標達成的情境。就在這個時候，爸爸把電視關掉，煞有其事地宣布：「我要上床睡覺了。」然後進房上床馬上倒頭大睡……你有發現什麼不一樣的地方嗎？你在想爲什麼女人普遍活得比較久嗎……？因爲女人天生就比較耐操嘛。

效率提升

美國國家心理健康協會（National Institute of Mental Health）的茱蒂絲．拉波包特（Judith Rapoport）相信，帶小孩和主持家務的人能夠學到最寶貴的一課，就是效率。拉波包特透過指導合作研究，發現這項寶貴的資產。如同她所述，「隨著你在研究藥品的進展，你會吸引想要和你一同研究的博士後研究生。你必須要把這些不同的人組織起來，教導他們如何應用時間、如何傳遞資訊、如何討論研究成果、如何用同一組資料作研究，同時能夠累積未來研究的資訊。每個人除了他們目前正在進行的論文之外，應該都還有另外一篇論文在醞釀，因爲他們未來是以這些成果被評斷。」

在肯德基炸雞店裡，許多有小孩的職業婦女都擅長於建構這類的工作流程，她們的職責叫做**排程員**（arranger）。

「我們擅長列出行事清單、安排時間表和待做事項。」肯德基前任執行長雪洛．白肯德（Cheryl Bachelder）表示。「在職能問卷當中總是得到這樣的結果。」她還以某位女性主管爲例，說她非常喜歡畫流程圖，標明專案中的每個步驟爲何，以及進行的順序。

我一位朋友把這種技能稱爲**安排晚宴的技能**。想想辦晚宴時所有需要考量的細節，包括賓客名單、菜單、邀請函、室內擺飾、座位安排等等。然後在晚宴當天，繁瑣的細節和時間的安排又更爲複雜了，你要安排好往返於超市、肉販、糕餅店、花店和酒商的時間。最後要監督所有工作妥當完成了，包括確保屋內整潔、銀器擦得晶亮、餐具擺設得宜、葡萄酒略爲冰鎮、餐點準備得當、花卉擺設妥當……完成之後沐浴更衣準備迎接賓客，然後還得精神抖擻地娛樂嘉賓！

即使在電腦領域中，女性扮演安排事務角色的趨勢也非常明顯。電腦專業人士當中約有兩成爲女性，而在業界出現一個趨勢，那就是女性程式設計人員通常會成爲專案經理人。沒有人知道爲什麼女性的職責會從產業的技術工程層面，逐漸轉向商業管理層面。很可能是女性相對而言比較善於提升組織效率，並且能夠投身於其擁有競爭優勢的這些領域當中。

最睿智的雇主會注意到爲人母者所展現出的效率。澳洲國立大學知名的化學家路易斯・曼德爾（Lewis Mander）就曾經告訴我：「有些人認爲有小孩的女性會無法專心在工作上，但是我發現她們反而是最有效率的一群人。我喜歡雇用她們。就像一句俗話說的，『最重要的工作應該要交給辦公室裡最忙碌的人。』」

時代公司的安・摩爾曾經說過，她手下最傑出的經理人都是媽媽，因爲「她們沒有時間在辦公室裡搞鬥爭——她們沒有時間可以浪費！她們之所以把工作完成的原因，是要早點離開辦公室。我手下生產力最高的員工，有很多是那些生完小孩再回來上班的人。」

二〇〇二年當時還擔任時代公司執行副總裁的摩爾，在一場專訪中發表了以下的談話：

摩爾：「我覺得職業母親之所以能夠成爲傑出經理人的原因之一，也是我喜歡和家中育有嬰幼童的母親工作的原因之一，正是因爲她們不會浪費任何寶貴的時間。她們是被剝奪最多睡眠、時間壓力最緊迫的人，而且我發現她們在休完產假回來後都變得格外有效率。」

主持人：「這是個很有趣的觀點，因爲我認爲很多老闆都不太願意雇用家裡有年幼小孩的職業婦女，因爲他們覺得她們無法專心在工作上。」

摩爾：「不，我覺得剛好相反——我總是對她們能夠完成的工作量覺得讚嘆不已。」

大部分辦公室裡，員工都會花一些時間做工作前的暖身——倒一杯咖啡啦、和同事們聊天打屁啦、或者打幾個私人電話等等。然後工作幾個小時之後，就到了午餐時間。但是有小孩的職業婦女很少吃午餐的。有一次我交了一份手稿，裡頭的內容提到商業午餐菜單裡的軟殼蟹。一位年輕的編輯——她是一個學步兒的媽媽——竟然在頁邊寫著：「什麼是軟殼蟹？」她上班的地方在曼哈頓市中心，周圍有無數的好餐廳，但是她卻從來沒有離開辦公室吃午餐。她必須把工作做完，好早點離開辦公室。

《美國之夢》（*American Dreams*）影集編劇之一貝琪・哈特曼・艾德華（Becky Hartman Edwards）同時也是一位母親，她告訴我自從她生了小孩後，人生最大的變化就是變得非常有效率。「以前快要截稿時，我會告訴旁人我正在寫劇本，然後我什麼其他事都不能做。我會拖延時間，不斷反覆推敲、然後等到凌晨兩點才開始動筆……現在我上班時間比較有組織，也比較有效率，因爲我必須要趕快把事情做完好下班，家裡還有兩個小孩在等我呢。」

不只是媽媽，肩負起養育子女責任的父親也會在忽然之間變得極有效率。聯合科技公司

（United Technologies）的露絲・哈金（Ruth Harkin）告訴我，在她華盛頓特區的辦公室裡，有些男性律師也會兼負起照顧小孩的責任，公司的貿易法主任律師，同時是兩個小孩的父親，最近要求露絲准許他每周三在家工作。我問她是否答應了這個要求。

「當然！我覺得他現在做起事來更爲有條不紊了。」

瑪莉安・盧德曼告訴我，她曾經擔心生了小孩後，會影響她工作的質與量，但是她發現第一個小孩出生以後，她在工作上的表現反而變得更好。她發現她變得更專注，在時間的應用上也更有效率，她更善於應付難纏的對象，也因爲人生當中有了另外一個面向，而更容易暫時脫離工作壓力。她的同事派翠西亞・奧羅特（Patricia Ohlott）向我們證明了這點。奧羅特說：「我們的團隊中有一位兩個小孩的母親，她之前都是以兼職的方式工作。不過她卻是這裡生產力最高的員工之一。」她指的就是盧德曼。

爲人母的整體經驗對盧德曼來說，在個人層面和專業層面都是非常正面的，她也因爲受到啓發而做了一項研究，而研究的結果顯示，同時在生活當中扮演多重角色，確實具有相輔相成的效果。

空間效率

有許多母親告訴我，他們管理繁瑣細節的才能有時甚至可以延伸到空間層面。拉波包特記得當她擔任實習醫師時（當時她是四十五人的團體中唯一一位女性），她會仔細規劃她在醫院裡，以及在回家途中所經過的每一條路線，她會在去員工餐廳的路上到血庫去拿血液樣本，如此一來就不用多跑一趟；回到病房之前去拿實驗報告；下班的路上經過洗衣店和超市。她的男性同事腦中似乎沒有同樣的路線圖，因此每當她在醫院裡一趟路可以完成的工作，她的男性同事都得要跑上兩三趟才行。

「到目前爲止，我還是在這麼做。」拉波包特表示。「在我到妳家做這個專訪的途中，我到菸酒專賣店去買醃肉用的葡萄酒，因爲我這個週末要負責煮晚餐，而等會訪談結束之後，我會在回家的途中經過超市。我認識的男人沒人會這麼做的。」

專注力：分心的好處

一般人都認爲只要一個人心無旁騖專注在一個目標上，就能獲得更高的成就。但眞是如此嗎？就我們看來，有效率的企業經理人和生活經理人，都能夠在無數使他們分心的事物當中完成工作。瑪莉・凱瑟琳・貝特森（Mary Catherine Bateson）就描述了分心的好處：

> 女性經常被認爲不可靠的原因，是因爲她們需要身兼數職，而男性之所以能夠做到全心奉獻，是因爲他們不是信仰虔誠、沒有家累的獨身主義者，不然就是家庭全力支持、不需要他分心，換句話說，每個成功的男人背後都有一位偉大的女人。

但要是我們把分心的能力，也就是一心多用的能力，當成是更了不起的智慧看待呢？或許古聖先賢所說「純淨的心只會專注在一件事情上」其實是錯了。或許……持續注意在多種事物的關聯性上，能夠提供另一種純粹的觀點，能夠看透生態的複雜性，能夠以多個而非單一角度看事情。或許我們可以在那些身兼數職的女性身上，察覺到更高水準的生產力，和新的學習可能性……排斥模稜兩可的情形，可能也代表著排斥眞實世界的複雜性，而接受簡單到近似天眞的競爭模式……

另外，我們在這裡談論的眞正技能是管理生活當中無數繁瑣小事的能力。初爲人母者最大的生存考驗，就是她是否能夠處理生活當中大大小小無法避免的麻煩。我有一位朋友的女兒非常聰明，曾經替一位最高法院的法官工作，在成爲人母前，還在司法部任職主管。她想要全心照顧孩子，所以她辭去了全職的工作，找到一份推動金融改革的兼職律師工作。

「我每天需要六個小時不被打擾，才能完成所有的工作。」她是這麼告訴她母親的，而且她還請了一位全職的保母。

「就算請了全職保母，但要照顧這麼小的嬰兒，你絕對不可能每天騰出六小時可以不被打擾、專心工作。」我的朋友這麼想。所以當新工作開始之後，她就到她的女兒家裡去看看，她發現她女兒坐在書桌前，一手抱著小孩，另一手拿著筆改著兩份手稿，比對兩者之間的差異。電話響個不停，東西擺放得亂七八糟，但是她的筆沒有停過，注意力也非常集中。她正發揮母親的特殊技能，那就是在一團混亂當中保持專注。

一九九〇年出版的《女性優勢》（*The Female Advantage*）一書中，描述了四位傑出女性經理人，也把意料之外的電話和會議這種令人分心的事情視爲機會，而非打擾。正如在丹佛一家工程包商擔任總裁的芭芭拉．葛羅根（Barbara Grogan）所述，「當未曾預料到的事情發生，需要我處理的時候，我總是將其當作首要之務。或許這跟我是個媽媽有關。（葛羅根已經離婚，獨自撫養兩名子女。）如果我的小孩忽然需要看醫生，這種事情不叫打擾，叫做首要之務！身爲一位母親，你會發現生活當中總是有新的狀況要處理。你會預期到事情不會完全按照你行事曆上的計畫來走。」

創意產業的需求

創意產業尤其需要能夠在混亂當中專注工作的人才。例如在廣告和電影等產業當中，混亂的情形勢在難免。因此或許爲人母者在這些領域有傑出的表現並非出自巧合。

「廣告產業的本質就是混亂……事情永遠不會井然有序、有條不紊，也不會永遠按照時間表進行。」奧美廣告的執行長，同時也是業界權威人士之一雪莉．拉沙羅斯表示。「我先生有自己的醫師事業要忙，兩個孩子已經成人，一個孩子還在上中學，還有好幾間房子要管……擁有像我一樣如此瘋狂忙碌的生活，眞是最佳的訓練。要求秩序和整潔的人是無法適應的。他們會限制創意。當我們公司裡最有生產力的人在一起開會的時候，總是所有的人同時開口說話、提出點子、打斷別人的話——這情境和我們全家共進晚餐的時候沒有兩樣！如果你能夠處理那種狀況的話……」

拉沙羅斯的話受到好幾位在娛樂產業工作的母親回應，她們在工作上有一個他人從沒想過的優勢，那就是她們習慣早起。琳賽・克勞斯（Lindsay Crouse）告訴我，當她孩子還小時，她是拍片現場唯一在早上看起來精神抖擻的人。

有一天，當蘇黛德・奧布萊恩（Soledad O'Brien）邀請混混與自大狂（Hootie and the Blowfish）這個樂團上NBC的《週末今日》（*Weekend Today*）現場時，她發現這個團體看起來神清氣爽，和大部分早上都無精打采的搖滾樂團有天壤之別。當她讚美這個樂團的表現時，樂團成員解釋道，「我們都有小孩，我們晚上九點鐘就上床了。」

對分心好處的最佳描述之一，來自前任佛蒙特州州長梅德琳・庫寧（Madeleine Kunin）的自傳。庫寧在書中描述她是如何從一個教養四個小孩的家庭主婦，逐漸成爲社區意見領袖，再成爲眾議員，最後成爲州長的心路歷程。回顧過去，她認爲她早期在家那段不斷充滿意外和志工活動的十年歲月——把職業兒童劇團帶到州內、爭取社區人行道改建、挑戰美國醫學協會反對的醫療改革——是她之後成功的重要基礎。就像她在自傳《政治人生》（*Living a Political Life*）當中所述：

生活當中的打擾是很重要的，事實上，它們可能是生活當中最重要的事情。整齊清潔不是最重要的，相對地，能夠將生活當中累積的經驗，應用到其他層面去解決問題，才是在私人和公衆生活中讓你化險爲夷的技能。我在家裡學到的家務和教養經驗，對我來說非常有用。數清楚草莓的數目，以確保每個小孩的點心盤裡都有一樣數目的草莓，讓我了解到民衆多麼在乎公平這件事，還有如何去調解爭端。在一餐當中要清理三個打翻的牛奶杯，讓我學到了自制的藝術。另外還有什麼訓練，會比看著小孩學習綁鞋帶更能夠讓你培養耐心呢？

這些家務經驗，讓庫寧和佛蒙特州的民眾都因此獲益良多。一九九〇年當她決定不再競選第四次州長連任時，佛蒙特州在全美國的環保政策、兒童服務，包括子女扶養費的收取和精神健康上都排名全國第一。《財星》雜誌將庫寧列爲全國前十名教育州長之一。

洛杉磯一位劇作家兼製作人娜奧美．芬納（Naomi Foner）發現，工作上不斷被打擾其實反而讓她學習到重要的寫作技巧。芬納在子女出生後，辭去了兒童電視節目工作坊的製作人工作，接著在小孩成長的歲月裡，花了許多年在家兼職工作。「我在帶小孩的那段混亂歲月裡，完成的工作竟然還比較多。」芬納告訴我說，「雖然我經常一天只有兩個小時可以不被打擾……有時候當我寫得正順手時必須停下筆，感覺的確很挫折，但是這讓我了解到一些重要的事情。當我第二天坐下來重新動筆的時候，我總會知道我接下來要做些什麼——我會充滿活力地從我停筆處開始接下去寫，而不是呆坐在書桌前不知道該從何下手。現在我停筆的時候，我可以知道接下來要寫些什麼，而不用在我『完成』某段落的時候再停筆。」

芬納把她在實際生活當中的感觸，寫進了《不設限通緝》（*Running On Empty*）這部電影腳本的一幕裡頭，雖然這一段後來沒有出現在完成的電影裡，不過或許我們可以在其他電影當中看到這段情節——這家人在度假的時候，四歲的傑克決定要把他剛學到的兩個字刻在他爸爸新車的門上。那兩個字就是「Hot Love」（火辣的愛）。芬納說，他們借住度假別墅的那個不動產經紀人，還打電話來問她是不是在寫情色電影的腳本。

設定優先順序

要想成功做到一心多用，一定要先設定好優先順序，然後對會浪費你寶貴時間的要求勇敢說不。你或許能一次拋耍三、四個球，但是除非你認眞想要往小丑這一行發展，否則千萬不要嘗試同時間做更多的事情。來自馬里蘭州的前共和黨眾議員康妮·摩瑞拉（Connie Morella）和先生共同撫養了九個小孩，其中包括她過世姐姐留下來的六個孩子。摩瑞拉在帶這些小孩的過程當中，設定了四個做事的原則。

一、除非事情眞的重要，而且非做不可，否則不做。

二、環環相扣。同時間儘可能做愈多事情愈好，例如，一邊觀看一定要看的電視節目，然後一邊熨衣服。

三、授權。我以前一直認爲什麼事都非我不可——現在我可不這麼想了。

四、能拖延就拖。

不要爲小事抓狂

「不要爲小事抓狂，這點非常重要。」摩瑞拉在她的選區蒙哥馬利郡的一家餐廳吃早餐時對我說。「我把這些原則用在我的幕僚身上，也同樣有效。基本上，你需要一點幽默感，而且要對所有小事睜隻眼、閉隻眼。我總是跟年輕的媽媽們說，只要把你們家一百瓦的燈泡換成十瓦的燈泡，就不會看到家裡的灰塵了。」

當她的子女都還住在家裡時，摩瑞拉把家人編列成每週輪替的小組，一組負責擺放餐具，另外一組負責清理餐桌，還有另外一組負責打掃廁所，諸如此類。洗衣服不能分組，因爲沒有人能夠做得讓每個人都滿意，所以每個小孩都有自己的洗衣籃，負責清洗自己的衣服。熨燙衣服也不太適合分組，有時候地下室會有一堆沒熨的衣服久久無人認領，摩瑞拉實在看不下去時會主動幫忙解決，但是卻沒有人注意到衣服有人處理過了。

對《華盛頓郵報》的健康專欄作家愛彼吉兒‧特福德（Abigail Trafford）來說，刪減不必要的工作意味著「向狗說不」。

「我的女兒當時分別只有六歲和七歲。」特福德回憶道。「我當時剛結束一段婚姻，是個在家庭和工作之間疲於奔命的單親媽媽。我覺得我沒有辦法同時顧好我的工作、家人、房子和一隻狗。我必須設定一些優先順序。」她的女兒對不能養狗這件事感到非常失望，於是展開積極的遊說行動，想要讓媽媽收回養狗禁令。

「我們同學每個人家裡都有養狗！」

「寵物對小孩有好處。」

「一個好媽媽怎麼可以讓家裡沒有狗？」

特福德堅持她的作法，但是幾年後，情況有所不同了。她的生活終於穩定下來，小孩也變得比較成熟，比較有能力自己照顧一隻狗。所以在一個星期六上午，她帶了一隻小金色西班牙長耳獵犬回家。

特福德相信，舉這個例子要給經理人上的一課，並不是要獨排眾議、堅持己見，而是優先順序是會改變的。良好的管理包括重新設定優先順序，就像隨著家人的改變，明理的父母也需要調整家規一樣。

讓小孩也一心多用

不需要絕對優先處理的事情是可以授權出去的。人們常說，成功的女性背後一定有一位支持她的先生，但是在聽過數十位母親訴說她們的故事後，我相信她們成功的另一個因素是她們訓練小孩獨立自主，要求他們做到自己的一份責任。尤其對有三個小孩以上的職業婦女而言格外真實，對她們來說，授權是絕對必要的事情。

眾議院少數黨領袖南西‧裴洛西（Nancy Pelosi）有五個小孩。當她還在家帶小孩的時候，她就已經義務從事州內的政治活動，而在她獲選為加州民主黨的代表之後，她就開始訓練她的小孩分工合作。他們會幫忙裝信封、應門、在政治會議上提供點心服務、接電話，還參加輔選活動。「沒有他們的話，我是不可能有今天的。」她表示。她在四十多歲的時候終於參加眾議員的競選，當時她最小的女兒已經上高中了。

最高法院法官桑德拉·戴·奧康納（Sandra Day O'Connor）最初是擔任亞利桑那州眾議員，之後在她三個兒子還在學校唸書時，當上了共和黨的多數黨領袖。她也是位一心多用的高手（她在最高法院的辦公室接受我專訪的時候說「我同時必須注意八十九件事情」），但是她的兒子們也必須學習每天至少處理一些自己的家務事。他們偶爾會自己準備晚餐，洗自己的衣服，甚至三不五時還自己熨襯衫。我們的法官非常以他們處理事情的能力為榮，而且還說了兩個小故事為例。

有一次她們全家人鍾愛的狗兒被車撞了。孩子記得附近的購物中心裡有一間獸醫院，於是他們在地下室找到了一塊舊門板，把受傷的狗放在門板上，然後三個人把狗抬去看醫生。

另外有一次，他們發現有一隻女王蜂正準備在他們家外面的屋簷下築巢，不知不覺間他們腳邊已經聚集了一大群蜜蜂。奧康納說：「他們竟然能夠冷靜地想到去查分類電話簿，然後找來一個驅蜂專家。那是個貨眞價實的危機，而他們處理得幾乎跟我一樣好……我努力工作的態度顯然也對他們產生了影響。他們必須要變得比較獨立，有些狀況是要靠他們自己去克服的。」

這種獨立的精神一定已經深植在她三個兒子心中。在我們訪談的當天，奧康納的小兒子正在攀登聖母峰，而他後來也真的辦到了。

危機管理

你會驚訝地發現，當爲人母者應該要冷靜時，她們眞的能夠冷靜到什麼程度。就像母鼠比其他老鼠勇敢、母熊比其他同類要來得兇猛一樣，人類的母親也會爲了保護子女而甘願犧牲自己的生命。我不禁要懷疑美國的國土安全部是否應該要由一個眼觀四面、耳聽八方的母親來執掌。

我聽過無數次關於母親們如何在職場上，以絕對冷靜沉著的態度處理危機事件。這也可想而知，畢竟她們在家裡早就面對過更糟的狀況了。

住在亞利桑那州錢德勒的莎拉・伊凡斯頓（Sara Eversden）是一位在醫療保健產業工作的資深系統工程師，她也是三個小孩的母親。她在一封電子郵件中，描述了她目睹一位母親處理商業危機的所見所聞：

我大學畢業後曾在一家大型顧問公司上班，當時我必須和一位資深經理——家裡有個十幾歲小孩的母親——共同在客户的公司工作。

大概在和客户簡報的十分鐘前，我的小老闆叫我去影印一份最後版本的投影片。我原本應該是要用一疊印有客户公司商標的投影片去影印的。不過你猜發生了什麼事？我忙中有錯，竟然印了上面有我們公司商標的投影片！對這場重要的簡報來說，這是個非常嚴重的問題。我當時亂了陣脚，向我的小老闆報告這個災難，然後向她建議我們就將錯就錯，等到做完簡報再向客户道歉。

她沒有接受這個建議，而且聽著我的話的同時，她還正要動手去修理客户那一台卡紙的影印機。她馬上判斷我們沒有那個時間把影印機修好，也沒有多餘的時間重印九十五張投影片。於是她很快地找到了客户的秘書，然後冷靜且禮貌地請她用其他影印機重印上面有客户商標的投影片。我的小老闆當時可能和我一樣緊張的不得了，但是她看起來卻異常地冷靜，絲毫沒有顯露出任何驚慌失措的跡象。

我當時不了解這點，因爲我當年才二十六歲，也還沒有小孩。但是現在我了解那種表情是一個經歷過小孩每天都會出現緊急狀況、已經知道如何劍及履及找到解決辦法、然後保持冷靜的母親才會顯露的表情。從過去五年帶小孩的經驗當中，我可以確定的是，至少現在如果在工作上遇到了類似的狀況，我已經可以露出近乎相同的自信眼神。這就是身爲人母會在你身上造成的改變。

我最喜歡的關於媽媽危機管理的故事來自於莎莉·諾凡茲克（Sally Novetzke），她是一九八九年老布希與戈巴契夫在馬爾他召開高峰會議時，擔任美國駐馬爾他的大使。諾凡茲克當時負責安排這個高層會議的大小繁瑣事項，在與媒體的一場專訪中，一位來自《華盛頓郵報》的女性新聞特派員有點不客氣地問她：「聽說這是你的第一份正式工作是嗎？那你怎麼能夠處理好這麼多事情呢？」

這位大使是一位成熟的女性，她在爲共和黨義務奉獻心力多年後，才贏得了這個職位。她看著這位記者，然後冷靜地回答說：「親愛的，你顯然沒有養過四個小孩吧。」

教學相長

帶小孩有助於工作，而工作也有助於帶小孩。有人說，如果你一邊做得好就顧不好另一邊，或者也有人說，如果你是個成功的女強人，那你就不可能是個好媽媽。這些說法眞是大錯特錯。

——CNBC總裁暨執行長潘蜜拉・湯瑪斯・葛拉罕

家庭的技能得以移轉到辦公室是無庸置疑的，而這句話反過來同樣也可以成立。無數的文章已經描述過，之前曾在職場上工作過的「媽媽經理人」，如何成爲「經理人媽媽」，能夠把家庭當作公司部門來管理，把小孩的活動安排得和上班行事曆一樣緊湊。這點應該不足以爲奇，因爲在女性懷孕生子的時候，通常已經經過了好些年的職場訓練，因此她們帶小孩的方式，也不可避免地反映出她們早期的訓練，因爲一個人不可能因爲生了小孩，就變成完全不同的另一個人。

就像住在華盛頓特區的前國際談判代表米麗亞姆·薩皮羅（Miriam Sapiro）所述，「如果我能夠讓巴爾幹半島的兩個對立國家簽署和平協定，我就不會讓兩歲小孩的哭鬧毀了我一個美好下午。」

潘蜜拉·湯瑪斯·葛拉罕發現，帶三個小孩（領養的一對雙胞胎新生兒和一個四歲小孩）就好像是「在經營我的公司一樣……有一個想法能夠幫助我和我先生適應這一切，那就是『我們是經理人！』不論是在家裡，還是在辦公室，我們的工作都是先去了解誰有什麼迫切需求，誰現在沒有問題，誰現在需要監督，誰不需要在背後盯著他。」

薇若妮卡·洛佩茲（Veronica Lopez）是三個小孩的母親，她個性熱情外向，現年四十六歲的她住在紐約的史坦頓島，她就是個不折不扣的經理人媽媽。小孩每天都爲她帶來各種難纏的麻煩，而她則有自覺地運用她在擔任人事主管時所學習到的經驗來解決這些問題。

洛佩茲原本在紐約曼哈頓的漢諾瓦信託公司（Manufacturer's Hanover Trust）負責員工訓練的工作，三十一歲的時候她的兒子出生了，兩年半後，一對雙胞胎女兒也呱呱落地。她原本想要爭取兼職工作，但卻沒有成功，忽然間，她就成了全職的家庭主婦，照顧三個三歲不到的小嬰兒。

當時突如其來的龐大責任令她難以招架。晚上不但沒得睡覺，早上起來還要面對一堆待洗的衣物、堆滿水槽的髒碗盤、永無止息的換尿布工作，和準備一頓又一頓的飯菜。曾經擔任過銀行主管的她，決定要了解「當事情不照計畫進行的時候，我該如何有效的溝通，而不是失去控制地大聲咆哮。」

洛佩茲去上了幾堂教會的育兒課，之後獲得紐約天主教教會的認可擔任育兒課的講師，於是親職教育成了她的新職業。她在史坦頓島的聖玫瑰經教區（Holy Rosary Parish）成立了一個親職教育中心，過去九年來一直持續舉辦育兒技巧的專題討論會。她在課堂上傳授的準則反映了她的工作經驗，和人文心理學家強調的那些令人耳熟能詳的原則。

育兒技巧

家庭和任何成功的公司一樣，需要先從「**擬定宗旨**」做起，先找出父母希望子女學習到的基本價值，這樣能夠讓父母了解，他們必須教導孩子哪些特定行為。

下一步是「**釐清子女的責任**」。在擔任人事主管的工作時，洛佩茲必須撰寫工作說明和建立工作程序，讓員工能夠了解他們應負的責任。她相信孩子們也必須要知道父母對他們有什麼期許。「重要的是要明白告訴孩子，讓他們知道我們的期許，然後讓他們負起應負的責任。」她告訴我說。

洛佩茲同意要讓小孩負責任，要比管理員工困難的多，因為員工會受到你加薪、發獎金、獲得升遷，和提供更多有意義的工作而激勵。「如果你能夠在不大吼大叫發脾氣的前提下激勵你的小孩，那管理成人對你而言更不成問題。」她表示。「你不能炒你的小孩魷魚，所以你必須要運用更多心理學的技巧。」

激勵孩子的一個方法就是「**從他們的角度說明事情**」，仔細說明爲什麼這麼做是對他們最好的決定。例如以下這些話語，「如果你把玩具收拾好，你就不會把它們踩壞了」；「你去朋友家玩的時候，你要有禮貌，表現地很乖，那麼他就會再請你去他家玩」；「如果你好好刷牙，就不會有蛀牙菌。」

孩子們也會期待所謂的「**升遷**」，也就是當他們表現出誠實和負責的行爲時，能夠獲得更多的自由和自主權。如果他們能夠表現良好，就能夠逐漸獲得更多特權。

洛佩茲把職場技能轉化爲育兒技巧的作法，讓她成功地從銀行主管過渡爲全職的家庭主婦。她的例子也說明了工作和家庭並不是完全相斥的兩個領域，而是一體兩面，具有相輔相成的關係。

兒女一籮筐

《兒女一籮筐》（*Cheaper by the Dozen*）這本書的內容，或許對上述論點有最佳的描述。這本書是由吉勃瑞斯（Gilbreth）一家十二個小孩當中的兩位撰寫的，這個有趣的家庭在一九一〇年代和二〇年代初期，住在紐澤西州的蒙克利爾（Montclair）。這家人的父親是效率專家，母親則是一位心理學家，他們共同經營一家顧問公司，提供歐美兩地的製造業諮詢服務。這對了不起的父母完全了解，管理小孩和管理員工用的是同一套技巧，尤其在大家庭更是如此（在我訪問的對象當中，所有家裡有兩個以上小孩的父母都表示，他們需要用類似公司的規章和行事曆，才能搞定家中的混亂狀況）。

隨著家族成員不斷增多，法蘭克（Frank）和莉莉安・吉勃瑞斯（Lillian Gilbreth）決定要「探索管理心理學的新領域，以及運用心理學來管理一屋子小孩的舊領域」，並且測試一下這個理論，看看工廠當中適用的作法，是否也適用在家庭當中。

吉勃瑞斯夫婦把他們的小孩編成生產小組，負責各種家務事，然後召開委員會，討論家中的重要決策，例如是否要養狗，或者買一條新的地毯等等。他們鼓勵小孩競標重要的工作，並且強迫他們遵守契約內容的條款。例如當八歲大的莉莉投標，願意以四十七分錢的代價油漆籬笆的時候，雖然她媽媽會抗議她提出的價格太低，但是她還是拿到這個工作的合約。這個工作花了十天完成，她的手起了水泡，有幾個晚上根本痛到睡不著。但是她的父親堅持她必須完成工作，因爲她應該要「了解金錢的價值，並且信守承諾。」當她終於完成工作後，她哭著來到父親的面前。

「我都漆好了。」莉莉說。「我希望你滿意我所做的結果。現在，可以給我四十七分錢了吧。」

他數好零錢，然後對女兒說，我是爲了你好才要求你有始有終。然後他叫她去看看她的枕頭下面有什麼東西。她跑上樓，看到了一雙溜冰鞋。

《兒女一籮筐》出版於一九四八年，當年一出版就成了暢銷書。這本書被翻譯成五十三種語言，在一九五〇年被改編成電影，由麥納・羅伊（Myrna Loy）和克里佛頓・韋柏（Clifton Webb）主演，之後於二〇〇三年又被諧星史提夫・馬丁（Steve Martin）改編爲《十二生笑》。

吉勃瑞斯一家人的故事，經常被描述成一位古怪的科學家，把自己的家庭當作工業組織來經營的軼事，很少人會去注意到這個家庭裡的母親。五十年之後，再重新看看這個故事，我們發現，吉勃瑞斯一家人或許是在家裡發展並測試他們的管理理論，然後再把這些治家之道應用在組織的員工身上。

例如前頭提到莉莉的例子，或許也給身爲父親的法蘭克好好上了一課，讓他了解如何以慷慨的激勵報酬來鼓勵員工的工作成績，以進一步提振員工的士氣。

我也認爲這一大家子的母親在建立吉勃瑞斯一家的組織原則上，沒有得到應有的肯定。其原因從下面這件事情可以看得出來，在她先生於五十五歲忽然因爲心臟病猝死之後，這位十二個小孩的母親立刻能夠承擔起他的責任。在法蘭克過世後的第三天，她就搭船前往歐洲，在倫敦和布拉格完成兩場原本她先生答應的演講，之後更進一步成爲全世界最頂尖的女性工業工程師之一。

2
長不大的小孩
冷靜永遠讓你佔上風

如果你把身邊所有的人都當成四歲小孩看待，
那你在待人處世上準不會出錯。
紐約某出版社的編輯

和三歲小孩打交道，
就跟和主管打交道沒有兩樣。
他們的專注時間都很短暫，
而且個性毛躁、很容易生氣。
美國線上女性主管

「跟男性同事講話的時候，你會覺得我們好像是他們的媽媽似的。」在艾莉森．皮爾森（Allison Pearson）的喜劇小說《凱特的外遇日記》（*I Don't Know How She Does It*）當中，一位女性向友人這麼說。故事中身爲投資銀行家的友人回答道：「沒錯，我們就是他們的媽。我從進辦公室到回家，都有人像小孩一樣硬要當跟屁蟲。你最好趕快習慣這種事情。」

如何看出誰是長不大的小孩，爲人處事依靠成人的外表掩飾，正是從帶小孩的過程當中，能夠學習到的絕技之一。在你了解到衣冠楚楚的成人，在內心層面可能是個牙牙學語的小孩時，你對世事的看法將會有截然不同的改變。我是在我兒子大概六、七歲的時候，才了解自己一直以來都是以媽媽的角度在看這個世界。有一天晚上，我在看CNN，想要關心最近的戰爭新聞時，我兒子詹姆斯舞弄著他的玩具寶劍衝進房間來，他正在玩小男孩們最喜歡的遊戲——「殺死壞蛋！」無法避免地，我產生了這種想法：這個世界是由想法和七歲小男孩一樣的成年人所負責運作的，他們認爲這個世界非黑即白，而且相信打擊邪惡勢力是解決問題的唯一答案。

無數的母親都有類似的經驗，而用母性的觀點來觀察世界領袖的言行，也已經不再是會讓人側目的舉動。試想你是否經常聽到有人在批評政府或失控企業時說：「現在的狀況已經完全失控了……這簡直跟家裡沒大人一樣。」

當心理學家瑪莉安．盧德曼觀察到，她第一個孩子如何受到生理影響的時候，她開始思考：「或許當有人在工作上表現出傲慢的態度時，可能跟我的所作所爲無關，或許她是被自己無法控制的感覺驅使。我女兒很頑固，這讓我了解到有些成人也可能很頑固。這種想法有助於我和難纏的人打交道。如果有人很難相處，那很可能是他們自己的問題，你不需要怪罪在自己的頭上。」

如果要舉例的話，有著一張娃娃臉的美國眾議院前議長金瑞契（Newt Gingrich），就是一個典型長不大的孩子。一九九五年，金瑞契承認他曾經迫使聯邦政府停工，只是因爲不爽當時的美國總統柯林頓。顯然柯林頓在前往以色列的長途飛行當中，沒有請金瑞契坐在身旁，讓他覺得很受傷。爲了報復，這位共和黨的領袖扣住了一項重要的支出法案，提出了一個柯林頓一定會否決的交換條件，因此迫使聯邦政府運作暫時停擺。

「這樣眞的很小心眼吧，不過我覺得這是人之常情。」這位擁有重大影響力的政治領袖表示。或許，這種心態還眞是兩歲小兒的人之常情吧。

很多母親都很容易看出這個問題的癥結所在。「我想他們只是兩個在玩遊戲的小男孩而已。」一位在亞特蘭大聯邦疾病管制中心工作的員工表示。科羅拉多州的參議員史羅德（Pat Schroeder）是兩個孩子的母親，她爲這場鬧劇下了最佳的註解。她在參議院裡頭舉起一個仿造金像獎的獎座，宣布金瑞契贏得了今年的「最佳童星獎」。

女性看穿不成熟行爲的風險之一，就是她們必須要努力放下身段。作家艾麗斯・麥德莫（Alice McDermott）對母親的智慧在「一群長不大的小孩、擁有童心的成人，和重返童年的成人之間」顯得格外突出，這樣的描述或許帶有一點自我滿足的意味。她注意到那些「花了數個禮拜、數個月，甚至數年的時間，去思考、容忍、回應所有成長、成熟、獎賞、懲罰、依賴、獨立、愛……彷彿由上而下看到我們所有的忿怒、狂熱、戲劇性的行爲，然後以充滿同情和智慧的態度回應：『好了，孩子們……』。」

這種由上而下觀察著你的母親形象，讓每個人都感到不甚自在，因此媽媽們必須要避免採取這種自鳴得意的態度。不過事實依舊證明，成功的人，包括爲人父母者在內，通常比較有能力去辨別和處理情緒發展受限的人。以下是我訪問的職業婦女們推薦的幾個技巧。

運用你的幽默感

我有一個朋友，在對付一個經常控制不了情緒而口出穢言的同事時，就運用了這個出奇不意的技巧。每次那位同事講了「幹」字，她就會說：「你說嘎嗎？嘎嘎嘎！這裡好像有隻鴨子噢！」然後她會假裝自己是隻大鳥，邊拍著翅膀邊跳舞，來讓她的三歲兒子分心，不受髒話的負面影響。當然，那位脾氣不好的同事也會因爲她的舉動而覺得不好意思，在言行上會比較注意一點。

時代公司的執行長安·摩爾有位非常了不起的母親，能夠把家庭面對的嚴苛挑戰，化爲充滿樂趣的遊戲。摩爾的母親是位平日要獨自照顧五個小孩的軍人眷屬，他們必須經常跟著部隊移防。根據她女兒的描述，摩爾的母親就是有辦法說服小孩，把離開朋友、學校和熟悉的營區，然後搬到另一個未知的地點，說成是全天下最刺激、最好玩的事情。身爲長女，摩爾記得每個小孩都有機會決定他們新房間的牆壁顏色。她的弟弟安迪會選紅色和黑色，雖然到頭來這些顏色從沒有出現在房間的牆上過，不過孩子們總是能夠接受最後的結果。

「她就是家中的將軍。」摩爾回憶道。「她總是能夠讓最差的選擇變得最搶手，我從這當中學習到很多寶貴的經驗。」

把功勞全歸給他

國家科學基金會理事長麗塔・科威爾（Rita Colwell）是兩個女兒的母親，她告訴我她經常在會議當中使用這個技巧。美國的科學家都很大男人主義，科威爾說在她進入職場不久，「我就學會了要先安靜傾聽，然後才表達我的意見，千萬不要試著下命令或者想要主導一切。男人最受不了這樣！通常我會先講幾句話，然後保持沉默。過了幾秒鐘後，會有一位男性用稍微不一樣的方式講同樣的事情，然後大家會異口同聲地說：『這眞是個好主意！』我就學會只要把功勞歸給他們，我就能夠讓我的意見被採納。」

這是一個試了就知道的技巧。在《凱特的外遇日記》一書中的女英雄凱特，就是從育兒書籍當中習得這個技巧的：

……艾蜜麗轉眼間已經到了令人頭痛的兩歲，於是我去買了一本叫做《教養學步兒》(*Toddler Taming*) 的書。這本書對我有莫大的啓發。書中教導我如何和易怒、幼稚、不知節制，又不斷考驗他們母親的這種小鬼頭打交道，而這些建議完全可以運用在我的老闆身上。我學到不應該把他當頂頭上司對待，而是應該把他看成是難纏的小男孩。只要他想要開始調皮搗蛋的時候，我就會盡我所能地分散他的注意力，如果我想要他做某件事情，我總是讓事情看起來是他自己想要去做的。

這讓我想到了杜魯門總統說過的一句話：「只要你不在乎功勞歸於誰，那麼人生當中沒有你不能達成的事情。」

要讓某人認爲某件事情是他們的主意，最好的方法就是設下一個選擇的陷阱。在海穆・基・吉諾特的經典育兒手冊《父母怎樣跟孩子說話》中，就曾提出這個建議。舉例來說，如果你想要小孩乖乖吃下青菜，你會提供他選擇。你當然不會像卡通影片當中的媽媽命令小孩說：「把你的青菜吃完！」相反地，你應該說：「乖寶貝，你想吃菠菜、胡蘿蔔還是南瓜呢？」小孩一定會選一個，而且認爲那是他自己做的決定，而願意乖乖吃青菜。依此類推，絕對不要問小孩開放式問題，例如說「你早餐想吃什麼？」讓小孩有機會給你「蛋糕和冰淇淋」這樣的答案。你應該問：「你的牛奶想要用玻璃杯還是馬克杯裝呢？」

正如吉諾特所述，這樣一來，小孩就會覺得他不只是接受命令的一方，而是能夠參與生活當中重要決定的一份子。

十五世紀西班牙卡斯迪爾（Castile）王朝的伊莎貝拉女皇（Queen Isabella）就曾經運用過這個技巧。當時她希望教宗能夠指定她心目中的人選爲樞機主教，她提交給教宗三個人選：一位是她忠心的臣子，另外兩位則是明顯能力不及的下駟。結果當然是她忠心的臣子雀屏中選。我懷疑這位聰明的女皇，是不是從應付她五名子女的經驗學到這個技巧，她的一位女兒凱薩琳後來成了亨利八世的第一任妻子。

保持冷靜，不打不必要的口水戰

個性不成熟的人通常也很容易亂發脾氣，就像青少年和學步兒一樣。許多母親都說，對付這種情況的最佳辦法就是不要回應。

就像雪洛・白肯德所言：「冷靜永遠讓你占上風。」

娜奧美・芬納曾經告訴我，有一次她在攝影棚停車的時候，不小心停到了主管的車位，而這位自以爲了不起的主管，視停車位這類事物爲自我地位的重要象徵。於是他找上芬納，對她大發雷霆、破口大罵。

「我當時心裡想的是，我眼前這個人，看起來就像個四歲小孩。」芬納說：「跟他好好談根本沒用，他需要冷靜下來。」所以她忍住，沒對他做出任何回應，最後她等到了一通道歉的電話。

凱洛・布朗納（Carole Browner）在前美國總統柯林頓執政、擔任環保署長的時候，就經歷過許多這類的火爆場面。「我看過不少國會議員大發雷霆，」她後來在華盛頓特區擔任顧問時接受了我的訪問表示。「他們整天嚷嚷『妳應該要做這個，做那個……我一定要看到你解決這個問題！』我通常都是一笑置之，不予回應，因為那些話簡直是太荒謬了！」

布朗納記得有一次和密西西比州的共和黨參議員川特・羅德（Trent Lott）打交道。當羅德還是國會多數黨領袖的時候，他曾要求她開除一位在環保署工作的職員，這個可憐的小職員比她的職位低四等。羅德表示如果她拒絕他的要求，那麼他會駁回她屬下的所有升遷提案（當時有一位被提名人尚未獲得通過）。

這件事情發生時，布朗納的兒子剛好上小學，她向羅德表示她沒有辦法越級做出這個決策，所以她拒絕了。三個月後，這位環保署職員在不知道羅德曾經想要他走路的情況下主動辭職了。布朗納於是又打了一次電話給羅德說：「我是要通知你那位職員自願離職了，所以我想我提名的人選現在應該可以確定了吧。」

「羅德就像個小孩一樣，藉由提出不合理的要求來測試我。」她解釋說。「但是我從來沒有跟他正面衝突，這是我在小孩身上學到的。你不需要因為每件小事而動怒，你應該要堅持立場，解釋你的容忍限度，然後說不。」

為人父母者會選擇該打的戰役，把火力保留在應付真正重要的事情上。何威律師事務所

(Hunton & Williams) 華盛頓特區分公司合夥人寶琳・史奈德 (Pauline Schneider) 就表示，她從帶小孩的過程當中學到最重要的一課，就是「了解哪些是需要堅持到底的重要原則，還有何時可以或不可以讓步。」

「你會了解當他們做出極端愚蠢的事時，你不能做出過度的反應。如果你做出反應的話，可能會讓你看起來像是個憤怒的白痴。」史奈德這麼跟我說。「我現在比較會三思而後行了。不論是在家裡還是在辦公室，這個經驗已經幫助我解決無數次的問題。」

史奈德有一個已經成年的兒子，擁有金融方面的商學碩士學位，她還有一個女兒在杜克大學攻讀博士學位。她應該是在她女兒蘇珊經歷叛逆青春期的那段時間，學到了如何拿捏反應的尺度。史奈德記得當蘇珊十六歲時，她和她的朋友反對當時雷根總統所提出的太空戰爭理論。有一天她問媽媽說，她那天可不可以翹課去參加抗議遊行。她的母親說不可以，但是幾個小時之後，史奈德被一通緊急電話從一場會議當中叫出去。原來她的女兒違抗母命，偷偷跑去參加了示威遊行，而且還被警察拘留。在她講完電話回到會議室後，每個人都想要知道是否一切無恙，到底是什麼事情那麼緊急?

史奈德一一回答了問題，開完會議，然後到警察局把女兒保釋出來，確定對女兒的控告已經撤銷了。她說，在開車回家的路上，「我一句話都沒說。蘇珊試著想要開口，但是我說我不想要討論這個問題。或許我應該用不一樣的方式處理這個問題，不過如果我不保持冷靜的話，我可能會反應過度……他們會考驗你的耐性，也會磨練你的自制能力。」史奈德本人打扮總是合宜得體，但是她也經常因爲穿衣服的問題，和她的女兒有不同的意見。「她的奇裝異服總是讓我受不了。她從來不穿我買給她的衣服，總是到二手商店去買衣服。不過我不想要在髮型或穿著上面太堅持我的立場，因爲這些對我來說，不如餐桌禮儀來得重要。所以我學到了要稍微睜隻眼、閉隻眼。」

不過當蘇珊十六歲的時候，服裝問題卻浮上檯面。史奈德的事務所需要一位兼職的總機小姐，每天從下午四點工作到六點半。她問她女兒有沒有朋友對這個工作有興趣，她女兒卻說或許她就適合這個工作。「我跟蘇珊說，我覺得這可能不是個好主意，我們不應該在同一個地方上班。但她堅持要去，所以我對她說：『好吧，如果你眞的想要這份工作的話。不過我可是不會幫你的。』

「於是她打電話到公司，問了一些關於這份工作的問題，包括建議的穿著打扮。人事主管跟她說，既然她是別人進公司會看到的第一個人，她應該穿得跟她媽媽一樣。」

史奈德原本以爲這個建議會讓她女兒打退堂鼓，但是她女兒只稍事遲疑就決定要試試看這份工作，所以她和她母親一同上街買衣服。她們在一家知名百貨公司的更衣間裡試穿衣服時，她的母親第一次看到了女兒大腿上的刺青。

「我當時差點沒失聲驚叫出來。」史奈德笑著說。「不過那是公共場所，我只能說我的自制能力都是被孩子磨練出來的。」她重複強調說。

這個教訓在職場上也同樣適用。史奈德偶爾在工作上，還是會碰到因爲看她是黑人女性，而輕視她專業能力的情形。雖然她擁有耶魯法學院的學位（在邊帶大兩個孩子的過程當中完成的），同時在公共財務領域受到專業肯定。她還敍述了她的事務所和另一家事務所搶同一筆生意時所發生的一件事情。

我在草擬讓這筆特定交易可以進行的基本法規時，產生了一些關於法律定義上的問題。我說：「我覺得這邊的意思是如此這般。」但是另一個律師卻和我持相反的意見。他堅持要和我爭辯下去，事實上他非常愛爭辯，而且堅持己見，就像小孩子總是要堅持自己說的一定是對的一樣。

你不需要跟他們正面衝突，因爲你知道他們根本不會聽。所以我也沒有反駁。過了一會兒，他來找我，然後跟我說：「寶琳，關於那條法規，我覺得……」我回答說：「沒錯，彼得，我就是這樣寫的。」

所以如果今天要我跟公司同仁提出什麼忠告的話，我會教他們學著如何避免打不必要的口水戰。在道德問題，或者和公司聲譽相關的問題上固然不能讓步，不過你也不需要對每件事情都斤斤計較。

在一九八〇年代的一場經濟高峰會議中，當時的英國首相柴契爾夫人在主持會議時指責一位代表言行舉止過當。這名男士大怒提出抗議，但她卻沉默不予回應。會後雷根總統問她爲什麼要任那位代表對她惡言相向，尤其在他看來，她有充分的理由做出反駁。

「我們女人知道男人什麼時候會耍孩子氣。」她這麼回答。

把作業寫完！不准有藉口！

許多女性領袖會告訴我，她們經常聽到一些類似「我的作業被狗吃掉了」的藉口，而拿出這類藉口的那些人似乎並不了解，就算是大人也要把作業寫完。就像惹了麻煩的小孩一樣，很多犯了錯的員工也會隨便亂找藉口，例如「你交代工作的時候沒有講清楚」，「你沒有給我足夠的指導或方向」，「我沒有足夠的時間完成工作」，「我把工作交代給別人，所以報告出了那麼多錯是他們的問題……。」

當帕翠西・沃德（Patricia Wald）擔任哥倫比亞特區上訴法庭的主審法官時，她發現就連高等法院的聯邦法官也經常不能準時完成工作。沃德告訴我，從她的四個孩子身上，她學到了「永遠不要假設應該完成的事情一定會完成。所以，就像要檢查小孩子功課有沒有做完一樣，我也必須要確認法官是否準時提交判決意見書。到年底前，我們法庭的每位法官應該要交出約四十份判決書，但是有些法官就是交不出來。就算他們知道別人正痴痴地等待他們的判決，他們就是沒辦法在期限內交出來。」

我訪問過的另外一些母親也說他們會嚴格把關，絕對不允許偷懶的情形發生。安・摩爾尤其強調這個原則。

我很驚訝看到有些人覺得他們不用作任何功課，就能夠擁有我的成就，或是完成我的工作。我兒子讀中學的時候，曾經有繳交作業方面的問題，有兩位老師告訴我他沒有交作業。我必須向我兒子解釋，家庭作業是強制性的，不是他可以選擇做或不做的。

事情很簡單。如果該交作業了，那你就得把它做完！

我很驚訝在職場上竟然會看到同樣的這種態度，有些人覺得他們可以不勞而獲……這是不可能的。我欣賞的是那種不會找理由，或者捏造藉口的人。

給予獎勵和表揚

不論是五歲還是四十歲，每個人都希望自己表現良好的時候，能夠得到他人的讚許或表揚。沒有人的年紀或成就大到不需要別人的讚美、鼓勵，或者對他的表現公開表揚。麥可・佛薩西卡（Michael Fossaceca）現年三十六歲，是紐約摩根大通銀行（JPMorgan Chase）的資深副總裁，他告訴我，八〇年代當他剛開始在大通銀行服務時，他手下有一位之前在全錄工作、能力很強的業務經理。她個性堅毅、自律甚嚴，而且知道要如何激勵工作夥伴。她每個月都會主持一場數百人的大型會議，她會表揚當月表現最佳的業務代表。他們會成爲該月的國王或皇后，然後會拿到一個漂亮的皇冠，可以驕傲地展示一整個月。

「有人見此會暗自竊笑，覺得這種作法太做作、太沒水準。」佛薩西卡說。「但是這會讓拿到皇冠的人產生莫大的榮譽感，讓四周的人都覺得他是頂尖的業務員，他是最棒的！每個人都嘴上不說，但是每個人都想要贏得那頂皇冠，如果你讓給了別人，你會更想要把皇冠贏回來。在同事面前接受表揚的感覺比金錢報酬還要能夠激勵人心……就像銀行在某位員工完成了一筆重大交易後，會致贈一面獎牌一樣。這種獎勵能夠讓你感覺渾身是勁，想要趕快完成另一筆交易，好在辦公桌上展示另外一面獎牌。」

「聽起來好像是給小孩一顆星星當作獎勵一樣。」我對他說。

「聽你這樣說我才想到，」佛薩西卡說。「那位業務經理的名字叫做派特·歐葛蒂（Pat O'Grady），她在去全錄上班前是個幼稚園老師。」

兒童心理學家茱蒂絲·拉波包特對於爲什麼成人在表現良好時，仍舊需要拿到星星的獎勵和讚許，提出了專業的看法。

在你當上老闆後，你也成爲員工心目中象徵性的父母。許多人在上班之前，家庭並沒有滿足他們的需求，或者沒有給予他們足夠的肯定。所以看來原本無傷大雅的話語，也可能會傷到他們，或者導致錯誤的反應。如果你養育過小孩，你就知道講任何道理，都要帶著充滿感情和肯定的語氣。在職場上也是如此。每位員工都有自己過去的包袱，成長過程當中對父母的愛恨情仇都會投射到上司的身上。他們不是把上司當作神，就是當作魔鬼，或者兩者兼具。如果你有小孩的話，你會比別人先體驗到這點，並且更能夠了解這種感受。你可以在批評或糾正的話語當中，加入肯定的字句，例如「這份報告眞的很棒，我看得出來你做了很多研究。我只是想如果我們能夠補充這個和那個，或者把這部分換成那個，或者多強調這個問題，也許會變得更好……。」

這種作法，絕對比只有指出哪裡需要修改有更好的效果。

好萊塢寶貝

對於職業婦女來說，恐怕沒有人比在好萊塢工作的女性還要面對如此多長不大的男人。每個住在洛杉磯的人，都有一些這類的故事可以和人分享，例如像兩歲小孩一樣會亂丟東西的導演、像青少年一樣整天只注重外表的演員、像不想去上學的小孩一樣賭氣不願意離開化妝室的女明星云云。有一年春假的時候我到洛杉磯旅遊，期間和幾位女性製作人、女導演和女演員共進了好幾次午餐，她們都有和那種長不大的男人共事的經驗。她們很多人都同意，身爲母親，有助於提升她們應付這些人的能力。

「當導演就像當小孩一樣。」露西・費雪（Lucy Fisher）表示。她是一位製作人，之前也擔任過電影公司的高階主管，同時也是三個小孩的母親，她製作過一連串的賣座電影，包括《紫屋魔戀》（*The Witches of Eastwick*）、《麥迪遜之橋》（*The Bridges of Madison County*）和《星際戰警》（*Men In Black*）。

> 好的導演什麼都想要，而且不計任何代價。他們都是完美主義者，重視每一個微不足道的細節。他們知道從A到A^+的差別，就在注重最後的那百分之一而已。所以這些人個性狡猾、頤指氣使、索求無度，甚至任意辱罵他人，只要能夠達成目的，完全不擇手段。他們會拚了命去爭取他們想要的東西，就像小孩子一樣。
>
> 身爲電影公司的主管，你必須想辦法應付這種人，並且在讓對方保持尊嚴的情況下向他說不。就像父母對待孩子一樣。

費雪對我說，她在監製《黑潮—麥爾坎X》（*The Autobiography of Malcolm X*）這部電影的時候，被一位「眾所皆知的神經病導演」在電話當中大吼大叫，他在電話那一頭大發雷霆、口出穢言。費雪說，如果不是她有小孩的話，一定會覺得尊嚴掃地、怒不可遏。相反地，她等到他停下來換口氣的時候，回了一句：「拜託，夠了。我家裡已經有一個兩歲小孩了。」她說完這句話後，對方馬上冷靜沉默下來。

莎拉．皮斯布瑞也是一位製作人，她告訴我，她有一次在加拿大的拍片現場給小孩餵奶，現場的每個人看到都顯出大驚小怪的樣子，她則心想：「如果我有一百個奶嘴，我就可以把現場每個人的嘴巴塞住，然後回家照顧眞正的小孩。」

娜奧美・芬納則從身爲導演老婆的有趣角度，觀察到了演員的幼稚行爲。

在好萊塢，有很多人在小時候都沒有得到很好的照顧，因此很多跑去演戲的人，都是希望能夠獲得小時候沒有得到的注意，所以他們對人非常地苛求。他們要的不是屬於自己的一份，而是希望全部通吃。在拍片的時候，片場的結構和家庭很像。導演是負責管事的家長，製作人則居於幕後支援，演員就像是小孩一樣。身爲製作人，我必須學習讓我的先生史提芬，他是導演，讓他負責管教小孩，而我則要退居幕後，讓「爸爸」可以花時間在那些需要注意力的小孩身上。演員們總是嚷著「爲什麼你給她那個？」或者「爲什麼我不能有跟他一樣的東西？」，這種行徑完全和小孩沒兩樣。

在我們這一行，人們總是在演戲。

露西・費雪進一步說明：

這些人的工作就是表達他們的情緒……這些人原本就比一般人歷經更多滄桑，比一般人有更深刻的感受，也通常比一般人更缺乏安全感。當有人生氣的時候，十之八九是因爲他缺乏安全感。我從扮演母親角色上學到的能力之一，就是早一步看出一個人的需求。我可以跳脫憤怒的情緒，去找到問題的癥結所在，並且解決這個問題。我的自尊在這過程當中完全不受到影響。身爲女性，我或許需要捍衛尊嚴，但是身爲母親讓我了解到，不需把別人的怒氣當一回事。

「這個行業對人非常包容。」娛樂產業律師梅蘭妮・庫克（Melanie Cook）表示。她的客戶包括大明星基努・李維、艾德・哈里斯、《美國心玫瑰情》（*American Beauty*）的導演山姆・曼德斯（Sam Mendes）和《時時刻刻》（*The Hours*）製作人史考特・魯汀（Scott Rudin）。「對於能夠帶來票房的明星，我們會願意忍受他們很多不當的行為。」

幼稚的官僚體系

凱薩琳・馬歇爾（Katherine Marshall）是世界銀行的官員，同時也是兩個孩子的母親，她的女兒畢業於普林斯頓大學，兒子則在讀中學。馬歇爾長久以來一直在注意，與孩子打交道和與官僚體系打交道之間的相似性，而且在她的女兒還小時，她還眞的曾經就幼稚的官僚體系爲題寫過一篇短文。

馬歇爾是在教她女兒吃固體食物的時候，第一次發現她於公於私扮演的兩個角色竟然如此地相似。在扮演官員和母親的角色時，她都在嘗試引介某種新的事物，而且最好都是從比較溫和的東西開始，不能太燙，也不能太冷，而且絕對不能夠太辣，以免對系統造成刺激。

不論是針對嬰兒還是官僚體系，要引介陌生的事物必須要循序漸進，或者要和對方已經熟悉或喜愛的事物調和在一起。對兩者而言，也都有一段時期會對某種口味的事物情有獨鍾，而對其他事物視而不見。對小孩子來說，她喜歡的可能是起士通心粉，對經濟開發中的官僚體系而言，則可能是小額貸款這樣的潮流。這種情況並不是好事，因爲均衡的飲食和均衡的計畫總是對人比較有好處。

嬰兒和官僚體系有時也會抗拒對他們有好處的事物，不論是蔬菜還是多元性。如果你試圖將這類不受歡迎的東西硬塞進他們嘴裡，他們可能會立刻發現，然後急著把它吐出來，有時候還會伴隨著尖叫和大發雷霆。不論是照顧小嬰兒還是官僚體系，你都必須先拿湯匙餵他們，如果他們把大部分的食物吐出來，你必須要把它重新舀起來，然後再試一次。一般的規則是，食物進到口中的速度愈快，那麼最後會被吃下去的數量也就愈多。如果中間停了下來，會給嬰兒或官僚體系思考和玩的時間，反而會吐出更多的食物。

堅持通常會獲得回報，而幽默感和輕鬆的態度也有幫助。隨著時間經過，餵嬰兒吃東西的人，或者官僚體系的改革者在技巧上也會變得更爲純熟，也會學到如何從目標對象當中得到更多的投入，並且了解哪些東西和方法，會導致急躁的反應或者完全的抗拒。

最後一個步驟就是清理善後。就這點而言，馬歇爾承認她發現教嬰兒吃固體食物，比應付官僚體系來得簡單多了。只要一條濕抹布和一台洗衣機，就能夠把狼狽的一餐清理乾淨。

不過在嘗試改革官僚體系的過程當中，你可能會感覺受傷、自尊受損，在這點上，幽默感依舊會有幫助。

「管理嬰兒和官僚體系之間的共同點，對一位職業母親來說，是很令人矚目的。」馬歇爾做出這樣的結論。「照顧小孩需要的技巧，有時候比一般人想像得還要複雜，另外就連官僚體系，也會有和人一樣的性格弱點。」

媽媽在職場的風險

當面對幼稚的行爲時，女性經理人如果扮演母親的角色過頭了，會造成任何問題或困擾嗎？事實上這種行爲可能有相當程度的風險，而我訪問過的女性主管對此則是意見分歧。

路易絲．法蘭西絲康尼是雷神公司的副總裁，有一位已經成人的兒子和一位繼子，她毫不保留地表示，在她周圍的男性同事經常表現地像是自私的小孩。「會出現幼稚行爲的原因，是小孩子還不夠成熟到爲他人著想……我們在組織當中也看到很多這樣的行爲。」法蘭西絲康尼在她位於鳳凰城的辦公室，透過電話訪問向我表示。「你會看到一堆人大聲嚷嚷、行爲舉止就跟笨蛋沒兩樣。如果我也那麼做的話，他們會覺得我是個『情緒化的女人』。」

法蘭西絲康尼說，當她對這類行爲說「不」的時候，她不在乎她的同事是否會視她爲辦公室裡愛管閒事的媽媽：

我會說：「夠了！嘿！我不管你昨天經歷了什麼事情，反正不准再鬧了！」他們會很生氣，然後開始叫我「媽」來揶揄我……不過我不在乎把家裡學到的那一套，運用在這些人身上……

舉例來說，我會把公司的福利拿來和家庭的福利互相做比較。例如我在會議場合，想要說服某個人放棄部分預算，以便轉用在其他專案上的時候，對方可能會問：「這樣對我有什麼好處？」

我會說，「我相信你們當中很多人都結婚了，也有小孩。如果你每天下班回家說的第一句話，就是『我有什麼好處？』的話，那麼你的小孩就知道今晚不好過了。所以如果這是你的態度，那我們就不用再談了，這個會議就到這裡爲止……。」

他們還是會調侃地說「好吧，媽媽。」不過他們會聽懂我的意思。

紐約哥倫比亞大學國際與公共事務學院院長麗莎·安德森（Lisa Anderson），同樣不會擔心被同事看成愛管閒事的媽媽。她是這麼說的：「因爲女性主管人數不夠多，因此還是很容易被刻板印象所歸類。不過媽媽總比太太或者女朋友好。」

「我想像中的互動方式和許多男性同事不一樣。」安德森告訴我。「我看到很多恃強凌弱的行爲，我就會自問該如何和這種惡霸打交道。例如兩位教授在吵架，碰到這種情形，我們大學的前任校長會把他們視爲在森林裡搶地盤的兩頭雄鹿。不過我總是把他們看成下課時間在吵架的兩個小孩，所以我花了很多時間扮演調解糾紛的班長角色。」

安德森在調解糾紛時有一種特殊技巧，或許我們可以把它稱爲「我媽說」：

> 我會向我母親學習，她總是有很多格言諺語可以和人分享。我會說：「我媽媽總是說，『不是每個人都在做的事，就是對的。』我會對我在青少年時期的女兒說這些話，有時候在辦公室這麼說也很有用。因爲我總是說這是我母親說的，因此講這些話也比較不會讓人覺得討厭。這樣讓我可以用比較不具對抗性的立場，來說明規則跟排解糾紛。這種『我媽說』的作法不但容易了解，而且也不會冒犯他人，所以在使用時不會讓人有被輕視或被侵犯的感覺。
>
> 我從來沒有聽過我的任何男性同事提到他們的母親，或者提過從他們小孩身上學到的事情。這要不是他們眞的沒有從家庭當中學習到什麼，就是覺得講這些事情不太恰當。你會聽到男人說：「這些人簡直跟動物沒有兩樣！」
>
> 不過我則會說：「這些人簡直和小孩沒有兩樣！」

另外一位大學校長雪麗・肯尼（Shirley Kenny）則認爲，扮演同事眼中媽媽的角色存在著相當大的風險。「人們可能會對你產生反感。」她解釋道。「不知道爲什麼，但我覺得人們對母親角色的反感甚於其他威權角色。」

我請她針對這個重點多做一些說明。

「人們不擅於和母親那樣的角色打交道，所以你必須要小心謹慎。你不能夠過於高壓。在此同時，我們也超脫了必須要表現得和男人一樣的限制。」

肯尼提供了一個例子，讓我們了解母性管理風格，在什麼情況下會引起他人的反感。

> 如果有位教授不想繼續教早上八點開始的課，那麼他可能會和系主任討價還價。如果系主任說：「好，那你可以改教一門早上十一點的課。」此後他們兩人間會有默契，彼此知道現在他欠系主任一個人情了。如果系主任說：「不行，你不能調開這門課。」那麼這兩個人就會起衝突，然後相互記仇。
>
> 如果主事者是女性，那麼她可能會讓這位男教授覺得，自己想要調課是在耍小孩子脾氣。母親經常會對子女有一些特定的期望，這些期望可能有些會說出來，有的不會，不過子女都會知道這些期望是什麼，然後會試著努力去達成。所以，如果一位女性主管使用這種技巧的話，男性的一方會覺得被看輕。他不會願意去達成要求他負責任或成熟行事的期望，但又無法抗拒。他可能會因此對要求他符合較高標準的權威人物產生反感，他可能會覺得自己很脆弱，或者很困窘。

話說回來，如果你帶著些許幽默感來扮演母親這個角色時，會得到比較好的效果。當柯林頓政府的司法部副部長潔米・高立克（Jamie Gorelick）成爲美國華盛頓特區律師公會六萬名成員的領袖時（沒有寫錯，華盛頓特區確實有超過六萬名律師）。她的一位事務所合夥人告訴她，管理律師公會就像帶三歲小孩一樣。當時她的小孩年紀也差不多就是那麼大。這位合夥人送她一個法官用的小木槌，上面刻著幾個字：「潔米的法律：因爲我說了就算。」

3

協商專家

討價還價與不理性的拒絕

百戰百勝，非善之善者也，

不戰而屈人之兵，善之善者也。

孫子兵法

女性比較會打量對方的實力，

了解什麼條件能夠讓對方動心。

經濟學家、前美國談判代表

桑拉・古柏

爲人父母者都是協商專家。畢竟他們每天要打交道的，是最喜歡討價還價的對手——他們的小孩。身兼父母的外交官一定會同意這樣的說法。前美國駐聯合國大使珍妮・科派崔克（Jeanne Kirkpatrick）有三個兒子，前國務卿麥德琳・歐布萊特則有三個女兒。這兩位傑出的外交官都表示，相較於眞正與小孩打交道，外交事務上的協商根本算不上什麼挑戰。一位雷根政府時代的國防部高階官員，就曾經在一個晚宴場合向我透露，他認爲和他正値青春期的女兒打交道，是他在和蘇聯協商事務上最好的訓練。在多年處理像是「我可不可以熬夜？」、「爲什麼我不能看那部電影？」、「我可以借車嗎？」、「爲什麼我們不能買那個？」這種問題之後，在日內瓦和一個成年人好好坐下來談反彈道飛彈條約，相對而言顯得簡單許多。

據說，美體小舖創辦人安妮塔・羅迪克（Anita Roddick）曾經說過，任何一位調解過兩個小孩搶一顆糖果的媽媽，都有能力達成任何條約的協商。

一般的媽媽也熟知這個道理。住在伊利諾州伊雲斯頓（Evanston）的凱特・勞德堡（Kate Lauderbaugh），之前是一家科技公司的副總裁，現下則是兩位學步兒的媽媽，她說要把她兒子從家裡帶到車上，要比管理六十五位系統工程師和顧問還來得困難。「就算要考慮績效問題，管理心智成熟的大人，比起帶小孩來說，簡直是太輕鬆了。」勞德堡表示。

「帶小孩就是要不斷和他們討價還價。」致遠會計師事務所紐約分公司的合夥人羅莉・奧坤（Lori Okun）表示，她也是兩位學齡兒童的母親。「你得和他們討價還價，才能讓他們把早餐吃完、出門、寫功課、洗澡、上床和睡覺。」致遠會計師事務所最近派奧坤去參加由西北大學管理學院主辦，爲期兩周的主管管理課程，課程的第一天全部都在討論協商談判。

「想當然爾，我早就知道該怎麼協商談判了。」奧坤表示。談判技巧在今日的重要性可以說是前所未見。不論是家長、外交官還是組織的領袖，每個人都需要談判技巧，這是因爲人與人之間的關係，在政府、企業和家庭當中，都面臨基本改變的原因。這可以歸因於民主的進步，也可以歸因於對威權的尊重蕩然無存，總之人們愈來愈不願意聽從他人的命令行事。

父親的威權象徵

過去在家庭當中，媽媽可以不用任何理由，就命令小孩去做某些事情，而且沒有人會頂嘴。爸爸會回家扮演威權的角色，女人和小孩則只有順從的份，因爲父親是威權的象徵。獨裁的階級制度在企業界和宗教界也暢行無阻，例如天主教教會，就是一個嚴格由上而下控制的組織架構。

不過現下的情況已經不同了。不論是父親、企業主管、雇主、神父、主教、行政院長，甚至是總統都沒辦法對人頤指氣使了。領導階層必須花更多的時間說服他人，而不是單純地強迫別人照著他的話去做。

歷史學家理查·紐斯達特(Richard E. Neustadt)在他的經典之作《總統權力》(*Presidential Power*)一書當中，就用一個小故事，說明了總統權力的限制。

一九五二年夏初，杜魯門總統正在思考如果艾森豪將軍贏得當時總統大選的話，會遭遇到什麼樣的問題。「他會坐在這裡。」杜魯門拍著他的桌子強調說。「他會說，『去做這個！去做那個！』但是沒有一件事會完成的。他不懂這和在軍隊裡頭完全不一樣，他會感到非常挫折……我整天坐在這裡，努力說服別人去做一些原本不需要我講就應該做的事情……就算你是總統，也只有這種程度的權力而已。」紐斯達特在撰寫這本書的時候，也是兩個小孩的父親，雖然他沒有在書中將身為總統的挫折，和身為父母的挫折聯想在一起，不過我想他也應該心有戚戚焉。

從家庭往更大的所有人為組織發展，逐漸偏離獨裁主義的趨勢，說明了有效的談判技巧近年來為什麼成了一門顯學。在一九七〇年代，這個主題甚至還不能構成一門研究或訓練在大學當中幾乎找不到任何相關的課程。

不過到了一九九〇年代，談判和衝突解決的課程卻變得無所不在。現下在大部分的法學院、企業和政府當中，都有教授這門課程，大型企業和許多政府單位也都有提供相關的訓練，也成為公立學校課程當中的一部分。關於談判的書籍經常登上暢銷排行榜，有史以來最暢銷的商業書籍《實質利益談判法》，就是在教人如何談判。教導及訓練主管如何談判，也成了一門新興的行業。

這些書籍、講師和課程到底想要教導我們什麼呢？有趣的就在這裡。

在哈佛研讀育兒書籍

在獨子出生的前幾個月，我非常熱中於閱讀那些，教你如何養出健康、快樂、適應良好又聰明的小孩的育兒書籍。我逐漸發現到，育兒書籍和管理書籍中所提供的建議，竟然存在著驚人的相似性。雖然雙方在台面上完全沒有交集，但是書中所提到的技巧看起來卻都極為類似。

為了測試我認為育兒和管理技巧有高度相關的理論，我在九〇年代中期報名了哈佛大學一場為期三天的研討會，主題是如何和難纏的人打交道。這場研討會是由《實質利益談判法》與續集《超越否定》（*Getting Past No*）的共同作者之一比爾・烏瑞（Bill Ury）所教授，並由位於麻州康橋的一個校際聯盟談判專案所贊助。超過一百五十人的與會者中，多數是來自大型企業、銀行、公共事業、政府單位、非營利組織和軍方的高階主管，與會者都付了將近兩千美元的學費，而學員當中只有少數是女性。

當我到達上課地點哈佛法學院的龐德廳時，烏瑞正用一連串的問題作為開場白：

「你覺得和哪些人談判協商有困難？」他問在場的學員。

「原告的律師。」有人這麼說。「代理商」、「買主」，約有十幾個人接著回答，答案當中也包括了「異性」和「小孩」。

「你花了多少時間和這些人打交道？」烏瑞繼續問。「如果超過你所有工作時間的百分之五十，請舉手。」幾乎每個人的手都舉了起來。

「去年你做過最重要的決策當中，需要談判協商的有多少？」他繼續問道。「在場有多少人覺得每十個決策當中就有八個要協商的？」

幾乎所有人的手又都舉了起來。

在證明現代的管理工作幾乎是談判協商的同義詞之後，烏瑞接著直接切入他的主要訊息：領導統馭強調的是睿智的協商和說服技巧，而不是一味地執行公然的權力。

「這三天課程當中最重要的訊息，就是要你認眞思考過程……而非結果。我希望你們離開時，會變成一個自省能力更強的談判者。」

坐在我身旁的一位男士是第二次來上這門課程，他承認這是他學到最重要的教訓。「我以前眞的很嚴格。」他承認道。「我父親是工廠的領班，所以我一直認爲我一定要態度嚴格，否則氣勢就會被人壓下去。不過這都是自尊心在作祟，跟獲得成果完全無關。」

烏瑞的訊息是談判協商可以（也應該是）一種雙贏的過程，而不是一定要拚得你死我活的對決。他強調要達到這種雙贏結果的模式，是從和對方認眞溝通，尊重對方的觀點開始。解決任何爭端的第一步，就是要仔細認眞地傾聽對方的考量，以表現出這種尊重。

烏瑞在《超越否定》一書中，提供了以下這個如何積極傾聽的例子：

顧客：「我六個月前才跟你買了這部電話答錄機，但是現在幾乎聽不到聲音了……你這家店賣的是什麼爛機器啊！」

銷售人員：「好的，讓我確認一下您的意思。你六個月之前在這裡買了這台電話答錄機……但是你現在聽不到聲音。你需要一台功能正常的電話答錄機……我說的對嗎？」

顧客：「沒錯。」

銷售人員：「讓我們看看可以怎麼樣來協助您。」

在這個例子當中，怒氣被平息了，並且雙方朝著達成雙贏的解決方案結果前進。

在此同時，我對美國最廣爲人知的育兒技巧和理念也耳熟能詳。自一九五〇年代以來，美國主流育兒書籍的中心思想，都是來自海穆・基・吉諾特博士的著作《父母怎樣跟孩子說話》。吉諾特博士是一位精神治療醫師，他認爲父母對待孩子不應該以發號施令的模式，而是應該認眞去了解孩子的感受，並且在衝突發生時尋找雙贏的解決方案。吉諾特醫師認爲，第一步就是要認眞和主動地傾聽孩子的心聲，不要對他們的感受做出負面的回應（例如「我不想要聽到你這樣說！」）。不要針對他們的感受說教（例如「你不應該害怕。」）。相反地，你應該精確地回應他們的感受，讓他們有被了解的感覺，也確定你眞的了解他們的想法。

舉例來說，對心情不好的小孩最佳的回應模式，就是運用同理心，用不帶批判的語氣重複敍述他們的感受，例如「你聽起來好像很生氣」這句話，能夠確認小孩的感受，讓他能夠安心地表達心中困擾他的問題。然後父母和孩子才可以開誠布公地討論爲什麼他會有這樣的感受，而父母可以如何幫忙他解決衝突，或者任何讓他困擾的問題。

吉諾特醫師的基本原則就是避免直接衝突、仔細傾聽、尊重孩子的感受，並且尋找雙贏的解決方案。這樣的原則之後被無數的育兒書籍奉爲圭臬，例如安戴爾・法柏（Adele Faber）和伊蓮・瑪茲利許（Elaine Mazlish）合著的《你會聽，孩子就肯說》（*How to Talk So Kids Will Listen and Listen So Kids Will Talk*），這是根據作者與吉諾特醫師舉辦的實務研討會內容而寫成的入門書。這些原則對許多母親而言都是耳熟能詳的道理，就像《紐約時報》專欄作家簡・布洛迪（Jane Brody）指出的，這些母親都了解必須要把小孩「當作大人一樣地平等對待」。

烏瑞的法寶

但是從他們全神貫注的態度看來，同樣的訊息對這些參加研討會的成人來說，卻是全新的知識。在烏瑞帶領他們練習如何和憤怒的客戶或顧客打交道的時候，這些學員完全不知道他們學習的規則，早在一九五〇年代，就已經被眾多母親用來安撫生氣的小孩。我對自己的發現相當得意，於是在第一段議程結束後，我上前請教烏瑞。「不知道您介不介意我把你講授的內容和育兒書籍的內容做比較呢？」

他露出了微笑。「不，一點都不會。我在寫《超越否定》時，也參考了吉諾特、馬斯洛（Maslow），和其他人文心理學的著作。」

不過眞正讓我感興趣的，是烏瑞似乎努力地不去揭露他的靈感來源。他引用的資料來源，都非常具有男子氣概，例如「知名普魯士軍事策略家」克勞塞維茨和中國古代兵法家孫子等等。在哈佛上課的中階經理人，因而相信他們學到的是戰場上的經驗，而不是托兒所老師教的東西。他們以爲自己學的是《孫子兵法》，而不是《父母怎樣跟孩子說話》。

在三天的研討會當中，烏瑞完全沒有提到吉諾特的名字（在《超越否定》一書中，吉諾特的名字只被提到了一次，而且只被稱爲一位「兒童心理學威權」）。

烏瑞也沒有提到另外一個由吉諾特率先提出的重要溝通技巧。

第一個發現可以把育兒技巧行銷給經理人的人叫湯瑪斯・高登（Thomas Gordon），他是父母效能訓練課程的創辦人。在一九六〇年代初期，身爲臨床心理學家的戈登曾經接受芝加哥大學的卡爾・羅傑斯（Carl Rogers）教授指導，並且開始在位於加州帕沙迪那（Pasadena）的社區開設教授父母教育的課程。這門課程大受歡迎，因此八年後的一九七〇年，高登出版了一本名爲《父母效能訓練》（*P. E. T. Parent Effectiveness Training: The Tested New Way to Raise Responsible Children*）的書。這本書大爲暢銷，也掀起了一波親職教育風潮。高登於二〇〇二年去世時，這本書已經賣出了超過五百萬本，父母效能訓練的課程也已經拓展到四十個國家。

這樣的熱情，讓高登相信他所推展的理念，不只是關於養兒育女兒而已。無數的家長曾經建議他應該將書名改成《人際效能訓練》，因爲他們可以把透過父母效能訓練學習到的技巧，應用在任何人身上，包括員工和職場上的同事。《父母效能訓練》書中所推展的技巧包括——主動傾聽、自我訊息（I-messages），以及沒有輸家的衝突解決模式（no-lose conflict resolution），這些原則可以適用在所有的人際關係上。

高登進一步爲教師、主管、經理人和政府官員設計了訓練課程。「我花了太久時間，才看出『父母－子女』關係和『上司－下屬』關係之間，幾乎可以完全相通的特性。」他寫道。「有非常多父親，上過父母效能訓練課程之後告訴我，他們把課堂上學到的所有知識都應用在職場上頭，才終於讓我恍然大悟。」

一九七七年，高登出版了《頂尖領導人》（*L.E.T. Leadership Effectiveness Training: The No-Lose Way to Release the Productive Potential of People*）一書，在出版後的一年半內，就印了十一刷。這本新書延續了父母效能訓練對溝通技巧的重視，但是也同時探討了當代威權消退的基本問題。正如高登在書中所述：「身爲領袖，並不表示你就是領袖的料。」因爲領袖人物必須要靠自身的努力才能夠贏得尊重和接受。他提供讀者的建議是「不藉由權力而影響他人」，他指出蓄意想要掌控全局，不管是針對成人還是小孩，都只會造成反感，並且激起報復行爲而已。

就像孫子在兩千年前說「不戰而屈人之兵」，才是最厲害的兵法。

正如湯瑪斯．高登的學生，驚訝於他所傳授的育兒技巧竟然能夠用在職場上一樣，烏瑞告訴我，他的學生也很驚訝於發現，解決辦公室衝突的方法同樣也能夠運用在家人身上。「數不清多少次，有人在演講後跟我說希望帶配偶或是家中正值青春期的孩子來聽演講。」烏瑞表示。「我可以想見聽眾當中有一半的人，都把課堂上學到的知識應用在私人領域當中了。」

當然，烏瑞的商界學生不了解的是，他們沒有帶來聽演講的配偶，或許早已經在家中運用這些解決衝突的技巧了。

哈佛研討會少數幾位女性學員中的一位，似乎也通曉這個道理。凱思琳・崔基（Kathryn Trickey）是一位區域經理，服務於休士頓一家軍服供應商。她告訴我，在公司她有七個下屬要管理，家中則有兩個小孩歸她管。對她來說，這兩者的相似性是顯而易見的。「職場和家庭的差異，並沒有想像中那麼大。」她理所當然地表示。

有一堂課，烏瑞讓我們看一卷錄影帶，內容是一位生產經理和業務總監的對話，如何很快地急轉直下成爲意氣之爭。崔基靠過來悄悄地對我說：「小孩子不好好一起玩，我會打他們一頓屁股，然後送他們上床，不給他們吃晚餐。」

外交關係

所以到底有沒有證據可以顯示，經驗豐富的父母會是比較優秀的談判者呢？要證明這點眞的非常困難，唯一可以說的是，似乎有一些證據顯示，女性不論是否有育兒經驗，在爭取個人利益如調薪、更好的工作、升遷和其他類似問題等方面，其談判協商能力都比男性稍微沒有效率。各個年齡層的女性主動提出調薪要求的機率，都比男性來得低，她們也比較願意接受任何由未來或現有雇主所提供的工作內容。顯然要求主動適應的社會壓力，影響了女性伸張個人權益的能力。因此我們也看到有愈來愈多的書籍、訓練課程和線上課程應運而生，來教導女性如何在談判上，尤其是和雇主的談判上能夠更爲果斷。

但是有趣的是，當女性負責談判的內容和個人利益無關時，她們卻有截然不同的傑出表現。挪威、瑞典、美國和英國的女性外交官都曾經告訴我，她們都在帶小孩的過程當中，學到了許多寶貴的談判技巧。而且有些美國最成功的談判者，也都是有小孩的女性外交官。

朵拉・古柏（Doral Cooper）是一位經濟學家，曾擔任一九八三年美國以色列自由貿易協定的主談判代表。她在處理這項談判時，她的女兒柏眞剛好出生（她當時已經有一個三歲大的男孩）。在女兒出生後的一個小時，當古柏還在恢復室休息時，她接到了以色列談判代表打來的電話。

「我知道這個時候打電話給你不太恰當，」他語帶保留地說，「不過美國政府的採購立場我們不能認同。」

「我眞是太天眞了，竟然還說『好吧，那我們好好談談。』」古柏告訴我說。「當時我先生站在我身旁不斷給我使眼色。」

二十年後，古柏說她逐漸相信，或者是性別、或者是文化，也或者是育兒經驗的原因，女性就是比男性適合外交談判。這也難怪她表示，在美國貿易辦事處的全職員工當中，有一半都是女性。

「成功的國際談判不應該是對立的，或是一定要分出輸贏的。」她解釋道。「雙方都必須要得到部分好處，讓他們覺得自己在這場談判當中是贏家，或至少不是輸家。」

古柏相信女性比較習慣於妥協，比較不會想要大小通吃，也比較能夠猜到對方手上有什麼談判籌碼。「女性比較會打量對方的實力，了解什麼條件能夠讓對方動心。」

一九八七年，當她的兩個小孩還分別是六歲和四歲的時候，古柏放棄她位高權重的貿易談判代表職位，與伴隨著該工作而來的壓力和差旅勞頓，轉而跟一家華府重量級的律師事務所合作，創立了一間國際貿易顧問公司。她的十二名員工當中有十名是女性，所有超過三十五歲的女性都有小孩。

「這點眞的很有幫助。」她表示。「她們知道哪些才是重要的事情，她們不會過於自我膨脹，擅於處理危機，也都知道和身懷數十億美元合約的客戶打交道，要比和小孩打交道要容易得多。」

了不起的退休外交官

在所有身兼外交官和父母的故事當中，最讓我動容的一位名叫哈洛德．桑德斯的父親，他是一位退休的外交官，曾經在一九七九年負責協助歷史性的以埃和平條約的簽定（這項條約將西奈半島和迦薩走廊還給埃及，以交換埃及承認以色列的國家主權地位）。

桑德斯認為，雖然每個國家都有自己做為國家本身的特色，「但是它們無法和那些影響、制訂、執行和維繫政策的人完全區分開來。」換句話說，和國家打交道基本上就是和人打交道。如果你知道怎麼樣和人協商，你就或多或少知道如何處理國際關係，雖然桑德斯不太喜歡使用「國際關係」（international relations）這個字眼。

「我正在抵制這個名詞。」桑德斯幾年前在華府的一場午餐約會當中，這麼跟我說。「這個名詞背負著太多舊權力政治模式的包袱了。我比較喜歡用『國際交往』（international relationships）這個講法。」

桑德斯相信國家之間的關係，必須要透過一個全新的務實角度來考量。如他所述，「有些人思考或行動的方向錯誤，他們認為在建立、培養、改變和推展與另一個國家的關係時，該國家主體的回應會和掌權者的回應有所不同。」

這樣的觀點主要是受到他個人豐富的外交經驗影響。一九七三年，他的妻子不幸去世，留下九歲和七歲的小孩，桑德斯後來獨自撫養他們達十七年之久。在他參與埃及總統沙達特和以色列總理比金之間的談判過程時，他還要幫助他的孩子擺脫喪母之痛。他告訴我，他對猶太人喪失親人的傷痛感同身受，而也就是他的這種同理心免除了以色列的恐懼，說服他們的領袖可以用土地換得和平的保障。桑德斯表示，如果不是他曾經有這樣的育兒經驗，他不確定自己能否辦得到這點。

這對經驗豐富的外交談判代表來說，是一個全新的角度：一個具有同理心，能夠安慰人心的父母形象。而且到目前爲止，儘管中東地區紛紛擾擾不斷，桑德斯協助簽訂的這項條約依舊有效。

有些專家學人相信，桑德斯對於國家之間關係的看法，在女性談判代表身上更爲明顯。達特茅斯大學艾默斯斯杜克商學院（Amos Tuck School of Business Administration at Dartmouth）教授藍納・格林浩爾（Leonard Greenhalgh），在進行談判風格性別差異研究時，發現男性通常比較重視贏得談判、勝過對手，而較不重視建立關係。相對來說，女性較傾向將談判視爲維繫關係，讓雙方可以在未來有更多往來。這點可能反應出女性在維繫家庭關係上，通常擁有較大責任的背景。她們通常是負責調解家庭成員之間糾紛的人，不論家庭成員間差異有多大，都要維繫一家人在同一個屋簷下日常生活的正常運作。

在《扭轉乾坤新關係》（*Managing Strategic Relationships: The Key to Business Success*）一書當中，格林浩爾強調了在企業當中管理持續關係的能力的價值。和其他研究經理人實際作爲的專家學人一樣，他認爲有效的主管不會只是頤指氣使、發號施令，而是不斷和專業人員構成的內部網絡，和由供應商、客戶、主管機關、攸關利益者和競爭對手組成的外部網絡不斷協商與管理。簡而言之，沒有比關係更爲重要的事情。

換句話說，如果你習慣於管理家中的人際關係，你就已經在管理工作上，以及國際事務方面的關係打下了最好的基礎。在任何情況下，這些工作都比較類似於處理家人之間的爭端，而不是一決生死的棋局或決鬥。

不理智的拒絕

爲人父母者還會學到任何其他的談判技巧嗎？我聽過一個說法，可能可以更正女性比男性更擅於談判的謬誤印象。凱倫・米爾斯（Karen Mills）是一位投資銀行家、三個小孩的母親，還身兼包德恩學院（Bowdoin College）校長夫人的角色。她把這個技巧稱爲「不理智的拒絕」（Iraational No），也就是在忍無可忍的情況下，大喊「不要！」的行爲。

「不理智的拒絕是一種非常有用的談判技巧，」米爾斯告訴我說。「我是到了當媽媽後，才學會使用這種技巧。」

米爾斯清楚地記得她第一次發現「不理智的拒絕」有多好用，是在一九九三年的時候。她當時即將邁入四十大關，家裡有一個兩歲半的小孩和一個嗷嗷待哺的小嬰兒，另外才剛剛懷了第三胎。

米爾斯是不折不扣的女強人，一九七五年從哈佛大學畢業，一九七七年又取得哈佛商學院碩士學位。她回憶道，「我們那一代的女性覺得我們什麼都辦得到，我們和男人沒有什麼不一樣。他們能做的，我們也能做，甚至做得更好，我們不需要任何特殊待遇……。」之後她到通用食品（General Foods）上班，然後到麥肯錫企管顧問公司，到了八〇年代中期，她已經開始從事融資合併相關業務。她身處冷酷、競爭又高風險的工作環境，但是她卻保持著一種「乖女孩」的談判風格。「我覺得我是個講理的人，我想要好好地跟你說明，爲什麼你不能擁有這個或那個的所有原因。」彬彬有禮、不慍不火地說明。

但是在一九九三年的某場談判中，她正處於睡眠不足、壓力無時無刻不存在的育兒初期。在每晚都得起來照顧小孩的情況下，她變得筋疲力盡、蠻不講理，也沒有心情和人客客氣氣地說話。

所以當對方談判代表一開始提出了一連串要求之後，她隨即簡短扼要地說「不」，拒絕了對方。而當對方進一步提出更多的條件和需求之後，她放聲大喊：「不行！絕對不行！」不論對方說什麼，她的回應都是：「不行！絕對不可能！想得美！我們不如回家算了！」

對方談判代表要求暫停休息，走出了會議室。過了幾分鐘後，他們回到會議室，同意了她所有的要求。她在這場談判中大獲全勝。

「我家裡那個兩歲的小孩胡鬧了一整個禮拜，讓我已經好好練習了如何說不。」米爾斯表示。

「我的小孩會說：『我不想睡覺！』」

「不行！」

「我還要吃餅乾！」

「不行！現在要上床睡覺了！」

「我不要睡覺！」

「我被訓練到直接的回應就是說不。我疲憊不堪、心情煩燥，這些人又搞不清楚狀況進一步惹我生氣。我已經習慣說不了，所以自然而然會做出這樣的回應。就是在這樣的狀況下，我才了解『不理智的拒絕』有多好用。」

數年後，米爾斯創立了自己的投資銀行索萊拉資本公司（Solera Capital），她受邀回哈佛商學院演講，當她講到這個故事時，一位知名的教授是這樣回應的：「這眞是太神奇了。男性何時才能學會不理智的拒絕呢？」

一位女學生舉手發言：「他們不用學，男人生來就會這招了。」

4

傾聽

傾聽是所有成功談判的基礎

我們有兩隻耳朵，卻只有一張嘴，

所以我們傾聽的時間應該是說話的兩倍。

美國印地安人格言

當人們不再找你解決問題時，

你就不再是一位領袖。

前美國國務卿　鮑威爾將軍

「傾聽是領導的首要條件。沉默不代表懦弱，而是智慧的表現。」一位知名德國記者，曾經如此建議美國外交政策的制訂者。如同我們所見，仔細傾聽他人的想法是所有成功談判的基礎。爲人父母者也表示，「**傾聽**」是在帶小孩的過程中，學習到的重要技巧之一。無數的雜誌、育兒書籍和親職教育課程，都不斷強調尊重地傾聽孩子的心聲，是成爲好父母的關鍵要素，這個原則同樣適用於各行各業的領袖人物。

當我請前任德州州長安・里查（Ann Richards），描述她在家養育四個小孩的二十年家庭主婦生活，對她的領導風格有何影響時，她表示：「我想最重要的事情是，在我家，每個人都覺得自己的意見有被其他人所重視。我們稱此爲『**建立共識**』，或者叫做共識管理，但是眞正的意義是每個人都必須相信他們的意見有被認眞傾聽……當你在與孩子相處的時候，你會非常注重他們的感受，這種原則也適用在管理眾人上頭。」

傾聽選民的心聲

在政治方面，傾聽的重要性更是無以復加。我們生活在一個種族尊嚴、感情脆弱、感覺受傷的年代裡。反恐專家告訴我們產生恐怖份子的關鍵因素之一，就是他覺得沒有人願意傾聽他的心聲。缺乏權力就代表缺乏發聲的機會。政治的原罪就是汚辱他人——對他們個人、他們的種族認同、他們的性別，或其他個人特質沒有表現出適當的尊重。「美國的每一個政治團體希冀的就是被認眞對待，這也正是所謂政治團體的定義所在。」哈佛大學的亨利・路易斯・蓋茲（Henry Louis Gates）曾經如此敍述。政治理論家查爾斯・泰勒（Charles Taylor）稱之爲「認可的政治」（politics of recognition），指的就是傾聽。

被傾聽的感覺對人顯然會有非常正面的影響。由社會心理學家所進行的實驗顯示，當團體的領袖向團體內的少數諮詢意見，或是當一個團體被指示向每一位成員諮詢意見時，這類團體的表現都比團體內的少數未被諮詢的同類團體來得好。不了解傾聽對士氣影響程度的領袖必須承受失敗，以及失去所有領導能力的風險。

安・里查也談到了傾聽選民心聲的重要性。

> 當政府或司法體系制定政策或者法律時，如果生活受到這些政策或法律影響的人沒有機會參與討論或決策的話，他們的反應絕對不會太好。舉例來說，當我在德州奧斯汀市擔任崔維斯郡（Travis）行政長官時，我必須做出關於醫療體系的決策。我先生對這個議題有很強烈的看法，當他表達意見的時候，我才發現他自成年以來，從來沒有進過醫院。相對來說，我生了四個小孩，還有一些大大小小的病，進出醫院的次數比他多得多。而這樣幾乎沒有使用過醫院設施的人，竟然對此有如此強烈的意見。那麼進出醫院經驗豐富的人，更應該是相關問題首先要諮詢的對象了。
>
> 如果你做出與智能障礙者相關的決策時，能找唐氏症兒童的父母一起坐下來談，所做出

的決策一定會有所不同。在討論某個議題時，找來的所謂「專家」通常都是學術界人士，他們不是對此議題有親身體驗的人，所以他們可能會忽略某些重要的面向。我從我的孩子身上學到，在做任何影響他人權益的決策之前，都應該聽聽他們的經驗和心聲……

所以在做托兒教育、醫療保健、教育、心理健康、稅務、戰爭與和平等決策時，有女性在場參與討論是很重要的，尤其是有小孩的女性。家庭就像是一間具體而微的實驗學校，從家庭得到的經驗對任何關於公共政策的討論，都具有無比的重要性。

海倫・米勒（Helen Miller）是愛荷華州道奇堡（Fort Dodge）的州議員，她贏得選舉的原因是，說服選民相信一個活力充沛、有爲有守的母親，比任何人都能了解他們的感受和需求。米勒的先生是一位服役於空軍的醫師，因此她有長達三十年的時間都在美國和德國兩地四處奔波，同時還要照顧兩個女兒和一個兒子。現在她的女兒分別是三十三歲和二十二歲，兒子也已經三十歲了。當她的先生退伍之後，這對非裔美籍夫婦決定在美國白人人口第五大的愛荷華州鄉下小鎮展開一個全新的人生。道奇堡當時的人口有兩萬七千人，其中非裔美籍人口只有八百人，加上他們夫婦剛好是八百零二人。

海倫是一位態度開放、個性直率的人，她說她在五十三歲的時候到了道奇堡，就開始參與鎮上大大小小的公共事務。在短短三年內，她參與了當地美術館、青少年庇護所、圖書館董事會和監獄工作小組等相關事務，另外還爲受虐兒童創辦了藝術教育計畫。沒有多久，愛荷華州的民主黨中常會就主動來接觸她，請她參加州議員的選舉。在二〇〇二年，她首度參選就大獲全勝，拿到了百分之六十五的選票。

投票前，一位持懷疑態度的選民問她，身爲一位新人和生手，她能帶給選民什麼。

「我跟他說，我能帶來正面積極的態度。他說：這算什麼好東西？

『這算什麼好東西？』我說，『這就是最好的東西！』」

米勒擁有圖書館學的碩士學位，也有一些正職的工作經驗，在她先生的部隊駐紮於華府的期間，她曾經擔任過華府最高法院的仲裁官。但是對她的議員生涯帶來最大幫助的，是從扮演母親和家庭主婦的角色上所學習到的經驗。身爲人母，她告訴我她學到最重要的技能，就是能夠傾聽爭吵雙方不同的聲音。

「每個人都告訴我，我是個很好的傾聽者。」她在迪茂伊（Des Moines）州政府大樓的自助餐聽和我喝咖啡的時候表示。「如果禮拜六早上一起來，你上高中的女兒想去逛購物中心，十三歲的兒子想要一台越野腳踏車，還有一個六歲的小傢伙想要去看木偶戲的時候，你會先帶小的去看木偶戲，然後去腳踏車店，接下來再去購物中心，整天就是不停地開車接送，不停地講話，試著滿足每個人的需求。我的三個小孩個性都不相同，同一時期喜歡的事物也不一樣，另外還有一位先生要照顧……因此我對傾聽非常地在行。

「現在我會接到請願民眾的電話和電子郵件，有些甚至不是我選區的選民。很多人告訴我，民眾覺得我會認眞傾聽他們的心聲。我相信你必須要去傾聽選民的聲音。在政治這一行當中，顧客永遠是對的。」

不過米勒表示她在傾聽另外一群人，也就是遊說團體的意見時，卻會持保留的態度。「我無時無刻不被他們騷擾，他們總是帶著笑容出現在你面前……你知道如果你沒有擔任這個公職，他們不會表現出這樣的態度。」

身爲德州州長，安・里查指派了幾位像是海倫・米勒這樣的女性擔任州政府公職，而徹底改變了政府的面貌。她指派的主管當中有百分之五十是女性，超越了前總統柯林頓創下的百分之四十四的紀錄。在八〇年代時期，德州曾經有多位女性擔任政府要職，包括達拉斯市市長、休士頓市市長、聖安東尼奧市市長，和柯柏斯克里斯提市（Corpus Christi）市長，以致於當伊麗莎白女皇和查爾斯王子造訪德州，看到州政府官員列隊歡迎時，查爾斯王子會開玩笑地說：「我的天啊！這裡簡直是個母系社會！」

傾聽顧客的心聲

氧氣媒體的總裁潔洛汀・雷本告訴我，「今日商業界面臨的最大挑戰，就是如何傾聽顧客的聲音。如果你有小孩，你應該已經練習得熟能生巧了。」

雷本建立事業的基礎，就是傾聽小孩的心聲，然後回應他們的喜好和需求。當她在一九八〇年於尼克兒童頻道（Nickelodeon）擔任節目部經理的時候，她始終認爲兒童電視節目最大的問題，就是從來沒有人會去問兒童他們想看什麼樣的節目。於是她做了此項創舉，而她的兩個小孩就成了她最早的合作夥伴。

「在尼克兒童頻道創立初期，我眞的需要聽聽看兒童喜歡什麼，還有他們有什麼話要說。」雷本在一次電話訪問當中如此告訴我。「在我們成立市場研究部門之前，我的兩個小孩會篩選我買下的每一個節目。我的辦公室裡有一箱箱的錄影帶，我會帶一疊錄影帶回家，我們會把長沙發拉到電視前面，然後他們整個週末會花二十個小時的時間看這些錄影帶。看到他們說『拜託，媽媽，我不想再看電視了！』爲止。」

在成爲尼克兒童頻道和尼克夜間頻道（Nick at Nite）的總裁之後，雷本做了其他電視製作人從沒想過的事情，那就是舉辦兒童座談會。小朋友的意見幫助她創造了許多成功的節目，例如第一個兒童遊戲節目《看誰來挑戰》（*Double Dare*），證明了單單靠刮鬍泡和綠色黏土這些簡單的道具，就能夠創造數以百萬計的觀眾。接下來她還推出了許多膾炙人口的節目，像是《淘氣小兵兵》（*Rugrats*）、《道格小狗狗》（*Doug*）和《雷恩與史地皮》（*The Ren and Stimpy Show*）等等。這些節目讓尼克兒童頻道一舉攻占了六到十五歲兒童的電視市場。雷本之後告訴一位記者，她從沒想過傾聽八歲小孩的心聲會改變她的一生。

到了九〇年代中期，尼克兒童頻道每個月的收視人口已經超過兩千萬名兒童，《時代》雜誌也將雷本選爲全美前二十五位最有影響力的人物之一，該頻道的營收每年預估將近一億美元。電視界最賺錢的企業之一，竟然是因爲一位傾聽孩子聲音的母親打造出來的。

雷本也清楚了解這個諷刺的現象。「在八〇年代，有線電視公司雇用女性不是因爲她們有助於提升業績，而只是將她們當作花瓶看待。」她告訴我。「沒有人想得到，尼克兒童頻道會成爲一隻如此賺錢的金雞母。」

兒童與女性的反應

CNBC的潘蜜拉・湯瑪斯・葛拉罕是有線電視界新進崛起的年輕主管，雖然她製作的節目對象不是兒童，但是她卻非常注意她的小孩對他們頻道節目的反應。葛拉罕是三十九歲的非裔美國人，從哈佛大學取得三個學位（學士、法學博士與企管碩士）。她告訴我，她四歲的兒子高登（Gordon）眞的很喜歡那兩位主持《酷樂與克拉瑪》（*Kudlow & Cramer*）這個節目、並與節目同名的財經分析師。高登當然對他們提供的投資建議沒有興趣，不過他看得懂這兩個男人說說笑笑炒熱節目的氣氛。根據葛拉罕的看法，吸引她兒子注意力的，就是他們講話溝通的步調。顯然如果一個成人節目能夠吸引四歲小童的注意力，它的娛樂效果應該有起碼的水準。

另外至少還有一位女性媒體主管，因爲傾聽了其他女性的心聲，而幫助公司大賺錢。當安・摩爾在一九九一年接下《時人》雜誌（*People*）發行人一職時，時代公司的主管辦公室裡，依舊清一色全是男性的情況，公司高層視《時人》雜誌爲一本雙性雜誌（兼顧男性與女性讀者）。之前的發行人甚至將《時人》雜誌描述爲一本「黑白新聞雜誌」。但是摩爾認爲，事實上大部分的讀者都是女性，而且她認爲她比較能夠了解女性想要的是什麼。她相信女性會比較喜歡看到，雜誌裡頭的服裝和人物以彩色照片呈現，所以在諸多阻撓和反對聲浪之下，她毅然決然將《時人》雜誌的版面改爲彩色印刷，銷售量也因此大幅躍升。

摩爾的成功例子說明了，當你的顧客和你屬於同一類族群的時候，你要了解和服務他們會變得多麼地容易。

就像賣哈雷機車的人最好本身是個機車迷，賣獵槍的老闆自己應該也熱愛打獵；賣高爾夫球具的人，自己也要會打小白球。依此類推，能夠管好家庭這個小生產單位的女性，顯然比起從來沒有自己洗過衣服的男性經理人，要懂得如何銷售消費性產品。

所有消費性用品的採購行爲當中，有百分之八十三的買主是女性，家庭裝潢用品有百分之九十四，日常雜貨有百分之八十二，開架藥品有百分之七十五，汽車有百分之六十，所有旅遊與消費性電子產品有百分之五十一。令人驚訝的是，有百分之八十的大型除草機竟然是女性消費者購買的。根據估計，家中有學齡前兒童的家庭，每年的總消費支出高達一千億美元。

這是個很好的理由，說明爲什麼讓女性（尤其是爲人母者）來掌管銷售家庭用品的事業，會是一個比較正確的選擇。一位接受創意領導中心研究人員訪問的女性主管就表示：「我本身是個消費者，而我剛好在一家銷售產品的對象正好是我這種人的公司上班。就我的收入和職位來看，我可能不算是個典型的消費者，但是……如果你想要吸引掌握家中經濟大權的決策者，那麼你就會想要吸引想法和我一樣的這種人……。」

寶鹼的黛比・漢瑞塔就是個很好的例子，她透過了解像她自己一樣的消費族群，爲公司帶來莫大的成功。漢瑞塔自己有三個小孩，這點幫助她在銷售尿布上創造了耀眼的成績。

幫寶適的故事

一九九九年，幫寶適尿布品牌經歷了銷售困境。曾經是全世界尿布銷售第一品牌，但是幫寶適在當時的市場占有率，卻已經連續數年不斷下滑。幫寶適的製造商寶鹼於是決定找來一位媽媽掌管這個品牌的業務。

漢瑞塔當年三十八歲，小孩的年紀分別是九歲、七歲和兩歲。她一出社會就在寶鹼上班，之前也因爲成功銷售該公司知名的洗衣粉品牌「汰漬」（Tide）而在業界建立起個人的聲譽。但是她從來沒有機會跳脫出洗衣粉這塊市場，所以被指派爲寶鹼北美地區嬰兒產品事業部門的總經理，對她來說是個非常重要的機會。

寶鹼的嬰兒產品業務之前一直是由男性經理人掌管，推動產品不斷演進的也一直都是科技上的創新。紙尿布的原料是紙和塑膠，而紙業和所有林業相關產品一直以來也都是由男性主導，以科技爲導向的產業。男性過去一直以他們先進的紙尿布產品而自豪，覺得能夠讓紙尿布有超強吸收力，讓寶寶保持乾爽就是最了不起的事情，就某種程度上而言，這樣的產品的確很了不起。不過正如漢瑞塔在一場電話專訪當中指出的，幫寶適當時「忽略了某些非技術性的產品特色。」

她立刻就找出了問題所在。她最小的小孩當時還在包尿布，因此她有機會在家自行測試產品，讓她本身自然而然成爲一位經驗豐富的消費者。她知道有些競爭品牌改用魔鬼氈以代替傳統的膠帶來固定紙尿布，也把塑膠表層換成了觸感舒適的軟布。在她剛上任沒多久時，她告訴我，她正「坐在房間裡，看著這塊塑膠非常粗糙沒有質感，撕開膠帶又會很大聲的尿布想著：『我會買這種玩意兒嗎？』這種產品完全沒有美感可言。」

所以她最早做出的決定之一，就是讓幫寶適改用不會造成刺耳聲音、安靜的黏貼膠帶，以及舒適的布面材質，沒有多久的時間，銷售業績就扶搖直上。

漢瑞塔的第二項創舉，也讓幫寶適的市場占有率得以進一步提升。她發現有很多育兒書籍都在敍述不同的兒童發展時期，也有愈來愈多包含食物到玩具在內的嬰兒產品，開始針對不同發展時期的兒童做行銷。例如會有產品是特別針對嬰兒，然後針對早期學步兒是另一種產品，針對成熟學步兒的又是另外一種產品。所以她想爲什麼不能在紙尿布上做同樣的文章呢？因此在市面上，就出現了供新生兒使用的幫寶適紙尿布、供學爬幼兒使用的幫寶適紙尿布，和設計來讓學步兒覺得他穿的是內褲、而非小嬰兒紙尿布的幫寶適拉拉褲。

漢瑞塔形容她的創新是讓幫寶適「走出工廠，進入育兒室」。她再次被拔擢爲寶鹼全球嬰兒產品事業部門總裁，並且被《財星》雜誌選入全美商界前五十位女性。

肯德基炸雞的前執行長雪洛．白肯德，同時也是一位聲譽卓著的消費者行銷權威。她的成功來自於她對「媽媽想要什麼」，和「小孩想要什麼」的第一手知識。在她職業生涯的早期，白肯德曾經負責納貝斯克公司（RJR Nabisco）的救生圈糖果部門（Life Saver），該部門的產品包括百寶泡泡糖（Bubble Yum）。「如果不是我自己有小孩的話，我絕不會知道小孩子喜歡吃藍色的玩意兒，例如果凍。」她表示。「這也給了我推出藍色泡泡糖的點子，結果在市場上果然一炮而紅……媽媽對如何向小孩做行銷有過人的直覺，如果你是從事新產品開發或是廣告相關業務的話，身為母親讓你擁有絕佳的優勢。」

當她剛走馬上任肯德基炸雞執行長的時候，白肯德發現即便在美國有百分之八十的晚餐決策者是母親，但是公司已經好多年沒有舉辦女性為對象的消費者座談會了。她馬上改變了肯德基的作法。

傾聽屬下的心聲

傾聽同事的心聲和傾聽顧客的心聲同樣重要，尤其對行政主管來說格外如此。大學校長雪麗・肯尼就發現，很多人走進她的辦公室，都是希望她能夠幫他們解決問題，就像她的小孩一樣。「在他們描述問題的時候，如果你只專心傾聽的話，他們自己會講出解決問題的辦法出來。這是從帶小孩的過程當中學到的技巧。」她表示。

摩根大通資金服務部門（JPMorgan Treasury Services）負責人麥可・佛薩西卡在辦公室

的牆上掛了一幅鮑威爾（Colin Powell）將軍的名言：「當人們不再找你解決問題時，你就不再是一位領袖。」

「帶小孩也是同樣的道理。」有兩個小女兒的佛薩西卡表示。「當她們不再找你解決問題時，你就不再是家長了。身爲父母或經理人的重要職責之一，就是解決問題和排除障礙。如果我跟別人說，你要嘛就聽我的，不然就隨便你的話，那麼沒有人會想來找我解決問題。我希望能夠培養一種開放的對話氣氛。我希望我的女兒或同事，能夠願意來跟我說：『爸爸，這樣不公平！』」

茱蒂．布雷茲是哈特佛保險公司的執行副總裁，也是保險業最知名的女性主管之一，她也從家庭學到了同樣的技巧。茱蒂生長於一個大而保守的天主教家庭，她發現有很多事情，是她的兄弟姊妹們不能跟他們父母說的。一位姊姊還未結婚時竟然懷孕了，她告訴茱蒂她計畫去墮胎，因爲她不能跟父母說發生了什麼事。

「我當時就下定決心，未來要成爲我的孩子有問題時第一個想找的人。我告訴他們，沒有什麼事不能告訴我的，我們會一起來解決問題。這種可親近性在職場上也很重要。我的同事都覺得我很平易近人，我也以此爲榮。你的屬下必須要覺得你願意傾聽他們的心聲。如果我的下屬不認爲他們可以來找我談事情，那我們永遠不會成爲世界級組織。」茱蒂負責哈特佛的商業、個人和專業保險承銷業務，她很快就了解，帶她的業務團隊就跟帶小孩沒有兩樣，你不能夠不講理由，就命令他們去做某件事情。舉例來說，她曾經把她的整個團隊聚集到哈特佛的總部，然後告訴他們產品必須漲價。她給他們的訊息，簡單說就是：「這就是我們要你們做的事情，不要多問，馬上去做就是了！」

結果當然不盡人意。

茱蒂後來了解，當她走出總部，親自一一視察四十幾家分公司後，員工的績效馬上大幅提升。當她和業務團隊認眞地溝通，說明醫療保健成本上升、處方藥紛紛漲價、訴訟案件層出不窮的情況後，她的員工終於了解提高保費的需求。因爲她願意花心力和時間去說明公司的理由，並且回應業務團隊的問題，讓他們能夠了解，如何向消費者和客戶說明保費上漲的原因。

「你必須要說明你的行爲，然後傾聽對方的回應，而不是由上對下發號施令而已。」茱蒂告訴我。「這樣的作法適用於任何人。」

在我訪問過的對象裡，至少還有一位曾經向我表示，在有小孩之後，她更懂得如何和她的下屬溝通。北卡羅萊納大學創意領導中心的瑪莉安・盧德曼告訴我，在她生了小孩之後，她小孩的保母就成了她生活當中最重要的溝通對象。保母對一個媽媽的重要性，就像一家大型國際銀行對全球經濟的重要性一樣不可或缺，而且不容許出錯。正如盧德曼所述，「我不希望保母犯任何細微的錯誤！因爲保母的母語不是英文，所以我把我的要求講得非常明確仔細……我在溝通上面力求清楚明白。從管理保母的情況當中，我學到了一些對管理他人非常有幫助的技巧。」

母性優勢

這或許不是一項巧合，因爲在一九九〇年出版的一本具影響力的書籍《女性優勢》當中所介紹的四位傑出女性經理人，都是經驗豐富的傾聽者。這四位女性主管，都把認眞傾聽視爲是其管理風格當中的重要元素之一，一方面有助於她們收集資訊，另一方面也能讓她們組織當中的成員有被重視的感覺。

這本書的作者莎莉・海吉森（Sally Helgesen）發現，這幾位女性主管都具有所謂的橫向管理風格（lateral management style），利用網絡架構接觸組織內的每一個角落。這個網絡讓她們能夠獲取比傳統由上而下的組織架構更好的資訊和意見。莎莉把這種非階層（nonhierarchical）的風格稱做女性優勢。不過既然四位書中的主角都是媽媽，或許她也可以把這種風格稱爲「**母性優勢**」。

舉例來說，全美女童軍組織前任執行總監法蘭西斯・賀賽蘋（Frances Hesselbein），就深深地相信唯有眞正願意傾聽成員心聲的領袖，才能夠讓整個團隊發揮最大的潛力。她的作法之一，就是請女童軍組織裡從收發室工友到主管在內的每一位員工寫書面建議給她。「就算他們的意見只是想在七樓放一台烤麵包機，也無所謂。」她表示。「重要的是，他們要知道有人願意傾聽。」

法蘭西斯是一位寡婦，唯一的兒子也已經長大成人，因此她有很多時間傾聽員工的心聲和建議。法蘭西斯不會拿員工當擋箭牌，避開不想見的訪客，相反地，她認爲有愈多訪客來找她，就讓她有更多機會能夠得到組織內部的資訊。「我很幸運有三個秘書，這意味著我能夠和更多人保持聯繫。」

桃樂西・布朗遜（Dorothy Brunson）擁有數家黑人廣播電台與電視台，也是唯一一位擁有電視台的黑人女性。她利用傾聽來尋找如何處理人事問題的線索。桃樂西利用傾聽來決定她應該在何種情況下，展現哪一方面的個性，才能夠取得最大的優勢，是要用女性魅力和客戶談生意，還是在福音音樂節目主持人要求加薪時，扮演強硬的角色。

再看看南西・巴鐸爾（Nancy Badore），她在擔任福特汽車的主管發展中心（Executive Development Center）總監時，是一個學步兒的母親。這個單位負責在公司組織重整的過程當中，提供兩千名高級主管的在職訓練課程。在一九八〇年代，福特重整管理層級，並採取團隊方式，試圖達到提升品質和以顧客爲導向的目標。

南西是一位心理學博士，她希望讓保守的部門主管，傾聽新的工廠管理團隊在工作現場討論出的概念。她之後也設計了一些計畫，以確保大型企業的高階主管，能夠傾聽眞正從事日常營運的基層員工的心聲。重整福特的企業文化以重視基層員工的聲音，是讓這家公司從瀕臨破產邊緣能夠力挽狂瀾的原因之一。

根據作者莎莉・海吉森表示，福特管理革命的關鍵在於「要求之前只說不聽的領導階層，傾聽他們下屬的心聲。」

黛比・漢瑞塔相信，女性有比男性更願意傾聽他人的能力。她認爲這不是天生遺傳的特性，也不一定是從育兒經驗當中習得的能力，而可能是反映出女性在男性主導的環境中力爭上游時，必須較爲謹愼的關係。女性在這樣的環境當中，必須小心不要踩到別人的痛處，讓自己出糗，或者被認爲過於積極或具威脅性。不論這種能力的起源爲何，它都具有隱藏的力量。漢瑞塔發現，當她願意先傾聽對方的看法時，她自己的意見也會得到更多重視。

以前我必須提高音量講話才有人聽，現在我總是確定我先聽過每個人的意見，並加以考慮後才表達自己的立場。如果這麼做的話，通常會比自己獨立思考得到更好的答案。

我知道這個方法對我助益良多，因爲等到我發言的時候，我已經聽過了衆人的意見。這讓我能夠更容易說服他人接受我的願景，因爲我已經將他人的觀點融入我個人的願景當中了。如果別人覺得他們對建立這個目標有所貢獻，他們就會更有參與感，也更願意支持和奉獻給這個目標。這種實現願景的方式是很重要的，而許多女性所採用的這種方式，也比其他方式來得更爲有效。

針對同事的治療性傾聽

波士頓大學西蒙斯管理學院的喬伊斯・弗萊徹（Joyce K. Fletcher）在她最新著作《消失的行爲：職場上的性別、權力與人際關係》（*Disappearing Acts: Gender, Power, and Relational*

Practice at Work）中指出，傾聽組織內同事與同儕的心聲，是維持工作士氣和生產力的重要因素之一。弗萊徹的研究結果，是根據仔細觀察迪吉多公司六位女性工程師的日常工作情況後所得到的結果。迪吉多的公司總部位於波士頓附近，數年前已經被當時的惠普科技購併。書中一位工程師詳細說明了她如何傾聽一位同事雜亂無章的故事。

當男人有話想找人說的時候，他不會去找另一個男人，他會去找女人訴說。我知道我有些男同事明明不喜歡我，但卻還是會找我講一些非常私人的事情訴苦，像是他和他太太面臨不孕症的問題。我也和幾位女性朋友聊過，她們同樣也表示，很多男性友人會找她們談事情。你不需要眞的提供什麼意見，只要專心傾聽就好，眞的一點都不費力。但是有時候我會感覺責任過重，因爲就算你沒有聽人家說話的心情，你還是得這麼配合。

這位工程師把她在工作上傾聽的行爲，當作是工作的一部分，因爲此舉有助於提升辦公室生活的品質。

弗萊徹把這種行爲稱爲「**治療性傾聽**」，這樣的工作確實和心理治療師、諮詢顧問、神職人員和母親做的事情很像，這些人的工作就是傾聽他人的問題，表達他們認眞看待這些問題的態度，提供一些有建設性的意見，讓這些人在和他們談完話之後能夠變得更堅強。這是一份很辛苦的工作，因爲認眞的傾聽者，通常必定會承擔部分訴苦者的痛苦。這種負擔的移轉正是讓訴苦者感到比較輕鬆的原因，這同樣也說明了，爲什麼就算是你最好的朋友，也沒辦法永遠不厭其煩地聽你訴說同樣的問題。

女性工程師是因爲他們扮演母親的角色時，有傾聽孩子的經驗，才學到這項策略的嗎？或者她們這麼做是如漢瑞塔所推斷，在一個男性主導的環境當中，女性覺得自己即使必須做某種程度的犧牲，也必須要展現出樂於助人的態度呢？我們經常觀察到，傾聽是居於下風的一方所表現出的一種特性，這是一種逢迎的方式、拖延的技巧，或者揣摩上意的作法。不論理由爲何，研究都顯示居於社會主導一方的男性，通常說話的時間都比女性多，而女性在男女混合的團體當中，聽人說話的時間則比較多。

弗萊徹並沒有進一步探討「身爲人母會影響工程師傾聽行爲」的假設，不過她的確有猜測這種行爲是來自照顧他人的一般經驗，包括小孩和其他撫養親屬在內。她不認爲這是源自於女性相對缺乏權力的情形。她的看法是迪吉多公司這幾位女性工程師，有意識地在公司發揮這樣的功能，是因爲雖然她們知道這麼做不會得到任何實質上的肯定或報酬，但是卻有助於提升公司內員工的士氣和生產力。

傾聽孩子的聲音

我所聽過關於爲人父母者因爲願意傾聽，而在工作上有更佳表現的故事當中，最令人感動的應該是來自琳達·查維茲·湯普森（Linda Chavez-Thompson），她是美國總工會（AFL-CIO）

的執行副總裁。查維茲是一九四四年出生於德州的美墨混血兒，身爲一家八個小孩當中的老三，她被迫在中學二年級就休學養家。她在二十歲結婚，二十一歲生下長女瑪莉塞拉（Maricela）。長女出生後不久，她開始在當地的營建工會擔任雙語秘書，不久後，她轉到美國總工會上班，負責協調救災、組織，以及在州議會替勞工遊說的相關工作。在不到三十歲的年紀，查維茲就當上了美國州郡市政府勞工聯盟（AFSCME）的員工代表。這份工作需要經常出差，也犧牲了許多陪伴家人的時間。

在她於美國州郡市政府勞工聯盟工作的五年期間，查維茲的女兒是給外婆照顧。即便在查維茲辭掉了這份繁重的工作，換了一個薪水較少、但責任較輕鬆的工作，以便有多一點時間陪伴她的家人，但是她的女兒仍然不諒解她經常不在家，並且有好長的一段時間，女兒和外婆的感情比跟她還好。在一次在美國總工會於華府市區總部的訪談當中，查維茲帶著愧疚的神情回憶這段早年的歲月。

「這眞的很諷刺。」她告訴我說。「我身爲工會代表，代表員工向當家的管理階層表達不滿，但是回到我當家作主的家中後，我的女兒卻成了不滿的員工！我白天要和管理階層作戰，晚上則得反過來應付一個七歲小孩的不滿……我以爲我扮演的是好人的角色，但是最後卻成了女兒眼中的壞人。」

這個經驗顯然給了查維茲不同於單獨扮演對抗權威的工會代表，和失職父母角色的一種自我意識。因此她也從她那總是持不同意見的女兒身上，學到了寶貴的一課。

瑪莉塞拉是個非常有耐心的女孩，和我的個性不一樣。我是那種想要全盤掌控，富有攻擊性的那種人。我覺得我的工作就是要代表我的工會成員，我不在乎別人怎麼看我，也不在意別人喜不喜歡我，我只想盡我的責任而已。我總是站在反對的立場。我會逼迫、要求對方，甚至破口大罵……如果我母親聽到我說的話，可能會每天逼我用肥皂洗嘴！

瑪莉塞拉總是跟我說：「妳太沒有耐心了，媽媽。你可以做很多事情，但是你總是急著要全部馬上辦好！如果妳能夠放慢脚步，三思而後行，你反而可以做得更多。」

於是我聽了她的話。我覺得如果我能夠在某些狀況下，給自己多一點時間，或許不會那麼草率魯莽。有一天我回家就對她說：「猜猜看怎麼著？今天我照著你的話去做了！」

我那天代表一位員工參加一場談判，他因爲向監工上司回嘴，被停班兩天。我的直覺反應就是大發雷霆，準備把那位監工好好罵一頓，以討回公道。但是我沒有這麼做。我稍微考慮了一下，然後提出休息五分鐘的要求。我們走出會議室，那位員工問我要怎麼做。

「什麼都不做。」我說，「我只是給自己一點時間思考。我想考慮一下我們接下來該怎麼處理這個問題。」

「那你要怎麼做呢？」他問道，我知道他希望我把他老闆大罵一頓。

「我不知道。」我邊思考邊回答。

最後，我說：「好，你還清楚記得你老闆對你說了什麼話嗎？」

「記得。」

「你記得你當時的感受嗎？」

「記得，我很生氣，覺得很沒尊嚴。我覺得被羞辱了。」

「你做這份工作有多久了？」

「二十二年。」

「所以你一路從最基層的勞工升上來，而他侮辱了你的工作能力，你覺得被羞辱了。所以你理所當然會變得很情緒化。好，現在我們回到會議室，你就這麼告訴他們。」

我們回到了談判現場，我請那位監工和公司主管讓我先說明一下事件背景。我的當事人是一位五十多歲，紀錄清白的員工，但是卻被對方用言語侮辱他的尊嚴，當然他會不爽而回嘴。監工有權利剝奪他手下工人的尊嚴嗎？侮辱員工是他的工作職責之一嗎？我試圖喚起公司主管的同理心，讓他站在我們這一方。

結果眞的有效！那位監工也被罰停止上班兩天，並且記一次申誡，不過該申誡紀錄將於六個月後註銷。我照著我女兒的話去做，結果眞的贏了這場談判！

我從女兒身上學到了很多。她教我要有耐心，退一步海闊天空，而且要三思而後行。

5
耐心
靜下心可以讓你把事情處理得更好

天才不過是一種耐心的表現。

法國自然學家　布豐

耐心所成就的，

要比武力來得更大。

英國政治家　愛德蒙·伯克

小孩的時間觀念和我們完全不一樣。他們的時鐘走得比大人的時鐘慢得多。因爲小孩的時間是用來體驗生活，而不是討生活的。對於習慣分秒必爭的現代父母來說，這點可能很難適應。

我還記得一開始要配合小孩的時間是多麼痛苦的一件事，要我從新聞室的日常壓力轉換到學步兒一天的輕鬆步調，眞的很難適應。我必須深深吸一口氣等待我兒子學習綁鞋帶；在小兒科的候診室度過漫長的等待；在圖書館大排長龍，只因爲前面的老太太正興高采烈地和館員話家常；或者是聽我兒子不厭其煩、鉅細靡遺地描述他最喜歡的電視節目情節等等。在這樣的情況下，很難不覺得我在浪費時間，虛度我的人生。

不過活在小孩前工業化時代的時區當中，也讓我發現自己許多方面的潛能。例如壓抑想要把每件事情立刻完成的潛能，還有迫使你安靜坐好，不急著總是要做些什麼事情的能耐。其他新聞同業曾經告訴我，她們也必須要深深吸一口氣，學習如何耐心地應付她們家中的學步兒，這些小朋友則完全無視於他們面對龐大截稿壓力的媽媽們。美國有線新聞網CNN《早安美國》（*American Morning*）節目的主持人之一蘇黛德·奧布萊恩是兩個小女兒的媽媽，她曾告訴我，當媽媽的經驗讓她學會「有時候你必須照別人的步調走。」

「對學步兒來說，你愈是催促他們穿衣服、上床睡覺或者吃飯，他們就愈不願意配合。你必須放慢步調，配合他們的時間表。在我女兒戴瑞卓（Deirdre）學習自己上廁所的時候，我們格外有這種體認。你就是不能夠催促她們。每天晚上我幫她穿好三四層衣服，然後送她上床之後，她就會說：『媽咪，我要尿尿。』我們就得把衣服一層層脫掉，然後帶她進廁所。十次當中有九次她根本不想尿尿。不過等到最後一次，她進了廁所坐在馬桶上，她就眞的學會自己上廁所了！

「我學到的教訓則是，如果你眞的想要完成某件事情，你就必須要有耐心。」

稍事等待

麗莎・安德森坐在她的辦公室裡，俯瞰哥倫比亞大學的校園，想著當她在一九九三年成爲政治系第一位女性系主任時眾人的反應，不禁露出了會心的微笑。她的兩個兒子當時分別只有三歲和八歲。「每個人都問我，爲什麼孩子年紀還小時，就要接下這個職位。我都跟他們說：『哈，這個工作實在太適合我了，因爲帶小孩讓我很習慣幫人家擦屁股呢。』我的意思是我比以前有耐心多了。每當我這麼說的時候，對方總是會稍微呆住一會兒，然後你可以從他們臉上看到恍然大悟的神情，『沒錯啊，眞的是這樣呢！』」

「擔任系主任的角色，意味著你必須幫助他人做出人生的重大決定，例如退休，或試著決定是否要接受教職邀約，而搬到紐約定居等。在面臨這類的重大轉變時，很多人會出現焦慮的情緒，甚至會讓人脾氣變得古怪！你很容易對這種情況失去耐性。你可以說『你不應該讓個人的焦慮影響你的決定』，你也可以叫別人自己解決問題……但是通常大多數的人，只是要有人能夠扶他們一把，就像小孩學騎腳踏車一樣。所以你要讓他們知道生活發生重大轉變總是不容易，但是你會幫助他們度過難關。

「我有一種對人的耐心，而要不是我自己也曾經歷過人生的重大轉變，我是不會培養出這種耐心的。」安德森說。「我不認爲這個特質會讓我成爲更好的行政主管，但至少讓我成爲一個更寬容的主管。」

麗莎・安德森描述的是一項神職人員和輔導老師經常需要處理的工作，就是當人們帶著問題來找你，而在他們做出最終決定或者找到解決問題的方法之前，能夠耐心對待他們。這也是爲什麼我發現許多女性神職人員表示，當媽媽所需要的耐心，和她們工作上需要的耐心非常類似。

耐心與溝通

凱薩琳・鮑威爾（Catherine R. Powell）是住在華盛頓特區的聖公會牧師，她之前曾經在麻州沙倫（Salem）一個藍領階級教區擔任神職人員。當她初抵該地時，當地的會眾才剛從一位非常傳統的男性牧師的獨裁領導下「恢復」不久。在她初次與教區委員會見面時，她發現他們完全靜默無聲。歷經被命令支配這麼多年後，他們已經近乎失去了溝通的能力。

鮑威爾用上了她在爲人母的過程當中學習到的技巧，包括她對兒童發展的相關知識。她先從托兒所的技巧開始，讓大家圍成一圈，讓每個人說說他們對不同議題的看法。「我從教他們如何『使用詞彙』開始，就像在教小孩子表達他們的想法一樣。」她在她擔任駐校牧師的女子學校附近和我用餐時這麼告訴我。

這個團體很快就面臨了一個困難的抉擇。教會的一位年輕人想要成爲畫家，他問教會是否能夠替他辦畫展。鮑威爾說她會向教區委員會報告，請他提供一些作品讓他們參考。結果他拿出了幾幅看起來很奇怪的裸女圖，裸女的乳房被碩大的牛眼圖案所取代。

「如果是我做決定的話，我一定會拒絕。」鮑威爾告訴我。但是她讓教區委員會全權做決定。他們仔細端詳了這些作品好一陣子，終於同意這些畫不太適合掛在教堂裡頭，不過他們也認爲這位畫家是個好青年，教會也應該拉他一把。於是這個保守的勞工階級教會展出了這位年輕人的作品，還爲這位新進畫家舉辦了盛大的派對，這些讓他受寵若驚。「他們的決定眞的讓我感到很意外。」事隔多年鮑威爾依舊覺得很不可思議。

她相信教會逐漸發展出的成功集體決策過程，反映了她爲人母時所學到的原則。她是這麼說的：「在一個家庭當中，如果發生了什麼問題，你通常需要稍事等待。你不可以只是莽撞地想要解決問題。相反地你應該先觀察一陣子，直到解決問題的答案逐漸浮現爲止。這和耐心很像，不過又不只是耐心而已。這是一種對事情自有出路的信任，這是父母會學到的一件事情。舉例來說，我的大女兒有一些學習障礙，不過最後她終於突破了困境。這件事情讓我了解，對一個小孩能做什麼事，或者不能做什麼事不應該預設立場。她可能有學習障礙，但是可能忽然之間，一切就回復正常。她會興奮地來找你，告訴你說兩年前她很討厭，或者看不懂的一本書，忽然之間她就看懂了。這和教區委員會的狀況非常類似……爲人父母會讓你學到要對發展的過程有信心。」

禪定的境界

用耐心這個字眼，來描述一個人應付生病、暴躁或憂鬱的小孩，所需要擁有的韌性或許還不足夠。或許泰然自若，或者說禪定的境界比較適合形容要在情緒風暴當中保持冷靜的能力。我有一位朋友建議我，在書中納入那種當你的小孩半夜嘔吐在你床上時那種絕望的感覺，或者是接下來痛苦呻吟一整夜，而你卻無力逃脫眼前的困境，你只能去面對，因爲你不得不這麼做。在這樣的時刻，你會告訴自己，「如果我連這都辦得到，那麼沒有什麼我做不到的事情！我可以接受任何人生當中的挑戰。」

致遠會計師事務所的羅莉・奧坤曾對我描述，有一晚她回家的時候，看到她六歲大的小孩因爲過於疲累，而無法控制情緒地大哭大鬧，近似歇斯底里。小孩的保母不知道該怎麼辦，於是愧疚地留下奧坤而一個人離開，讓她在辦公室度過了冗長疲累的一日之後，還必須獨自照顧這個可憐的孩子。我們都知道一個媽媽在這種時刻會有什麼樣的情緒：

「我簡直想勒死她……」奧坤告訴我。「我必須要竭盡全身的力氣才能夠保持冷靜，想辦法讓她冷靜下來，同時也控制住自己的情緒。大人有時候很麻煩，他們會在背後批評你、操控你等等，但是我可以應付這些事情，因爲相對來說，大人的問題簡單多了。」

展現這樣的耐心和寬容所需要的高度自制力，可以從女演員琳賽・克勞斯談到她女兒薇拉（Willa）的這個故事當中看出來：

薇拉五歲時，我們住在佛蒙特州，當時我的小女兒柔西亞（Zosia）即將出生。有一天我正努力要替薇拉穿上她的雪衣，她不好好配合我，讓大著肚子的我非常辛苦，我不禁就怒火中燒。我原本想要說：「如果你不好好穿衣服，你今天就不准出去玩！」但是我克制了自己的情緒，心平氣和地對她說：「親愛的，這件衣服是我在一家很棒的店幫你買的。你看，是你最喜歡的粉紅色！」

她看著我說：「那是給女生穿的嗎？你在店裡面買的嗎？」

「對啊，寶貝，你爲什麼會這麼問呢？」

「我以爲這是當警察抓到壞人的時候，給壞人穿的衣服。」

她在電視上看過這種畫面，當時被嚇壞了。這是我第一次開始建構我的育兒風格，知道我是怎麼辦到的，也欣慰地了解我自己做得還不錯。從那時候開始，我開始對當媽媽覺得有信心。從這個事件上，我了解到在任何情況下，小孩子都已經盡力了。你的職責就是要試圖去了解他們行爲背後的意義爲何。

妳當然可以在和成人共事時依樣畫葫蘆。有一次我在拍片的時候，導演和我對我扮演的角色有非常不同的看法。我當時極力抗拒，非常堅持己見。不過在發生了薇拉的這件事之後，我才想到我其實可以接受別人對這個角色的部分意見。所以我採取了傾聽，而非完全抗拒的態度。

我自己設計了一種技巧：我會想像我扮演的角色有一個三度空間的生命，延伸出我們在拍的這個場景之前與之後。我會想像拍攝的這一幕，只是讓這個生命暫停片刻而已，這樣的心態能夠讓我不會過度投入在這個場景當中。我不再堅持我自己的表演方式，相反地，我會想：「如果我眞的認眞聽導演的話，一定有什麼好事情會發生。」這樣一來，整個角色的視野就變得更開闊了。

我現在會把這種調適的技巧教給我的學生。我在南加大電影學院教導演研究生如何和演員合作，另外我也在家中指導演員。我告訴他們必須適應做事情的不同方法，這些概念很多都是從我小孩身上學到的。

舉例來說，在我女兒柔西亞大概三歲的時候，有一次我替她做花生醬和果醬三明治，我把三明治對切成三角形，她看到馬上坐在地上大哭。我想：「發生什麼事了呢？噢，我好像很少把她的三明治切成這種形狀。」所以我問她：「你是不是因爲我把三明治切成三角形而生氣呢？」

「是啊！」她哽咽地說。

這是當母親要做的選擇，我可以不管她，叫她把三明治吃掉，也可以照著我實際的作法說：「沒關係，我再做一個給你，這個三明治我吃掉好了。」

這其實沒什麼，只是在別人不高興的時候，自己調整一下而已。

耐心花時間解釋

奧坤是少數能夠每週只工作四天，還能當上致遠會計師事務所合夥人的女性，她也非常滿意公司讓她能夠兼顧家庭的環境。在我離開她辦公室的時候，我發現她的書架上展示著一件T恤。衣服的正面用粗體字寫著「權力的演進」，這行字下面則印著四個腳印的圖案，四個腳印分別來自猴子、人的腳、男性的鞋子和女性的高跟鞋。

奧坤相信她所謂的「耐心因子」，是她從扮演母親的角色當中，能夠帶給公司和客戶的好處之一。

我習慣於尋找具有創意的方式，來說服他人做某件事情。在家裡，我必須用三、四種方式讓小孩了解我對他們的要求。舉例來說，我的大女兒現在就讀小學一年級，我經常要讓她乖乖坐好寫功課。一開始，我會說：「快去寫功課。」

「不要！」

然後我會嘗試說：「那我們一起來看看你學的新單字。」

「不要！」

最後我會想出別的方法，例如：「妳看，你要想想看這裡應該塡什麼字。這個遊戲字謎眞好玩！」

這才讓她對做功課感興趣，乖乖把功課做完。

和客户之間的互動也是如此。如果我說明一個問題，而第一次對方沒有聽懂的話，我會再進一步詳細解釋。

舉例來說，我的專長是金融服務。我服務的金融機構客户都有自己的計量模型，能夠計算如衍生性商品這類產品的價格。爲了確定他們用的模型合理且準確，你必須要找一個公司外部的專家來檢查。所以我可能需要說明，爲什麼他們會需要另外的模型確認分析服務。他們會說：「我爲什麼需要做這個？」然後我會解釋說，他們需要將他們的假設化成文字，讓其他人可以了解。他們會說：「爲什麼？羅莉，爲什麼？」他們在同意之前，可能需要聽好幾種不同的解釋，因爲他們眞正的想法是：「這會花我們很多錢。」這種心態就跟小孩子一樣。爲什麼，羅莉？爲什麼，媽咪？

南西‧卓斯鐸是住在費城的企管顧問，她有一位十歲大的女兒，和兩位已經成人的養子。她也同意，對待小孩的耐心同樣適用於職場。她並且舉了一個自己面對小孩數學學習障礙的例子。

「要想辦法把原本已經很簡單的數學問題，進一步拆解到讓他們可以理解眞的非常困難。你的痛苦在於你很想要幫忙，但是卻不知道該如何著手。唯一的作法就是耐心和堅持，直到小孩終於了解爲止。

「這種教育小孩的經驗在與屬下相處上也很有幫助。舉例來說，當他們需要扮演一個新的角色，但是卻不知從何處著手的時候，上司不能只是發號施令，叫他們去做而已。你不可能命令他們增加百分之十的生產力，事情就會照著你說的發生。你必須解釋這些新目標是如何制定的，並且證明這些目標是可以達成的。這當中必須有一段循循善誘的時期，就像拆解一個數學問題一樣。」

卓斯鐸的公司在協助客戶設計企業策略時發現，許多企業在體認或採取新策略的時候，經常沒能夠提供員工這種指導：

我們看到，當一個頂尖團隊在設計和執行如何能夠更有效競爭的新策略時，他們通常會忘了讓所有的成員從一開始都共同參與這個過程。這種情形對我來說已經司空見慣，制訂策略的人認爲等到他們宣布這個策略，其他人就會像學了讀心術一樣，馬上了解他們心裡到底在想什麼。

這就是我們可以協助的地方。我們幫助他們和實際執行策略的人溝通，讓這個新的方式能夠切實可行。這包括解釋新策略的目標，說明只要他們照著做，好事就會跟著發生……我們強調要和你的每一位員工溝通，不論是銀行櫃臺辦事員還是其他職位，只要他們改變現有的作法，眞的會讓結果有所不同。

這件事情說起來容易，但是做起來卻很困難。你需要投入很多的時間和耐心。發號施令要別人照著你的話去做很容易。那些之前經營不善的公司，通常就是那些需要開發新策略的公司，但是公司的主管很可能覺得他們沒有時間去做這些事情。他們覺得這個過程很痛苦，因爲它需要花很多時間，但是又很難讓事情照著他們希望的速度加快進行。這些公司可能到頭來會走回頭路，恢復原本由上層主導控制的管理風格。

總而言之，飽受壓力的企業和飽受壓力的父母一樣，都會回歸到比較原始的處理方式。

這就是爲什麼不是所有的父母，甚至說不是所有的好父母都能夠培養出耐心的原因。（記得之前提到的「不理智的拒絕」嗎？）雖然蘇黛德．奧布萊恩告訴我，她從小孩身上學到的東西之一就是耐心，不過由於她所從事的行業壓力非常巨大，所以她聽起來好像也從她的孩子身上學到了某種不耐煩的形式。

「我家的學步兒讓我學到如何透過發出最後通牒的方式，讓人們動手去做某些事情。」奧布萊恩表示。「你必須要對年幼的小孩加以限制，或者發號施令，例如規定他們『不可以打姊姊』、『不可以把食物抹在頭髮上』等等。現在我會把同樣的技巧應用在工作上。譬如我必須在五點鐘離開辦公室，因爲保母那時就要下班了。所以我會先講清楚，我五點以前一定要拿到寫好的腳本。如果來不及交，你就得跳上車自己親自把腳本送到我家來……你必須要了解該怎麼做。我現在很清楚，什麼是我的問題，什麼不是我的問題。如果腳本來不及寫好，那是你的問題！在我有小孩之前，我比較不容易設下這類的規則，也不清楚我自己到底需要什麼。」

桑德拉・戴・奧康納對小孩能夠讓你培養耐心這個看法就非常嗤之以鼻。「我從來就不是一個有耐心的人。」她在最高法院的辦公室和我聊天時表示。她坐在身旁的先生同意她的說法，用手在空氣中比劃了一招手刀。「因爲有三個小孩的原因，她必須要非常有紀律。」他邊比劃邊表示。我看得懂他的意思，我相信她的小孩也都看得懂吧。

耐心的政治家風度

最後再對政治領袖的耐心多一些著墨。

許多書籍都談到，卓越的領袖是如何需要同時擁有卓越的耐心。「耐心所成就的，要比武力來得更大。」反對向美國殖民者宣戰的十八世紀英國政治家愛德蒙・伯克（Edmund Burke）曾經這麼提醒世人。

法國將軍戴高樂就是有耐心領袖的最佳典範，因爲他總是能夠在極大的壓力下，勇於對他認爲不明智的決定說不。這種力量讓戴高樂能夠坦然向法國在阿爾及利亞的殖民歷史說不，而決定撤軍，並且無懼於美國的壓力，拒絕加入北大西洋公約組織。戴高樂將軍讓世人了解，偉大的領導才能有時候意味著不做某件事情，或者愼重地去做某件事情，而不是爲了做而去做。他是把耐心施展到淋漓盡致的一位大師，完全推翻了一句老話：「耐心是一種美德，最好能夠擁有。耐心在女人身上難尋，在男人身上更是永遠找不到。」

6

同理心

因爲同理心，妳更有勇氣

爲了確保她們的後代能夠得到妥善的照顧，
女性逐漸演化出一種感受和表達同理心的神奇能力。

人類學家　海倫·費雪

摘自《第一性》一書

因爲當了母親，我開始對人有更深刻的了解。
我變得更爲開放，也更容易親近，
同時我也有更大的勇氣去承受情緒上的風險。

法律事務所雇員　吉麗恩·摩爾海德

我在訪談的過程當中，很驚訝地發現許多人都向我表示，他們在有小孩之後，變得更有同理心。他們相信他們的共感指數（empathy quotient），在開始全心投入照顧小孩的工作之後，呈現扶搖直上之勢。同理心通常會被定義為體認他人感受的敏感度，和以同情和適切的方式回應的能力。有些人會把這種同理心的提升稱之為「**勇氣**」，一種付出足夠的自我以和另一個人深交的勇氣。

同理心的勇氣

吉麗恩・摩爾海德（Gillian Moorhead）曾經擔任過劇場總監，目前的工作則是協助證人在審判當中作證。她受雇於法律事務所，協助指導被告和證人如何在陪審團面前留下最可信的印象，相關的建議從該如何穿著打扮，到表現性格的技巧都包含在內。

多年以來，現年四十多歲，自信開朗的摩爾海德一直認為，她在這行的技巧源自之前在劇場工作，激勵演員做最佳表演的經驗。但是她慢慢發現，她的工作其實比較多是受益於她身為人母的經驗，尤其是身為兩個青少年的母親（她有一個十四歲的女兒，一個十二歲的兒子）。

我發現我協助證人的工作，和我在廚房與女兒談心沒什麼兩樣。例如我女兒曾經跟我說她在學校很寂寞，我碰到的證人通常在生活上也面臨了嚴重的困境。又例如，有一位先生是個老師，他因爲據說在教室裡猥褻一名學童而面臨兩年徒刑的判決，而他的職業生涯也因此毀於一旦。

在協助像這樣的被告時，我會看著他們的雙眼，試圖找出他們內心裡的眞實感受，了解什麼是眞的困擾他們的問題。唯有他們能夠深入探索自己內心深處的眞實感受，才能爲自己做良好的辯護。這和傾聽家中青少年的心聲完全一樣，你願意去相信他們良善的本質，試著去了解眞正的問題所在。

在這個學校老師的案例當中，他終於說出事情的眞相。他在課堂上所有學生的面前，跟一位女學生說，如果她不把功課做完的話，那她就是個笨蛋。換句話說，他在這名女學生的同儕面前羞辱了她的自尊。

而班上的學生知道這個老師是位同性戀，所以經常捉弄他，在這個羞辱事件之後，這名女學生和她的一個朋友就共同捏造了這個故事。她們決定指控這名老師猥褻一名男同學。因爲這位老師對他曾經說過的話感到慚愧，因爲他不想承認自己是個不好的老師，所以他寧願面對入獄服刑的判決。我告訴他：「因爲你羞辱了這名女學生，所以才必須面對這個不公的判決！」

現在他有機會脫罪了，因爲我們已經找出了這個故事背後的動機。在此之前，這兩名學生沒有任何動機要捏造一個故事。我們是從他自己透露的事實，而不是由律師、檢察官或者學校發現的事實找到這個動機的。對我來說，這就像是從自己的小孩口中聽到的實話一樣。我想唯有靠著母親特有的堅持不懈，才能夠找出事情的眞相。我知道比起十年前我孩子還不到這個年紀的時候，我的確在這方面成長許多。

摩爾海德認爲，她現在對工作的情感承諾，和對孩子的情感承諾幾乎並無二致。她能夠讓別人覺得他們不論做了什麼事情，都還是有人愛他們，而且他們也可以對她據實以告，無須存有恐懼或抗拒的感受。

在另外一個她最近經手的刑事訴訟案件當中，她的團隊負責替一位高大的黑人女醫師辯護。她的律師是一位來自南方的白人男性律師，他對摩爾海德描述這位女醫師是個難搞又傲慢的女人。這個人很難讓人家喜歡，或許也很難讓人替她辯護。但是根據她從她的小孩身上學到的技巧，她相信除非你能夠對他人付出關愛，否則無法讓對方對你開誠布公。於是摩爾海德開始和這位女士聊宗教，她很快就了解，當這位女士找到宗教信仰時，她身邊的一切都改變了。所以摩爾海德告訴她一件自己教會所發生的體驗，表示她自己也是因爲在教友爲她按手禱告時，讓心中原本因爲某件事情造成的抑鬱一掃而空。

「她覺得在準備證人的過程當中，受到了眞正的關心，而我們的對話也給了她勇氣以站上法庭。」摩爾海德告訴我。「當她走進法庭的時候，她將能夠表現出她自己的本質，表現出她是一個有能力幫助他人的人。諷刺的是，如果我之前去問她的律師可不可以和她談宗教信仰的話，一定會被他打回票。」

摩爾海德相信，她這種和人心靈交流的能力不是來自劇場，因爲她在長子才七歲的時候就離開了劇場界。就劇場而言，她做了如下的敍述：「每一幕當中都有一個神奇而明顯的事實……舞台劇是由一個個的片刻堆積起來的，從一個情緒的決策時刻，到另一個情緒的決策時刻。這些時刻只有在人與人眞心相待的時候才會出現。我曾經很擅長於帶出演員內心的這種感覺，但是我是透過逼迫、要求和指揮他們的方式達到目的。我沒有給予他們足夠的愛來換取同樣的結果。我當時缺乏耐心、跋扈傲慢，也過度自私，我只有想到自己，沒有替他們著想。

「因爲當了母親的關係，我開始對人有更深刻的了解。我了解到每個人內心深處都有值得我們關愛的地方。我變得更爲開放，也更容易親近，同時我也有更大的勇氣去承受情緒上的風險。身爲母親讓我變得勇敢！」

失去孩子

遺憾的是，有些父母之所以產生和人深交的勇氣，不是因爲擁有孩子，而是因爲失去了孩子。在她的愛子十四歲時不幸逝世之後，猶太教拉比哈洛・庫席勒（Harold Kushner）寫了一本暢銷書叫做《爲什麼壞事會臨到好人身上》（*When Bad Things Happen to Good People*）。「因爲我兒子亞倫的生與死，我變成一個更敏感的人、更有能力的牧師，和一個更具有同情心的輔導員。」他於一九八一年出版的書中寫道。「如果我能夠換得我兒子死而復生，我會願意放棄得到的這一切。如果我可以選擇，我會放棄所有因爲這個體驗而得到的心靈成長和深度，讓我回到十五年前的自己——一個平凡的猶太教拉比、一個平庸的輔導員，有些人我幫得了，有些人則讓我無能爲力，但我最希望的還是做一個聰明快樂兒子的爸爸。」

但是庫席勒沒有選擇，他必須接受從如此痛苦經驗當中所得到的智慧。

派蒂・迪奇（Patty Dietch）是一位住在加拿大東部的精神科護士。她表示五年半前因爲一場嚴重車禍讓她失去十八歲的愛子後，她也有類似的體驗。迪奇正在寫一篇題爲〈活出殘缺的人生〉（Living in the Presence of Its Absence）的碩士論文，她表示在這篇論文當中，她說明了在她痛失愛子之後，如何能夠把更多的同理心帶入她的心理輔導工作當中。和摩爾海德一樣，她也將這種同理心形容爲一種勇氣。或許這是從失去所有、破釜沈舟之後所獲得的勇氣吧。

「我從護士學校畢業已經是三十年前的事情了。」她從位於郊區的家中和我進行電話訪談時表示。「多年以來，我一直以爲我在工作上表現出來的是我的母性。舉例來說，在我的第一場求職面試當中，我的衣服袖子上沾到了早餐的香蕉泥，而且我對面試官說我的小孩午休的時候要來找我。我以爲我一直把母親的角色帶到工作職場上，但是現在我才了解，我是到了我兒子傑洛米（Jeremiah）去世之後才眞的這麼做。」迪奇說：

在那場意外之後，我必須要改變自己才能夠走出傷痛。逐漸地，我的輔導風格也改變了。我變得更專心傾聽，也更注意對方的言外之意和肢體語言。我可以說是用我的心去傾聽，而不是只讓我的大腦運作。之前在心理輔導的過程當中，我總是想著在這個案例中，要使用哪種方法或者模式比較適合。不過在這場意外之後，我只專心傾聽我自己內心的聲音。我變得更無所畏懼。

舉例來說，我輔導的對象包括許多青少年。這裡的人口不多，大家都彼此認識。有一天有一個我兒子的女性朋友來接受我的輔導。她的父親有酗酒的問題，她的母親因此經常被毆打虐待，她自己也在十一歲到十三歲的時期被父親毆打。她非常非常憤怒，她告訴我她拆了她父親的房子，而他則要求她賠償所有的損失。

我看著她說：「親愛的，妳有讓自己好好哭過嗎？」

我稍微往她的方向靠近，忽然之間，她就投入我的懷裡啜泣。我心想：「可憐的小傢伙，有誰眞正愛過她呢？根本沒有！」

傑洛米曾經對我說：「如果每個人的母親都像妳一樣，那麼這個世界就會變得更好。」這句話眞的是非常寶貴的禮物，我總是牢記著這番話，而它也不斷帶給我勇氣。我想：「這是我做過最對的一件事。」我在扮演母親的角色上展現出最大的創意，而現在我能夠把這種創意用在他人身上。

同理心是天生的嗎？

有些專家相信，女性天生就比較有同理心。在《顯著的差異》（*The Essential Difference*）一書當中，賽門・巴容柯恩（Simon Baron-Cohen）就認爲「平均而言，女性主動表達同理心的程度大於男性。」他的立論基礎是一項測試，測試中請受試者根據照片上人物的眼睛來判斷此人物的想法或感覺。在這項測試當中，女性的得分優於男性。在另外一項問卷調查當中，女性平均而言比較重視友誼當中的親密性和同理心，而男性則比較重視共同的興趣。同樣的性別差異，在一個人出生之後立刻可以察覺到。對剛出生的嬰兒所做的實驗顯示，女嬰注視人臉的時間比較長，而男嬰注視機械性活動物體的時間則比較久。

母親通常在育兒風格方面，也展現出比較多的同理心。母親較常以面對面的方式抱小孩，讓他們能夠交換更多的情緒資訊。母親也比較會調整她們的說話內容，讓小孩比較容易了解她們在說什麼。另外母親也比較願意陪伴小孩玩想玩的遊戲，而父親則比較會強迫小孩照著成人的想法玩。

學術界已經有理論顯示，女性相對而言較強的同理心，是隨著靈長類動物投入育兒心力時不斷演進的。類人猿和人類的母親，對照顧幼兒投入的時間和精力都非常高，人類和類人猿在照顧幼兒時展現的同理心程度，也遠高於其他哺乳類動物。較具同理心的母親，比較能夠了解小孩的需求和感受，較不會有疏於照顧的現象，因此也能夠確保其後代的生存機率較高。

這個領域當然還需要更多的研究（例如青少女彼此之間的行爲，是否能夠視爲高度同理心的展現仍難判斷）。但至少到目前爲止，我們可以說許多母親和部分父親表示，他們的同理心表現是在生兒育女之後，才被誘發或是增加的。

持續的養育工作，似乎看起來是一個原因。

就像博雅公關公司（Burston-Marsteller）的萊斯列·甘尼斯·羅斯（Leslie Gaines-Ross）說的，「當一個小孩還不會說話的時候，你必須要想辦法了解他們想要告訴你的事情……這能夠讓你有能力去解讀感受和事實。一個男性主導的社會只重視事實和數字，但是人與人之間有更多的訊息，是透過事實和數字之外的方式溝通的。

「你知道你是如何在孩子身上養成這種能力的。當某件事情看起來有點不對勁的時候，它眞的可能就有問題。你的第六感眞的會變得比較敏銳，尤其是針對還不會說話的小嬰兒，你必須要尋找非語言的線索。或許是因爲如此，我對同事的感受和情緒格外敏感。在我們資深員工的會議當中，我可以從他們的肢體語言、講話語調等細節的變化，發現可能有什麼問題存在。舉例來說，上個禮拜一位同事去向客戶做簡報，客戶之後向我們回報說他們覺得跟他不太合，希望能夠不要和他合作。在之後的一場會議中，這位同事默默地都不講話。我會後打電話問他是不是有什麼心事。他說他無法擺脫客戶不喜歡他的陰影，我才發現他覺得很受傷。就像小孩子一樣，他也需要花很長的時間才能夠忘掉這種受傷的感覺。」

哥倫比亞大學國際與公共事務學院院長麗莎・安德森也曾對我說，她相信她比其他男性院長，要能夠較快地體會關於問題和事情的情緒反應訊號。舉例來說，當她在面試應徵本系工作的應試者時，她可以從他們的回答當中，了解情緒上的絃外之音，那些他們沒能特別說明的部分。例如應試者可能談的是教課的時數，但是她可以感覺得到，他們實際在想的是：「我不知道我有沒有辦法住在紐約的公寓裡頭。我的小孩要去哪裡上學？他們要怎麼穿越百老匯大道呢？」

「我會進一步談到在大學教書的個人生活層面。我會問他們：『你們如果住在郊區，會覺得比較愉快嗎？』這有部分是因為這是我的個人體驗。因為我凡事得自己來，所以我必須處理這種事情。有些男性同事也必須要考慮這些問題，他們也必須分擔家務，但是他們不確定討論這些私人的事情，是不是會讓人覺得他們不夠專業。」

辦公室媽媽

管理專家一定都很熟悉「辦公室媽媽」這種現象，它指的是辦公室裡較為資深或年長的女性，能夠扮演激勵人心的角色，幫助同事解決人際問題，排解糾紛，以便使組織內的人事能夠順暢無礙地運作。舉例來說，甘尼斯・羅斯就注意到，她在公司內被視為一個可以傾訴心事的媽媽，或許是因爲許多同事都比她年輕許多，而且都還沒有小孩。

「人們會跟我談那些困擾他們的事情，我則幫助他們想辦法透過各種管道解決問題。不久前，有一個人很生氣地來找我，說他們有一群人想要辭職。他們說了想要離職的原因，也列舉了一長串公司虧待他們的理由。我首先幫助他們排解這股怨氣。我跟他們說，家家有本難唸的經，公司也是一樣。世界上沒有所謂完美的家庭或者完美的公司。我告訴他們要往好的一面想，看看公司給了他們什麼，例如職業生涯一個好的開始，履歷表上面的良好資歷等等。我跟他們說如果要離職，一定要做到好聚好散。因爲山水有相逢，搞不好日後你會想要回來。」

辦公室媽媽通常會發現她們同時在做兩份工作。一份是支薪的，另一份則是來自於別人對她的期望。她事實上在公司所提供的，和她在家中扮演母親角色時，所提供的情感支持一樣。雖然這種功能對公司來說如此地重要，但是卻經常被視爲理所當然，而未能得到同樣的重視。這種情感支持可以說是讓組織成員能夠團結在一起的情感黏著劑，但是卻幾乎完全不受到注意和實質的肯定。

迪吉多公司的女性工程師於八〇和九〇年代期間，同樣在公司當中扮演著這樣的角色。數年前，我曾經訪問一位前迪吉多公司的員工，她向我描述了相關的過程。例如當一個專案被取消的時候，女性經理人會扮演安慰別人節哀順變的角色。她們會和團隊成員溝通，讓他們平復失去專案的傷痛，安慰他們受傷的情緒等，直到他們能夠平復心情，回到工作崗位上爲止。她們覺得這些失望的員工，就像受傷的小孩一樣，需要一些親切的愛與關懷。

相反地，男性經理人會立刻把心思放到新的專案上頭，不會花時間處理員工的情緒。於是這種受傷的感覺會被壓抑，直到日後變成士氣低落、工作草率或生產力下降等方式呈現出來。但是協助表達或宣洩這種情緒的女性（或母性的關懷）卻總是沒有受到肯定或感激。

管理專家喬伊斯．弗萊徹研究了爲什麼這些人際關係的努力，儘管對組織有如此的重要性，但是在男性主導的組織當中卻往往受到忽略。她認爲這是因爲男性認爲，願意花心力去表達同理心的女性，只是出自於個人的同情心和關懷。一位女性上司花時間爲一位未能參加會議的員工說明內容，或者上司安慰下屬的情緒，這些動作都被視爲是照顧下屬，而不被認爲和生產力有關。相同地，教導和鼓勵他人通常會被視爲母性行爲的象徵，而不是良好的工作表現。當一位女性經理人試圖讓別人覺得她要他們做的事情，是出自於他們自己的決定時，她的行爲反而被認爲是缺乏策略眼光的結果。

簡而言之，在守舊思維的蒙蔽之下，男性在看到辦公室媽媽時，不會認爲她其實是一位有效率且聰明的主管。

對許多有能力的經理人來說，這顯然是一個絕無可能成功的情況。弗萊徹曾經告訴我，有一位迪吉多的女性主管，她是一位資深工程師，也是一項技術計畫的專案負責人。她的主管是一位男性經理人，其職責原本應該是負責解決所有意見上的分歧，和人事方面的問題。不過她所屬團隊的成員，反而比較喜歡找她討論問題。她默默接受了這樣的角色一陣子，但是之後她發現，如果她繼續這麼做的話，將永遠沒有升遷的機會，因爲這些原本不屬於她的工作，已經花了她太多的時間，讓她沒有辦法全心投入其他工作。

她試著擺脫辦公室媽媽這種解決疑難雜症的角色，但是卻讓所有人都變得不高興。別人會跟她說：「你是怎麼了？大姨媽來了嗎？」

她在處理人際問題上的努力，原本就沒有被她的男上司所肯定，而她拒絕做這些工作也被人家說不是。這種進退兩難的情境，對大多數父母而言應該非常熟悉。我想到有一位朋友曾經向我抱怨，她和她先生每個禮拜有六個晚上乖乖在家帶小孩，而在第七天晚上，他們好不容易有機會出門喘口氣時，他們的小孩卻嚷嚷說：「媽咪，妳怎麼整天都不在家？」

創意同理心

演員、導演、劇作家和新聞記者經常表示，生兒育女讓他們有機會接觸到更廣泛的情緒變化。電視製作人約翰‧羅曼諾（John Romano）曾經編寫和製作過許多成功的電視節目，包括《希爾街的布魯斯》（*Hill Street Blues*），他表示他是在自己有女兒之後，才懂得把女生視爲一般人來看待。「我喜歡女生，但是我之前總是把她們視爲非我族類。」他在他位於好萊塢的工作室接受專訪時表示。「等我有女兒後，替她們換尿布，看著她們成長經歷一切，我才發現她們也和一般人沒兩樣。」

（羅曼諾的說法讓我想到在一部電影當中，一位作家被問到他如何創作如此栩栩如生的女性角色時，他說：「很簡單，我先想像一個男性的角色，然後再把理智和責任心拿掉就好了。」）

羅曼諾在參與製作新節目《五口之家》（*Party of Five*）時，運用了他這種全新的敏感度。在這部影集當中，一對擁有五位子女的夫婦不幸身亡，身後留下的孩子們必須自力更生。他必須要寫一些關於青少女的情節，因爲他自己有同齡的孩子，他可以體會這些角色的感受、活力和憤怒有多強烈。「這有助於減少劇作家在描寫青少年時，經常出現的那種無謂的優越感。」

另一位和羅曼諾一起撰寫《美國之夢》的劇作家，她同時也是兩個小孩的母親。她總結道：「生養小孩是你無法想像的一種人生體驗。你只能親身體驗，無法憑空想像。對於一個作家而言，這是無價的經驗。」

在新聞寫作上，生兒育女的經驗同樣無價。我發現凱蒂・寇瑞克（Katie Couric）在訪問因爲九一一事件而成爲寡婦的婦女時，表達出無比的同理心。寇瑞克的先生不幸死於癌症，因此她在訪問這些最近失去親人的寡婦時，特別能夠感同身受。

熱情有勁的電視主播蘇黛德・奧布萊恩本身沒有經歷過這種傷痛，但是她在擁有自己的小孩後，開始能對那些失去孩子的父母表達出強烈的同理心。奧布萊恩曾經訪問過四、五對小孩失蹤的父母，其中包括伊麗莎白・斯瑪特（Elizabeth Smart）的父母，伊麗莎白是住在鹽湖城的青少女，有一天晚上從自己的臥室被一個精神異常的流浪漢強迫帶走，幸運的是在數個月之後平安返家。

「當你自己有小孩的時候，你只想問這些父母：『你們每天早上怎麼有勇氣起床？你們怎麼能夠堅持下去，而沒有輕生的念頭？』」奧布萊恩說道。「在我有小孩之前，我當然知道失去孩子是一件很嚴重的事情，但是有了小孩之後，你的感受會擴張到前所未有的境界。你會完全了解他們到底經歷了什麼樣的痛苦。」

詮釋角色

對女演員來說，母性的同理心也能夠增加她們對於角色的理解面向。琳賽・克勞斯曾因爲在《心田深處》（*Places in the Heart*）當中的演出獲得奧斯卡金像獎提名。她曾經在電視影集《紐約重案組》中飾演一名警官，她的角色是情報部門的負責人，主管紐約市的所有臥底警察。這個角色有點像是女輔導長，當屬下有問題的時候會向她求助，她也能察覺到臥底警察有任何不對勁的舉動，以在他們誤入歧途之前，將他們調離臥底工作。

當克勞斯抵達拍片現場，進了更衣間之後，她發現她的衣架上掛著兩件剪裁講究的外套。她馬上知道這兩件衣服不適合她飾演的角色，因爲她的角色應該穿著更爲隨性和樸實。她的意見獲得了肯定，於是最後在這場戲當中，她改穿一件毛衣入鏡。

電影製作人露西・費雪曾經靠著爲人母的直覺，拯救了一個重要的專案免於成爲一場災難。費雪在一九九六年成為新力哥倫比亞三星影業集團副總裁時，她所做的第一件事就是告訴《征服情海》（*Jerry Maquire*）的幕後製作團隊，要換掉原本飾演芮妮‧齊薇格兒子的童星。費雪記得她跟導演卡麥隆‧克洛說：「你過去四年的心血可能會付諸流水……這部電影的發展端賴湯姆‧克魯斯愛上了這個小男孩，但是這位童星和湯姆‧克魯斯甚至連目光接觸都沒有……。」

「他們說：『來不及了，我們已經拍了三天的戲了。』但是我說：『我們不在乎，就是要重拍才行，因為你們能做得更好。』」

於是他們找了另一個童星，而這部電影也成了賣座巨片。

同理心與權力

同理心在政治領導統御上是很重要的因素，也是所有偉大領袖的共同特質。美國公眾人物中，最好的例子莫過於小羅斯福總統了，他在一九二一年罹患小兒麻痺之後，逐漸培養出自己的同理心。根據作家蓋瑞‧威爾斯（Garry Wills）所述，小羅斯福總統身體上的苦痛，讓他能夠對美國人民因為經濟大蕭條帶來的恐慌和貧窮感同身受。小羅斯福總統清楚知道什麼是：「我們唯一需要恐懼的，就是恐懼本身。」他大刀闊斧的展開多項政府方案，讓整個國家覺得明天會更好。根據威爾斯的敍述，美國人民從來不知道小羅斯福總統的病情有多嚴重，但是「他們知道如果他能夠堅強地站起來，他們可能也可以辦得到。」失落和同理心在這個案例當中，造就了一位在混亂年代的完美領導人。（我們不禁懷疑柯林頓總統的名言：「我感受得到你的痛苦」，是刻意要激起選民對小羅斯福總統輝煌政績的聯想。另外柯林頓總統童年痛失親人的經驗，也激發出他的同理心，讓他日後在政治生涯中能夠平步青雲。）

同理心在國際關係當中同樣也很重要。越戰的重要人物之一，羅伯・麥納瑪拉（Robert McNamara）在一部贏得奧斯卡金像獎的紀錄片《戰爭迷霧》（*The Fog of War*）當中，就質疑是因爲美國領導階層缺乏同理心，而導致美國在這場流血衝突當中無法脫身。麥納瑪拉曾經擔任甘迺迪和詹森總統任內的國防部部長，據他所述，當時掌權者根本不了解越南人民的感受和動機。缺乏同理心的結果造成了數以百萬計無辜生命的犧牲，也促成了美國歷史上最大的外交政策失敗。這也讓人不禁質疑，當我們需要女性領袖的時候，她們在哪裡？

不過就比較好的一面來說，麥納瑪拉也提到了甘迺迪總統在古巴飛彈危機期間，能夠以同理心和蘇聯領袖赫魯雪夫溝通，圓滿阻止了全球核武戰爭的發生。甘乃迪總統設身處地爲赫魯雪夫著想，認爲蘇聯是想要找一個避免戰事的下台階。所以美國總統不顧美國參謀總長提出轟炸古巴的建議，而避免了一場戰爭發生」。

電影製作人艾洛・莫里斯（Errol Morris）從麥納瑪拉鉅細靡遺的回憶當中，歸納出了給全球領袖人物的十一堂課。其中的第一課，就是要「對敵人運用同理心」。同理心在使用游擊戰時格外重要，因爲你的敵人很可能就是和你並肩作戰的夥伴。一位新聞記者對二〇〇三年年底伊拉克的觀察讓我非常驚訝。對一個既不處於戰爭狀態，也不處於和平狀態的國家而言，他寫道：「火力和好意不如察言觀色來得重要。」察言觀色指的是了解伊拉克人民的想法、情緒、仇恨和夢想。這方面的工作對戰後的穩定，要比錢可以買到的F—16戰鬥機、AC—130砲艇機，或者兩千磅的炸彈更爲重要。

母親在解讀這些訊息方面會比較好嗎？有育兒經驗的政治領袖會比其他人擁有較多的同理心嗎？對這方面的研究，就像位處高層的女性一樣稀少，而且，從這些女性人物的身上看來，我們似乎不能做出這樣一以概之的結論。英國前首相柴契爾夫人是一位母親，但她卻也可以說是英國最不具同理心的領袖。不過，如果撇開柴契爾夫人這個例子，某些專家學者發現，整體而言，女性政治人物比起男性而言，關懷的社會議題層面更廣。一項由羅格斯大學（Rutgers University）美國女性與政治中心所做的研究顯示，女性議員不論她們的政治傾向爲何，都比男性議員更關心照顧兒童、家庭和醫療保健的公共政策。許多男性民意代表也會支持同樣的議案，但是根據前佛蒙特州州長梅德琳・庫寧在她的自傳當中所述，女性通常會因爲感同身受的緣故，而對這些議題有較高程度的關切。

男女議員之間差異的指標之一，就是女性共和黨議員在國會當中的投票紀錄。在與兒童和母親相關的議題上頭，女性共和黨議員的意見通常會和男性同儕不同。馬里蘭州的前共和黨眾議員康妮・摩瑞拉在眾議院服務了十六年，她就是一個最好的例子。摩瑞拉是賦予家庭無支薪工作價值的法案起草人之一，也是婦女暴力防治法的最大支持人之一，另外也非常支持聯邦政府對托兒教育的法案。當她的第一個小孩兩歲半的時候，她必須回公立學校教書，因此她有第一手的體驗，知道優質的托兒教育對職業婦女有多麼重要。她之後在國會成立了一個跨黨派的托兒教育黨團，成功地推動相關法令，讓公家機關爲其員工提供托兒服務，也讓大學校園爲低收入的學生提供托兒服務。

摩瑞拉和其他女性國會議員不同的地方，就是她願意親身實踐她的政治理念。在九〇年代初期，當她的國會助理辛蒂·霍爾（Cindy Hall）的小孩出生之後，摩瑞拉不但讓辛蒂一個禮拜只工作四天，她甚至還找來工人，在辦公室裡隔出一個小房間，好讓她可以擠奶。國會的水電工程人員之前從來沒有接到過這樣的要求。

「母乳是一種食物！」

我聽過關於媽媽同理心的故事當中，最有趣的是來自擔任舊金山貝克泰爾（Bechtel）營建公司資深主管的朋友。多年以來，她一直忙得沒時間生小孩，不過當她終於生了一對雙胞胎之後，她忽然發現她公司的環境對一位母親是如何地不友善。當她在她位在角落、裝潢華麗的辦公室拚命擠奶時，她的秘書得在門口幫忙她擋住想要進來的人。「那些沒有自己辦公室的女同事要怎麼辦？」我這位忽然產生同理心的朋友問道。「她們要怎麼辦才能保有一點隱私權呢？」

她問了一些女同事，發現這些職位不高的女同事得躲在放掃帚的櫥櫃、樓梯間，和其他隱匿的地方擠奶。她覺得她應該要想辦法做一些什麼，所以她寫了一份備忘錄給負責的主管，建議公司應該提供一個適當的空間，讓在哺乳的媽媽們方便擠奶。

那位主管寫了一封電子郵件，回絕了她的建議，表示她們可以在廁所擠奶。

「在廁所！」她勃然大怒地回了一封信。「我覺得你大概是寫錯了。母乳是一種食物！你是建議我們的員工在廁所準備食物嗎？」

這家公司很快地就爲在哺乳的媽媽們準備了一個適當的空間。

7

人各有所長

找出孩子與部屬適合與擅長的項目

「照兒行事」比「照章行事」較佳。

英國育兒專家

潘妮洛普・利區

家長通常會不斷自問：

「這孩子擅長什麼？我要如何幫助他？」

如果你把這種感覺移到工作同仁身上，

你就會是一位稱職的經理人了。

電視公司主管　潔洛汀・雷本

各行各業的為人父母者都跟我說，他們在發現自己的小孩彼此性情都不相同之後，學習到如何感恩，也對每個人的個別差異更為寬容。一位同時擁有繼子和養子的主管說，她的孩子讓她了解，任何問題都沒有絕對的答案。她之後在公司內，也以能夠和任何人共事的能力而著稱。

人各有所長

雷神公司（Raytheon）的路易絲・法蘭西絲康尼在男性主導的國防工業有非常成功的表現。和其他我訪問過的媽媽級主管如安・摩爾、雪莉・拉沙羅斯、潔米・高立克和黛比・漢瑞塔一樣，法蘭西絲康尼也經常名列《財星》雜誌全美前五十大女性企業家的名單。她告訴我，她在經理人工作上遵循的重要原則之一，來自於養育兩名個性迥異兒子的經驗。

二〇〇三年我們進行電話訪談的時候，法蘭西絲康尼的一位繼子是三十一歲，另外一個兒子則是十九歲的大學生。「我的一個兒子非常聰明，是學校畢業致詞代表，另外一個兒子的天賦則比較平庸。」她告訴我說。她的挑戰在於做到學校做不到的事情，就是讓他們兩人各自找到自己的專長，因為「人各有所長」。

「我們想辦法鼓勵他們，視他們兩人為相輔相成的一體。」法蘭西絲康尼說。「讓他們發展各自的才能。如此一來，功課不好的那個小孩就不會覺得他一無是處。他知道他的強項是什麼，例如良好的工作態度。他發現自己的興趣在哪裡，當你看到你的孩子這樣做的時候，你會鼓勵他們，就像替植物澆水一樣。」

法蘭西絲康尼相信，了解她自己的長處也是她成功的原因之一。就像她自己說的：「我會拒絕那些不會替我澆水的工作。」她的職業生涯當中，有二十四年的時間奉獻給休斯航空公司（Hughes Aircraft），從當年她父親在這裡工作時，她開始在這家公司當暑期工讀生開始。之後她成爲休斯飛彈系統公司（Hughes Missile Systems Company）的總裁，一九九八年，這家公司與雷神公司合併。四年後，她就被任命爲全球最大飛彈系統部門的總裁。

「不論是帶小孩還是帶員工，基本上工作是一樣的。」這位女性武器製造商表示。「重點都是要讓人認識他們自己，而且肯定自己。能夠在家庭和職場上和人開啓這樣的對話，絕對是成爲一位優秀領袖的基本條件。我在工作上最重要的能力之一，就是我能夠把人擺在適當的位置上。這麼多年來，我一直很驚訝於許多人不知道他們自己眞正擅長什麼。我可以擔任他們的良師益友，幫助他們發現自己的長處。」

她舉了一個例子，她有一位來自南方的年輕黑人女性員工，她的專長是高等應用數學。這位年輕女性之所以不斷更換工作，是因爲公司要她輪調工作，而不是她自己覺得適合這些工作。

「她覺得很失落，於是終於有一天她來找我說，『路易絲，我需要你給我職業生涯上的建議。』所以我給了她一個任務。我要她寫下她所有覺得自己擅長的事情。我跟她說不要寫工作的職稱，而是要寫下實際的技能。等她寫好以後，我和她一起坐下來看這份清單，並且討論哪些工作會需要這些技能，或者這些職位能夠對她有什麼幫助。她開始看到自己能夠對自己的未來有所掌握，這樣一來對她自己和公司都有好處。」

琳達‧吉爾根（Linda Juergens）和法蘭西絲康尼的工作領域可以說是天差地遠。吉爾根是國家母親中心協會（National Association of Mothers' Centers）的執行總監，這是一個位於紐約州的母親支援組織。她也相信她兩個小孩之間的差異，讓她更懂得如何去評估每個人的長處。不論你的工作是在和媽媽們還是飛彈打交道，你學到的教訓都是一樣的。「從養育小孩，你會學到更多關於人性的本質。」吉爾根這麼說道。

她的兩個女兒差距之大有如白天與黑夜。一個講話輕聲細語，而且和琳達一樣有點兒內向，另外一個則比較勇於冒險、獨斷和不服從權威。「她們改變了我對性別差異的看法。」吉爾根表示。「如果我的小女兒是男生的話，我們就可能對她的行為舉止和個性視為理所當然。」吉爾根和她的先生，就和法蘭西絲康尼一樣，必須學習如何應付兩種截然不同的個性，而且兩個女兒都各有自己的優缺點。對於處理成人之間的差異來說，這種經驗是一種非常好的訓練。

在她的第一份工作中，吉爾根必須負責管理一群義工。在這樣的情況下，她解釋道：「你不能夠隨便把工作派給這些人，因此你必須謹慎評估每個人的優點。你必須找出他們擅長的事情，還有他們喜歡做的事情。你必須確定他們可以勝任的工作，是可以在沒有人監督的情況下完成的工作。

「因爲我兩個截然不同的女兒的緣故，我比較能夠接受每個人都有不同優缺點的事實。」吉爾根表示。「她們讓我在接觸人群時，能夠採取更積極主動的態度，去了解他們的優點，而不只是著眼在缺點上。我想在還沒有小孩之前，我比較沒有這種度量或彈性。不論在任何情況之下，這種能夠擁有彈性的能力都是一種寶貴的資產。」

孩子的差異性

心理學家茱蒂絲・拉波包特的兩個小孩性情也大相逕庭，她的兩個兒子都已經三十多歲了。老大比較像拉波包特和她的先生，是一個很認眞的好學生、非常用功，不論投入任何事情，都有傑出的成就。就拉波包特的描述，她的次子史都華（Stuart）怎麼看就不像是讀哈佛或耶魯的料，但是他的個性很開朗隨和，而且在所謂的情緒智商上，有非常好的表現。

「他成了我們每個人的榜樣，」拉波包特表示。「我們的次子讓我們從內心深處了解，一個人的人生要成功能夠有很多不同的方式。有時候，當我先生和我在討論某一名新員工的時候，我們當中一個人會說：『我最近雇用了一個史都華。』我們指的是某人有不錯的基本技能，但是更重要的是，這個人能夠透過熱情帶給團隊很大的無形價值，並且幫助每個人彼此合作愉快……小孩會讓你了解，活出自我有很多不同的方式。你不會希望整個團隊裡頭都是A型人格的人，你同時也需要能協調的傢伙。」

拉波包特本身在兒童過動和過度強迫行爲的研究上享有備受推崇的聲譽。她目前研究的對象，是患有早期精神分裂症的兒童，她的實驗室裡有許多剛從研究所畢業的年輕科學家。她認爲指導這些年輕的下屬，就和帶小孩沒有兩樣。她從她兒子史都華身上學到了，如何去珍惜對待這個世界上許許多多的史都華們，那些不論在工作或私底下都很好相處的人。她覺得這點體悟，讓她成爲一個更好的團隊經理人和精神導師。

其他的教育學者也認爲，家長對於「人人皆不同」的體認是非常寶貴的。紐約希伯來協和學院道學教授瑪格麗特・溫寧拉比（Rabbi Margaret Wenig）表示，「我的孩子從出生開始就展現出截然不同的個性。你根本不可能逼迫他們以同樣的步調，學習同樣的事情……，我把這種體悟帶到教學工作上。現在我每堂課下課時都會發一張表格給學生，問他們是不是有什麼東西不明白，什麼事情可能會影響他們在學業上的表現。我跟他們說，我願意和他們一對一面談，以確定他們能夠從課堂上學到所需要的東西。我的小孩促使我把學生當作不同的個體看待，而不是把他們看作是一個班級。」

也有人從教學本身就能夠學到這重要的一課。電視公司主管潔洛汀・雷本告訴我，她之所以能夠欣賞每個人之間的個別差異，主要是因爲她早年曾經擔任過蒙特梭利學校老師的結果。「我之前在小學教書，擔任開放教室的老師。」雷本解釋道，「我的管理哲學和在學校秉持的原則是一樣的：找出身邊每個人的長處，然後幫助他們發揮或實現這些長處。這和創造一個企業架構，分析所需要的技能，然後去招募擁有這些技能的員工來填滿這些空缺，是截然不同的作法。

「家長通常會不斷自問：『這個孩子擅長什麼？我要如何幫助他發展這項才能呢？』身爲父母……你永遠會站在孩子這一方，全心支持他們。如果你能夠把這種感覺轉移到工作同仁身上，那你就會是一位稱職的經理人了。」

適合的眞諦

最早強調這種「體認每個人都不同，而且必須尊重這種差異」的概念的人，是一對兒童精神科醫師夫妻史底拉・傑斯（Stella Chess）和亞歷山大・湯姆斯（Alexander Thomas）。他們有四個小孩，出乎他們意料的是每個小孩生來就大大不同。他們的研究主張，沒有小孩擁有所謂白紙般的心靈，讓父母可以照他們的意願灌輸他們個性與才能。每個小孩生來都有獨特的性格，因此他有成就與否，端視父母是否能夠適應他們孩子的獨特性格，而做到因材施教的結果。關鍵因素在於傑斯所謂的「**適合的眞諦**」。如果家長的期望和需求能夠和小孩的能力和性格配合的話，這個孩子就能夠得到最好的發展。

不過在組織裡的情況稍微有些不同。顯然個人的能力和目標，必須要能夠和雇主的需求以及組織的宗旨相配合。如果一個人的技能或目標，和所屬組織的目標和需求不同，那麼他必然沒有成功的機會。儘管如此，一個經理人還是必須尊重每位員工的長處，並且知道如何對他們做最好的運用。就像美國最受尊崇的企業執行長之一，西南航空總裁賀伯・凱勒赫

（Herb Kelleher）所言，「我總是覺得一個人不應該爲了工作而改變自己的個性。所以我們決定要雇用好人，然後讓他們做自己……，如果一個人能夠對自己做的事情樂在其中，他的工作表現會更好，生產力也會提升。」

知名管理大師馬可思・巴金漢（Marcus Buckingham）對企業界人士說的也大致是這個意思，他認爲管理優秀員工才能的關鍵，在於你是否願意把每位員工當作不同的人對待。巴金漢指出員工不是可以隨便更換的零件，而好的經理人知道員工要有好的表現，必須要讓他們做自己，而不是完全照著老闆的期望去做。就像好的父母一樣，好的經理人會鼓勵員工發揮既有的才能，而不是讓他們去做違背本性的事情。

巴金漢是蓋洛普集團（The Gallup Organization）的顧問，另外也和科特・考夫曼（Curt Coffman）合著了《首先，打破成規》（*First, Break All the Rules*）一書。他爲企業老闆們提供了以下的建議：

◎善用工作團隊當中的多元性。專注在他人的優點，而非缺點上。

◎不要讓員工升遷到他們不喜歡、也不擅長的工作職位上。許多老闆爲了獎勵傑出員工，就把他們升遷到另一個職位上。如果他們滿意於目前的工作職務，爲什麼不用加薪和表揚來取代升遷呢？

◎承認經理人的人際關係技巧是非常重要的。一個員工的績效和他與上司的關係有直接的相關（換句話說，這就是所謂的適合的眞諦）。

在這裡我想分享一個個人的故事。在我們兒子上中學的時候，我們已經看出來他不會是個成績優異的學生。他有閱讀障礙，而這個障礙讓他陷入一個考試、家教、緊張的學校會議和家中父母壓力的無止境循環。他變得討厭上學，對任何和學術有關的事情都不抱任何幻想。在此同時，他卻表現得非常有創意。他把他房間裝潢成一艘太空船，天花板上覆蓋著鋁箔紙，牆壁漆成紫色，還妝點著閃爍的小燈泡。他的打扮也展現出個人的風格：絨毛大衣、天鵝絨上裝和一系列包括人造毛皮、化纖印花和銀色材質的褲子。

他當時開始創作電腦音樂，也拍攝一些實驗性的錄影帶。這個時候，我的先生說：「爲什麼我們只看他的缺點？我們應該要欣賞他的優點。」

這個孩子和我們還有他的同學都很不一樣，所以我們何必要逼他做一些千篇一律的事情呢？於是我們對他感興趣的任何事情表示支持。我們購買他想要的攝影器材，然後在學校的允許下，讓他去校外上ＡＶＩＤ系統的影片剪輯課程，和ＭＩＤＩ電腦音樂作曲的課程。當他高中畢業時，他已經是一位稱職的攝影師和剪接師了，而且從附近的獨立製片商處接到了可以賺錢的案子。

高中畢業之後，他花了一年的時間和兩位紀錄片製作人從事獨立接案的工作，之後他出國到希臘和土耳其拍攝他自己的一部紀錄片。我們的朋友不是每個人都了解這個情況。他們爲子女繳付一學期大學學費的金額，往往比我們支持詹姆斯的多出四五倍，他們不解：「誰替他付出國的錢呢？」還有朋友問：「他現在究竟在上什麼課程？」我先生驕傲地回答：「他現在在上自己設計的課程。」

詹姆斯現在在蒙特婁唸大學，他已經是一位具有潛力的電影製作人。更重要的是，他成了一個有自信的年輕人，對這個世界和自己都有很深切的認識。我不是專業經理人，但是詹姆斯的例子讓我相信，要讓一個人的能力和自信更上一層樓的唯一方式，就是讓他們在我們的鼓勵和支持之下，自己去探索和追尋。

「要照我們的期望去教導小孩很容易，但是當我們停止教導，開始傾聽的時候，我們的孩子會開始和我們分享他們想要的事物。」夏娜・索威爾（Shaunna Sowell）表示。她是德州儀器的工程師，負責掌管德州達拉斯一個營業額十億美元的部門。「早期我犯了一個錯誤，強迫我的孩子朝某個目標努力。之後我學到了教訓，我開始了解到我的工作是要幫助他們發掘自己的潛力。我的工作是要幫助他們了解到自己是獨一無二的，和這個地球上的任何其他人都不一樣，也和我不一樣。」

換句話說，就像羅傑斯教授總是說的那句話一樣：「小孩做得最好的事情，就是他們擅長的事情。」

大人也不例外。

8

激勵

領袖就是販賣希望的人

領導不只是授權而已，而是要提升個人潛能。

這和養育小孩是一樣的道理。

德州儀器資深副總裁　夏娜・索威爾

若你身爲領袖或父母，卻不能說出一個明確的方向，

將沒人要跟隨你。

哈特佛保險公司資深副總裁

茉蒂・布雷茲

透過激勵、指導和鼓勵他人發揮潛力，以達到充分授權，是一種經常被拿來和養育小孩相提並論的管理技巧。這也是爲人父母者公認最明確的母性技能。夏娜・索威爾所謂的「提升個人潛能」也是這種領導能力的特徵。

領導統御理論的大師詹姆士・麥克貴格・伯恩斯（James MacGregor Burns）發展出一種概念叫做「**轉變領導**」（transforming leadership）。這是一種具有激勵人心、改變人生特質的領導方式，能夠讓人跳脫出日常案牘勞形，讓他們能夠進一步尋求比狹窄的個人利益更高的價值。「轉變領導的秘密就在於它能夠讓人找到更好的自己。」伯恩斯寫道。

領袖就是販賣希望的人

轉變領導和強迫或者單單掌握權力不同。大部分領袖和跟隨者、老闆和員工，以及傳統的親子關係都是半強迫式的，或者說是交易式，以物易物的：用繳稅換公共服務、用選票換取工作、用工作換取工資、用服從換取支持等。這些交易是我們日常和權威的互動當中常見的情形。但是有些領袖會做得更多，他們能夠感受和表達出他人內心最深處的需求、渴望和價值。他們能夠爲人設定較高的標準，並且說服他們的跟隨者和他一起努力，到達更高的境界。林肯總統、蘇珊・安東尼（Susan B. Anthony）、金恩博士和南非總統曼德拉都是典型的轉變型領袖。從拿破崙說過「領袖就是販賣希望的人」這句話可以證明，年輕時他也是一位轉變型領袖。

這個比喻顯然也可以用在好的父母身上。好的父母不就是一個販賣希望的人嗎？有什麼轉變人心的行爲，比把一個只會流口水的小嬰兒轉變成一個會思考、充滿熱情、辛勤工作和遵守法律的成人更爲了不起呢？能夠幫助一個孩子發揮他完全潛能的父母，應該可以說是最原始的轉變型領袖了。根據法律學者派翠西亞・柯林斯（Patricia Collins）的說法，堅強的母親有一種轉變人心的能力，能夠「讓人聽命於她」。就連管理大師伯恩斯也看到了這一點，他把父母和孩子之間的關係稱爲「領導的初步行爲」。他強烈反對「領導只是命令或控制」的錯誤概念，他認爲這點反映出了男性的偏見。「因爲領導愈來愈被視爲領袖們『重視並滿足跟隨者需求與渴望』的過程，因此女性也將愈來愈被視爲領袖的典範，男性則必須要改變他們的領導風格。」

讚頌母親的能力或領導特質，在當今已經不是切合時宜的事情，因爲人們擔心這會過於強調女性最適合扮演的角色就是母親，或者每個成功人物背後都有一個偉大女人的說法。不過隨便拿起任何一本傳記翻閱，你會發現幾乎每一位偉大的男人背後都有一位爲他們全心奉獻的女性，成就他們的偉大，而這位女性通常是他的母親。這些背後有媽媽默默付出的傑出男性，包括政商軍界的知名人物，如鋼鐵大亨洛克斐勒、羅斯福總統、麥克阿瑟將軍、建築大師萊特、以色列總理拉賓、柯林頓總統、克拉克將軍（General Wesley Clark），另外還有奇異的前任執行長傑克・威爾許，他曾說過他母親是他的精神導師、最親密的朋友和他之所以成功的主要原因。

就連在運動明星之間，他們的母親通常也是對他們影響較大的一方。美國職棒大聯盟會長巴德・塞里格（Bud Selig）就曾表示，他的母親是一位教師，從他三歲開始就帶他去看球賽，培養了他對這項運動的熱情。運動心理學家羅伯・羅泰拉（Robert Rotella）則曾告訴我先生說，許多美國最傑出的高爾夫球選手都曾經告訴他，影響他們成功最大的是他們的母親，而不是他們的父親。綜上所述，我們可以說，母親或父親是一個人在生命當中可以扮演最有影響力，也能得到最多回饋的角色。不論是正面或負面的影響，確實沒有任何其他領袖職位能夠有如此影響一個人的機會。

所以認眞的父母可以如何帶領組織內的成員呢？他們應用了什麼工具來激勵同事和員工呢？他們又是如何幫助他人發揮完全的潛能呢？以下就是父母經理人認爲他們能夠培養他人能力的事項。

給予正面增強

貝斯特書店（Baxter's Books）是一家位於印第安那州，專精於商業書籍的書店，該書店的負責人布萊恩・貝斯特（Brian Baxter）表示，當客人問他店裡最好的商業書籍在哪裡的時候，他會介紹他們看兒童圖書區的《小火車做到了》（*The Little Engine That Could*）。

「你記得那台小火車說什麼嗎？」貝斯特說。「『我想我辦得到，我想我辦得到。』只要你在生活和工作上都秉持著這樣的理念，那你一定會成功。」

最棒的父母對他們的孩子有十足的信心。他們知道正面加強將會讓未來的預言自然實現。如果你經常跟一個小孩說他什麼事都辦得到，那麼他自然會相信這樣的說法。我所認識的傑出人物當中，絕大部分的人都有至少一位長輩給予他們這樣的信心，我先生就是一個很好的例子。我的婆婆不但告訴她的獨生愛子說他長大想做什麼都可以，她還給他一個比別人大一倍的玻璃杯裝冰紅茶。他接收到了這樣的訊息。多年後，當他正準備創業時，一位前任公司高層提出了一個問題，打斷了他對未來前景的熱情描繪，他說：「約翰，你的信心是打哪兒來的？」他停下來想了想，終於想起了那個大玻璃杯。

很多研究都能證實「**預期效應**」，或者也稱爲「**比馬龍效應**」(Pygmalion effect)。當老師、運動教練、法官和監工對所指導的對象有較高的期望時，這些對象的表現就會提升。

老師的高期望能夠讓學生的成績最多提高百分之三十。

較高的期望甚至能夠提升老鼠的表現，在一組研究當中，一群老鼠在學習迷宮方面的表現，比另外一群完全相同的老鼠高出百分之六十五，而原因只是研究人員被告知第一組的老鼠比較聰明，而另一組老鼠比較笨而已。

就像偉大的教師或父母一樣，偉大的領袖對他的人民也有信心。「好的領導者就跟好父母一樣，他們認定每個人天生有值得重視或成功的動力。」德州儀器的夏娜・索威爾這麼告訴我。「而我們身爲領導者的工作，就是幫助他們擺脫外部或內部的阻礙，讓他們脫胎換骨達到成功。這是指導而不是查核。這與命令和控制的風格完全不同，因爲這兩者是假設員工要證明自己的價值。」

正面增強在政府和非營利事業部門尤其重要，因爲這是經理人少數擁有的激勵工具。潔米·高立克表示她在當上司法部的副部長時，就體認到了這一點。「我的女兒需要很多的鼓勵，我的員工也是。在司法部而言格外如此。我們沒有企業界的那些工具，例如金錢報酬或者額外補貼等，所以我們只能透過人格的力量來激勵下屬。我們透過以身作則、透過鼓勵、透過提倡共同信念、透過讚美和認可來管理，這些工具和父母使用的沒有兩樣。」

表達價值、願景和共同宗旨

除了傳達相信孩子有能力成功的信念之外，優秀的父母和優秀的領袖還會爲人指出方向。就像索威爾所述，「父母扮演的一個重要角色，就是教導『**價值**』，或者讓孩子了解，父母期望他們在努力的過程當中有何種行爲表現。這在組織裡一樣重要，因爲組織員工也在追求成功。領導的願景是組織的黏著劑，維繫著組織。我們對生活也許有非常不同的風格或想法，但是在成功的家庭或組織裡，卻擁有共同分享的價值。」

根據管理八百位員工的索威爾表示，所有高績效的組織都擁有共同願景和密切的團隊合作能力，而且幾乎所有的優秀組織都具有和家庭相同的特性。像是爲了打造第一顆原子彈所成立的臨時組織「曼哈坦計畫」（Manhattan Project）、在冷戰時期打造包括U－2偵察機在內的許多知名戰機的洛克希德公司（Lockheed Skunkworks），以及早期的迪士尼團隊等。這些團體的領導階層都創造了一種同志情感，像是一個要克服萬難的家庭一樣，因此在相對而言非常短的時間裡，它們都達成了莫大的成就。

索威爾指出，重要的不是這個家庭或組織的特定目標到底是什麼。父母可能強調成就、創意、無私和服務他人，或者爲宗教目的而奉獻的價值。但是很少有父母對他們的子女完全沒有夢想，或甚至迎合子女最不好的本性的。

同樣的道理，一個組織可以有各種不同的宗旨，不論是優秀的產品、卓越的技術、社區服務、優異的生產力，或者是絕佳的獲利能力。但是不論如何，公司的願景代表的是一股激勵組織成員精益求精，發揮他們潛能的力量。今日我們看到很多企業沒有明確的願景，除了獲取每位員工狹隘的個人利益之外，沒有任何共同的目的。除了個人利益之外，沒有辦法帶給員工任何夢想的企業領袖，就像沒有提供孩子任何道德指引的差勁父母一樣。兩者都只會姑息道德敗壞和損失。

索威爾和許多其他我訪問過的爲人父母者一樣，認爲身爲父母，他們應該特別了解所謂願景的重要性。麥可・佛薩西卡就曾告訴我，在他相當傳統的天主教家庭當中，「我們有一個共同的目的。我們都朝著同一個方向前進，追求良好的教育，一同和樂相處，支持彼此等。在工作上也是一樣。你必須要有一個讓大家能夠承諾投入的共同目標。領導不只是和報酬、薪水、金錢有關而已。基本上領導是要讓人希望他們的父母、老闆能夠以他們爲榮。這才是眞正能夠激勵人心的力量。就像我那四歲大的女兒，每天都迫不及待地衝回家，想要告訴我她那天在學校學到了什麼一樣。讓我覺得以她爲榮，是能夠激勵她努力的動機。」

說服他人分享願景

讓別人接受願景的最佳方式，就是讓他們參與願景的創造。在實務上，你可以透過表達「這個願景要靠大家來創造、也必須靠大家來達成」以做到這點。雪洛・白肯德表示：

我從孩子身上學到的一件事就是，正面的力量永遠比負面的力量能夠成就更多。與其威脅小孩「去整理房間，否則你就吃不完兜著走！」的效果，不如跟他說「我們禮拜天排出一個小時，我和你一起整理房間」來得好。

在工作上，這點就成了我所謂的「**共同責任**」。我會明白表示我自己不能解決所有的問題，所以我們必須要集思廣益，一同規劃一個企業策略，然後共同努力。這種參與式的管理，能夠讓每個人學會承擔責任，因爲老闆不會替你解決問題。

我今天排了三個指導時段，和我的主管們一對一面談。每次我的資深副總裁走進門，都會對我說：「你要我做什麼？」我會說：「我要你領導員工！不要再當小孩了！」

麥可・佛薩西卡認爲，他是在讓業務人員願意爲共同的目標努力之後，才在摩根大通銀行成爲眞正的領袖。「當我剛開始接任這個位子時，轉捩點應該是在五個月左右。一切事情相當順利，員工也接受我了，不過我還沒有和公司上下傳達任何特定的願景。

「公司高層來了一道命令，我把所有負責不同產業部門的業務人員全部找來，告訴他們我們那年的業績必須成長百分之十。一般而言，成長率應該是百分之三到四，我們當時的成長率達到了百分之五到六。我建議我們應該讓各部門團隊設定自己的目標。我們把整個業務團隊找來開一整天的會，花時間建立團隊。每一個團隊以結構比較鬆散的方式討論他們本身的產品、自己的優缺點、可能看到的機會等等。然後我問他們，如果照著討論的結果去做，我們的成長率可以做到什麼程度？如果他們給我的答案低於百分之十，我麻煩就大了！不過，我還是決定讓他們告訴我他們心裡的答案。」（佛薩西卡也表示，公司高層並沒有給他機會來表達他認爲自己部門能夠達到的成長率）。

「我請各部門以匿名的方式寫下他們認爲實際可以達到的成長率，並且把寫著數字的紙條丟進一個箱子內。統計這些數字發現，他們自己設定的成長率達到百分之十二。只有一兩組投入的數字不到百分之十。我接下來要他們列出達到目標的方法，他們也照著這麼做了。那一年，我們的成長率甚至還比百分之十二要高出一些。」

佛薩西卡相信這是他成爲眞正領袖的處女秀，「在我心目中，發生這件事以後，一切都不一樣了。人們第一次把我視爲他們眞正的領袖看待。有趣的是，事情的結果根本不是我原本能預期的。」

當她在經營尼克兒童頻道時，潔洛汀·雷本非常擅長於讓組織內的每個人，都成爲擬定企業宗旨的一份子。她在一九八四年剛接下這個燙手山芋時，這家電視台正處於風雨飄搖之際。她找來的企管顧問給了如下建議：專注使尼克兒童頻道成爲一個讓人樂在工作的公司。於是她鼓勵所有人貢獻他們的點子，不論他們身處什麼職位，並且獎勵那些表現出創意的員工。在她的領導下，企劃出的第一個節目《看誰來挑戰》就是由公司的總機小姐和兩位現場行銷人員構思出來的。這個節目推出之後一炮而紅，在不到五、六個月的時間內，尼克兒童頻道在沒有增加額外支出的情況下，收視率就成長了一倍有餘。

仁慈領導

這種參與式的管理方法在各行各業都非常有效。由知名研究機構史賓賽史都華公司的詹姆斯·辛勤（James M. Citrin）和理查·史密斯（Richard A. Smith）針對兩千名企業主管做研究調查後完成的《一生能有幾次工作》（*The Five Patterns of Extraordinary Careers*）中發現，「卓越的成就來自於成就自己身邊的人。」辛勤和史密斯認爲，最傑出的企業界領袖都會採行所謂的「仁慈領導」（benevolent leadership）。在一段彷彿寫到雷本、白肯德和佛薩西卡等人的文章當中，他們提到了「仁慈領袖」就是那些「能夠透過組織動員以提升效率的人，她能夠替下屬解決問題，即使在逆境當中，也能展現個人的領導權威。」

遺憾的是，許多組織依然忽略這種智慧，反而鼓勵彼此競爭、自私自利，在這樣的環境之下，經理人很難去經營善意且參與式的策略。不過管理專家喬伊斯・弗萊徹表示，在這樣的環境裡，還是有幾種比較巧妙的方式，能夠讓她所謂的**相互授權**（mutual empowering）得以實現。

她描述一位團隊領導人在替整個團隊向管理高層做簡報的時候，使用「我們」這樣的主詞。這位女性經理人之後被一位長官帶到旁邊，警告她如果繼續用「我們」這樣的說法，就永無晉升的一日。但是在第二次做簡報的時候，這位女性經理人依舊使用「我們」來代替「我」這個說法，不過她特別提到了她之所以故意使用「我們」這樣的說法，是因爲她讓團隊的成員能夠各自發揮長才，展現出團隊的優秀成果。她的作法讓上級注意到了她能夠激發他人優秀表現的管理才能，同時又能夠讓人注意到團隊合作的重要性，也讓每一個有貢獻的人都受到了肯定。

9

放手的智慧

讓小孩跟員工有成長空間

我們必須讓我們的兒女面對自己的困難，

讓他們自己去找到問題的答案，從中獲得個人的經驗。

看起來可能很困難，

不過當一個人能夠知道自己有能力面對困難時，

那種滿足感是無可取代的。

美國前總統夫人　愛蓮娜・羅斯福

寫於《建立人格》

不看輕他們、幫助他們發展，

讓他們冒險、犯錯，從過程中學到教訓。

當他們成功的時候，把功勞歸給他們。

女性雜誌發行人　南西・葛瑞佛

授權他人後，最後也是最重要的一步就是學習放手。為人父母的過程就是放手最好的練習。你必須讓你的孩子成長並離開，當然不是一次了結，而是在他們發展的每個階段，不斷地反覆如此。這些「**必要的失落**」，就如作家茱蒂絲・維洛斯特（Judith Viorst）所述，是一種無可避免的過程，一個人必須要對不再需要的聯繫和約束放手，才能夠以更新、更成熟的關係取而代之。

人生諷刺之處，在於我們要花二十年的時間學習如何一直陪伴在孩子身旁，然後我們卻必須要改變方向，轉身學習放手讓孩子自己去闖蕩人生。

抗拒這種過程的父母，確實會阻礙他們孩子的成長。沒有人可以永遠是個小嬰兒，是個愛抱怨的兒童，或者完全倚賴父母的青少年。人生充滿了改變，試著把小孩固定在一個特定的發展階段不動，就像想要永保青春一樣是不可能的事情。如果執意逆勢而為，最後一定只會以挫敗和失落做終。所以還是優雅地放手讓他們去吧。

經理人也需要學習同樣的一課。不論來自保險、高科技產業，還是廣告業或會計業，我從各行各業的職業婦女身上一次又一次地聽到他們這麼說。「如果你要培養人才，你必須要設定優先順序，然後讓他們擁有自己去執行工作的自由。」廣告主管雪莉・拉沙羅斯表示。「你不可能隨時都盯著他們……，如果你這麼做，有創意的人才不會願意為你工作……，你只能給他們必要的資源，然後不要去打擾他們。」

茱蒂絲・拉波包特在她的博士後研究員和青少年時期的孩子身上，看到了這樣的相似性。

「博士後研究員在前兩年非常仰賴你的指導，接下來兩年，你得用拜託的，他們才會和你配合，接下來他們就眞的只想自己來了。」在國家心理健康研究院專注於基本研究的拉波包特表示。「他們本來就應該是這個樣子，如果他們能夠找到一個好工作的話，你會覺得與有榮焉。不過當他們離開的時候，你卻經常會有一種被忽略的感覺。如果你有小孩的話，你會比較容易接受這個過程。」

容許他人犯錯

一個組織能夠持續成長的前提，就是其中的每個成員也能夠隨著時間共同成長。夏娜．索威爾指出，成功的企業必須甘願冒著相當的風險，並且讓員工偶爾犯一些錯誤，才能夠確保這個前提發生。

「如果員工知道他們的上司能夠允許經過認眞計算的風險，並且容忍合理的錯誤，那麼他們就能夠享有成長的自由空間。如果一家公司能夠控制錯誤所造成損害的範圍，那麼每個人都將從中獲益。」這是索威爾從她的孩子身上學到的一課。

「學習放手是協助你的孩子成長所不可或缺的一部分。你必須要讓他們冒險，當他們偶爾失敗的時候，你才要扮演安全網的角色，幫助他們從這些錯誤當中學習。這是他們唯一可以學習下次如何以不同方式做事的途徑。」

索威爾說明了在實務上，這個原則如何成功應用在她正處於青少年時期的女兒身上。當她女兒十五歲的時候，索威爾每個月給她一百五十美元的零用錢，這些錢會匯入一個銀行帳戶裡頭。她給她女兒一本支票簿、一張提款卡，和一張額度一千美元的信用卡，並且告訴她除了和學業相關的花費和購買高單價物品，例如冬季外套或滑雪裝備之外，每個月最多只能花一百五十美元。

索威爾這麼做，是要教她女兒在還沒脫離原生家庭之前，先學會如何理財。她記得自己以前在德州大學擔任大學部輔導老師時，學生會來找她訴苦，只因爲他們的銀行帳戶嚴重透支。有些人甚至還不知道這個問題是如何發生的，因爲他們的支票簿裡還有空白的支票。她希望她女兒不要發生這種理財上的問題，並且學會如何控制信用卡帶來的誘惑。

她一開始就知道她女兒在理財上不會一帆風順，的確，在最初的幾個月，她總是超出預算，背了卡債，銀行帳戶也出現透支的情形。但是由於有一千美元的信用額度和銀行的透支保障，因此問題還控制在可以解決的範圍內。

索威爾替她女兒償還了債務，然後讓她用做家事的方式抵債。過了一年左右，她終於學會了妥善理財的方式。我認識索威爾的時候，她女兒已經是大學一年級的新生了，而且對她的銀行帳戶可以說是精打細算。

「她絕對不是會記帳的那種人，但是她隨時可以告訴我她帳戶裡的餘額。」她驕傲的母親這麼告訴我。「而且她現在覺得很感恩的地方是，她已經視爲理所當然的一些事情，對其他大學新鮮人而言，卻仍舊是造成困擾的問題。」

德州儀器的蜘蛛網

這個過程在組織當中也是一樣的。「在德州儀器，我們建立了一個所謂的『蜘蛛網』，也就是一個支持的安全網，讓員工有機會在不傷害自身職業生涯或公司利益的前提下冒險。如果他們成功了，他們就可以接受更多的權力和責任；如果失敗了，我們會召開檢討會議，討論他們從這個經驗當中學習到什麼教訓，下一次如何做可以做得更好。重點是，眞正重要的是你學到的東西，而不是失敗的本身。」

索威爾告訴我一個例子，說明德州儀器如何測試這種員工風險管理。索威爾是一間半導體晶片工廠的營運經理，該工廠所生產的晶片使用在行動電話、呼叫器、雷射唱盤、硬碟機、感應器等產品內。她的工廠擁有完整的生產線，從生產、品質測試到出貨均包括在內。一片晶片在生產的過程中，最多要經過五百個不同的步驟，以完成一個完整的化工製程。最近一家電腦大廠因爲預期新型筆記型電腦需求增加，向索威爾的工廠下了大筆的晶片訂單。正當索威爾的工廠產能全開以因應這筆大訂單的時候，一位較資淺的工程師在把六吋晶圓製程複製到八吋晶圓時，不小心做錯了一個步驟。幸好工廠經理發現這個新手所犯的錯誤，馬上加以補正。正如她所述：「只差一點點，我們就必須暫停這個重要客戶的生產線，因爲沒有辦法出貨。我們差一點毀掉一整條生產線，也害我們的客戶損失慘重。」

公司管理高層不希望對這個差點釀成大禍的錯誤做出不當的反應，導致旗下的工程師接收到不正確的訊息。通常大部分公司的反應都會矯枉過正，告訴那位資淺工程師，從此以後會有一位資深經理人監督他的所有工作成果，因而扼殺了他的發展，或者命令所有經理人都必須監督下屬所有的工作成果，進而對所有人都造成不便。所以該公司的回應，是讓一位中階經理人針對這項特定的工作，增加定期的監督檢查：這是一項額外的安全措施，增加了安全網的範圍，但是並沒有強調一場災難差點要發生。

哈特佛保險公司的茱蒂·布雷茲也看到了讓孩子自由成長，和讓員工有空間犯錯兩件事情之間的關聯性。有一段時間，布雷茲與她先生和他們的小女兒之間，有嚴重的溝通問題。他們的一位朋友，也是一位兒童心理學家提醒他們授權給女兒的重要性，布雷茲認為這樣的原則也同樣適用於成人員工身上。

「我女兒和我先生之間的問題，是因為我們規定孩子在要上學的前一晚不准出門。我女兒是個成績優異的學生，她曾經好幾次表示：『我已經寫完功課了，我想跟同學出去。』我先生會說：『不行，明天要上學。』她總是回應說：『那又怎樣？我的功課已經做完了啊！』於是兩人就陷入無法溝通的僵局。」

那位心理學家友人表示：「為什麼你們不讓她出門呢？這個規定只有在她沒有寫完功課時才有意義。她在學業上表現得這麼好，難道不應該得到一些獎賞嗎？」

「我們以為規定和設限對她是好的，但是我們沒有對她的優秀表現提供任何的正面增強，或者讓她有能力自己做決定。」布雷茲表示。

她在辦公室的環境中，也看到了類似的迂腐規定，尤其是在像哈特佛這樣的大型機構。「我在辦公室有些同事已經在這一行做了三十年了，他們認爲自己做事的方式，是唯一正確的方式。他們對員工該做的事情，會給非常明確的指示，但是員工沒有辦法從這種作法當中學習。他們必須要從一次次的嘗試和錯誤當中學習。你必須要給他們一個失敗的機會，因爲人都會從失敗當中學習。但是這也會讓管理者承擔相當的風險。」

讓員工有成長的自由

在服務業裡，例如會計業，讓人有成長的自由是非常重要的一件事。致遠會計師事務所的羅莉・奧坤就說：「我們公司的文化是以人爲優先。我們的營收來自於我們的員工。你必須給他們發展的空間，給他們具有挑戰性的工作，但是不能夠逼得太緊。放手讓他們去做，會比一直碎碎唸『寫這個報告、按那個順序做事等』要能夠激勵人心的多。這樣做也能讓員工想出更多具創意的做事方法。」

「你在幫助孩子成長學習時也是如此。」奧坤繼續說明，「我那在唸小學一年級的女兒正在學習拼字，她的作業是每個禮拜要學六個新單字。我不會訂正她每一個錯誤，因爲如果每次她拼錯一個字母，我就糾正她的話，會讓她失去信心。事實上她是可以從自己的錯誤當中學習的。」

「我從來不直接給別人『答案』。」一位在電話公司擔任訓練經理的母親表示。「我會教他們如何自己去找到問題的答案，如此一步一步地建立他們的能力。」

女性雜誌《新月》（*New Moon*）的發行人南西・葛瑞佛（Nancy Graver）說，她管理十三名員工和帶小孩的作法沒有兩樣：「以不看輕他們的方式幫助他們發展，讓他們冒險、犯錯，然後從過程當中學習到教訓。當他們成功的時候，把功勞歸給他們。」

有時候職業婦女會出於必要，而給她們的員工這種自由，因爲她們根本沒有時間看緊每位員工。一位知名的華府律師告訴我，在她有小孩之前，她會一手包辦某個重要案件的所有工作，讓她的屬下只能做倒茶、遞毛巾這類零碎小事。但是現在因爲她要提早回家，因此她比較願意授權，讓她的屬下有比較多發揮的空間。她發現如此一來，不但她自己變得比較快樂，她的屬下也會有更好的表現，因爲他們終於有機會發揮自己的才能了。

提供回饋與設限

給予他人足夠權力，以從他們自己的錯誤當中學習的重點，在於提供他們成功所需要的指導和回應。只是單純放手，但是在他們跌跌撞撞之際，卻沒有提供任何指導或方向修正是不會成功的。不過提供這樣的回應和設定適當的限制範圍並不容易。我一位沒有小孩、但是扮演稱職教母角色的朋友最近說得好：「爲什麼世人會覺得母親是柔弱的形象呢？要讓孩子行得正、坐得直，你的態度一定要強硬才行。」

要對自己的孩子或者家人，指出他們做的錯誤決定或是莽撞行徑，是很困難的一件事。同樣，要對員工的錯誤選擇做出明確，但是婉轉的回應也並不容易。這就是爲什麼像是有一些母親，例如身爲聖公會牧師的凱薩琳·鮑威爾（Catherine Powell），會認爲有帶過小孩的人，比其他人容易成爲更強硬、更有決策力的經理人，因爲他們了解設定界線有多麼重要。

舉例來說，許多神職人員會「盡其所能地和善、接受以及善解人意，幾乎在教會當中扮演完全女性化的角色。」鮑威爾在一次於華府所進行的訪談當中表示。「但是我認爲只要爲人父母者，都會知道這麼做並沒有辦法完全解決問題。你必須要設定某些界線。我記得有一位同事曾經擔心家長針對某些問題所施加的壓力，我就跟她說：『如果那些家長抱怨的話，那又怎樣？讓他們去講就是了！』」

企管顧問南西·卓斯鐸（Nancy Drozdow）表示，企業也已經了解到爲員工設定界線的重要性，和爲孩子設定界線的重要性是可以相提並論的。「我們已經完成了第一個階段，就是改變嚴格的命令和控制性的管理風格。」她表示。「然後讓每一個人能夠在自我管理的團隊當中工作。不過我們也學到了，你不能夠完全放手。因爲和孩子一樣，如果員工沒有可依循的規範的話，他們很容易會讓自己陷入麻煩中。現在我們進入了第二階段，就是給員工適當的指導。管理的重點是要讓員工明確了解規範是什麼，哪些是正確，哪些是錯誤的做事方法……，當某人犯錯的時候，你必須不厭其煩地再帶著他走過一遍……。」

麥可・佛薩西卡說，他從扮演家長和老闆的角色當中學到，在發生錯誤之後，最好儘可能及早提供修正的回應。如他所述：「你不能夠看著你的小孩在別人家裡發脾氣，卻等到之後才和他談這件事情。你必須要當場讓他們冷靜下來。對待成人也是一樣。你必須要在某人把事情搞砸的當下，馬上把該講的話講給他聽。當然，要做到這點並不容易，但是如果你沒有這麼做的話，可能會犯下我剛剛接任這個工作時，所犯的同樣錯誤。有人做了不對的事情，我會在事過境遷的績效檢討會議中，才提出來討論。對方在這個時候會變得防禦心很重，或者採取抗拒的態度……。所以比較好的作法，是當下提醒他：『我注意到你這個行為了；我看到的是這樣子，而你必須更正為那樣子。』現在當我結束客戶拜訪行程的時候，我會和我的下屬說：『你剛剛哪些事情做對了，但是剛剛哪些事情你做錯了。』」

有些家長也向我提到，單單設下規則和標準還不夠，你必須在過程當中堅持到底，並且在必要的時候以紀律管教。雪洛・白肯德說這是她學到最寶貴的教訓之一：「家長和領袖都必須堅持自己的原則，才能夠保有他們的影響力。」

白肯德發現當她叫她女兒做事時，她們會等著看她到底有多認眞。她們在她重申命令之前，不會有任何動作。「小孩子總是這樣。我的團隊成員，也就是我的員工也是如此。我會和他們說，我希望他們完成某項工作，但是通常總是沒有人去做。他們總是在等待，看我會不會再提起這件事情。他們在測試我的信念，看看我有沒有後續追蹤，對他們施以壓力。我每件事情都至少要說三次才行。」

「我女兒有一個朋友，她媽媽總是說要罰她禁足，但是卻從來沒有這麼做過。她幾乎每個小時都會威脅要罰她女兒禁足，但是卻從來都沒有這麼做過！我先生非常嚴格，我們如果說要罰小孩禁足，一定會說到做到。有一天，我女兒對我說：『你知道瑞秋需要什麼嗎？她需要說話算話的父母。』我這時才覺得，哇，這招眞的有效耶！」

適度地扮黑臉

電影製片人露西・費雪事實上也曾聽她的孩子說過，她應該要更嚴格地行使她的權力。費雪十六歲的女兒就讀於一所競爭激烈的高中，但是她並不需要太用功，就能夠拿到不錯的成績，雖然費雪和她先生有跟女兒說過，如果她更用功一點，她未來繼續升學的選擇會更爲寬廣，不過他們卻暗示她要不要這麼做，是她自己的決定。有一天她女兒放學回家時，向她抱怨道：「你都沒有給我足夠的壓力！我朋友的爸媽總是整天逼他們要拿好成績，他們的成績也都比我好了。爲什麼你沒有多逼我一點呢？」

這番話讓費雪想到在她職業生涯初期，曾經影響過她的一件事情。她二十幾歲的時候，曾經在二十世紀福斯影片公司擔任製片廠副總裁，和小艾倫・萊德（Alan Ladd Jr.）共事。有一天，她聽到萊德和梅爾・布魯克（Mel Brooks）爲了布魯克的新片《新科學怪人》（*Young Frankenstein*）的行銷活動在吵架。布魯克生氣地大吼大叫，要求萊德要照他的方式行事，最後萊德終於屈服了。過了一個禮拜，布魯克回到了辦公室，再一次對萊德大吼大叫，這一次他完全推翻了之前他的說法。「但是我完全照著你要我做的去做呢！」萊德抗議說。布魯克生氣地回答：「你是電影公司的老闆耶，爲什麼你會聽我的呢？」

「布魯克很孩子氣，而且沒有爲他自己的錯誤負責。」費雪說。「但是他也說，如果你態度更堅定，表現更成熟的話，對我們雙方都有好處……。當我和導演或者演員間有所爭論的時候，我經常用這個故事和我女兒的故事，來說明我是最終做決定的人。我必須要做我覺得正確的決定，不論你的看法或作法如何。我的工作不是要讓你喜歡我，而是要爲我們彼此做最好的決定。」她考慮周到地補充，「你知道嗎？做爸媽的必須要懂得爲孩子扮演白臉和黑臉。如果在職場上也能夠同時扮演白臉和黑臉的話，你就會所向無敵！」

支配反而是破壞

相對於授權他人、放手讓他們去做的方式，就是儘可能地支配和控制。前柏克萊市市長，現任加州國會議員羅妮・漢克（Loni Hancock）曾經告訴我，她從帶小孩學到的，之後運用在政治生涯當中的經驗之一，就是「支配反而是破壞」。她的意思是，過度的控制反而會毀了一個人。你可以強迫一個孩子、學生，或者一位下屬照你所說的去做，但是在這樣的過程當中，他們內心卻有某些東西會遭到破壞，這個東西可能是信任、自信、生產力，或者是他們的精神。就像漢克說的一樣：「你可以強迫一個孩子屈服，但是如此一來，他就不會如你所願，成爲一個健康、堅強又自動自發的個體。在組織當中，這樣的態度也是絕對必要的。」演員兼劇作家，同時也是暢銷劇《陰道獨白》（*The Vagina Monologues*）的作者伊芙‧安絲勒（Eve Ensler）說得好：「我們必須把閉塞、支配和羞辱這些字眼，換成解放、感激和慶祝。」

允許他人有自主的權力在各領域都非常重要，不論是政治、商業還是教育都是如此。大家都知道在課堂上採取嚴格管制只會扼殺好奇心和創意。慈善事業也是如此，過多的控制只會扼殺創新。有太多基金會把他們自己的宗旨或者流行的公益概念，強加在他們贊助的非營利組織身上。這會讓收受捐款的一方屈服於一時的潮流，無法堅持它們的初衷。贊助者需要讓他們捐款的受益人，自己決定怎麼做最好。《神秘約會》（*Desperately Seeking Susan*）的製作人莎拉‧皮斯布瑞是來自洛杉磯的基金會自由之丘（Liberty Hills）的創辦人之一。自由之丘一直以來都是由女性經營的一個基金會，贊助地方環保和社區服務團體。根據皮斯布瑞表示，這個基金會之所以如此有效率，是因爲董事會和員工都了解不能將他們的想法強壓於他人身上。這個基金會的宗旨是社會改革，但是它也讓它贊助的團體決定要如何達成這個目標。「我們的說法是：『你做你該做的事情，如果你做的事情符合我們的宗旨，那麼我們就會支持你。』」皮斯布瑞表示。「這種作法很成功，因爲非營利團體知道，當它們被我們找來討論的時候，我們是真的想要傾聽它們的意見。如果我們只想著自己要做的事情，我們會遺漏掉那些創意，還有能夠實際達成目標所需的實際經驗。」

藉由放手，聰明的慈善機構和父母一樣，能夠得到比他們施予的還要更多。

玩笑嬉鬧的價值

有些職業婦女跟我說，她們從孩子身上學到最寶貴的教訓，就是偶爾要對自己理智的一面鬆手。孩子能夠教你如何放鬆自己、找樂子，而且偶爾拋開那些我們認爲如果要被認眞看待，就一定要表現在外的成人性格。

「我的孩子教了我如何嬉戲玩鬧。」潔洛汀·雷本表示。「我在尼克兒童頻道工作時，我們玩很多自訂規則的遊戲，例如猜字謎、大富翁、足球等等。這讓我了解，要創造一個讓人樂於工作的環境是可能的。當我們著手規劃要用在尼克兒童頻道節目的遊戲時，我們會在辦公室裡先自己試玩看看。」

「遊戲能夠讓人放鬆，讓人脱離思考的窠臼，幫助他們創意思考。你最好的點子通常都是在遊戲、歡笑和鬼混的時候想出來的。」雷本說。她的體驗有部分來自於之前擔任教師時，了解下課休息的重要性和價值所在。在她當上尼克兒童頻道的總裁之後，一位下屬認爲公司會議實在太多了，而且每個人也都太認眞嚴肅了。於是他們在公司裡規劃了下課時間。每天下午三點鐘，大家都要到走廊上聊天休息。她甚至在辦公室的角落擺了玩具，讓同事在開會的時候可以拿來玩。

我第一次了解這點，是有一次收到一捲雷本寄給我的錄影帶，我原本以爲會看到一場演講，或者是無聊的研討會。不過我在螢幕上看到的，是一頭金色短髮，帶著大牛角框眼鏡的雷本女士，對著鏡頭說：「有人問我是如何管理這個充滿樂趣的電視頻道，對這個問題而言，我眞的不知道答案是什麼。」話還沒說完，我就看到一桶綠色的濕黏土倒在她頭上。錄影帶就播到這裡爲止。

另外一位有線電視業界的知名女性主管潘蜜拉．湯瑪斯．葛拉罕與雷本是截然不同的兩個人。「我的成長過程當中，一切都非常嚴肅。」葛拉罕說道。從資歷可以看出她一直以來都是那種辛勤努力的職場工作者。在一九九九年擔任CNBC電視台總裁一職之前，她已經拿到三個哈佛大學的學位，成爲麥肯錫管理顧問公司有史以來第一位黑人女性合夥人，並且在閒暇之餘，還寫了兩本以長春藤聯盟大學爲背景的暢銷推理小說，包括以哈佛大學爲背景的《深紅闇影》（*A Darker Shade of Crimson*）和以耶魯爲背景的《貴族血統》（*Blue Blood*）。當我訪問她的時候，她正在寫第三本小說，以普林斯頓爲背景的《橙色破壞》（*Orange Crush*）。這聽起來不像一個有時間鬼混的人能夠達到的成就。

「嬉鬧玩樂不是哈佛企管碩士會做的事情，或者是你在招募員工時所會尋找的特質。」葛拉罕表示，但是她也承認有小孩之後，她變得更能夠體會嬉鬧玩樂在一個創意產業當中的重要性。正如她所說的：「有了小孩之後，你會覺得你眞的需要那種會說『爲什麼我們不能把襪子戴在頭上』的人。」

雪洛・白肯德是另外一個表示小孩教了她放輕鬆有多重要的主管：

「我一直是一個非常認眞、不亂開玩笑的人。我的孩子教我如何放輕鬆，如何玩樂、大笑、如何把幽默帶入生活的每一個場景當中。我想你可以說他們教我如何成爲一個快樂的人。當我女兒凱娣還小的時候，吃完晚飯以後，她會說：『我們來跳舞吧！』等她長大一點以後，她會說：『我們來唱卡拉OK吧！』在唱卡拉OK的時候，你是很難認眞起來的。

「我也學到把這種遊戲的精神帶到辦公室裡頭。舉例來說，在一場團隊會議當中，我跟大家說我們要來玩一個遊戲。我分配給每個人一種角色，然後給每個人一個玩具代表這個角色的聲音。一個人扮演顧客，他拿到一隻玩具雞，另外一個人扮演品管人員，她拿到一個玩具鑽石，建築師拿到一個玩具小房子，諸如此類的。我之後把每個人的玩具拿回來貼上名字，然後負責保管了整整一季。這讓會議變得更輕鬆有趣，而且也讓每個人都能夠放鬆。

「我之所以能夠這麼做，都要歸功於我的孩子，還有一本我在我女兒小時候讀的書，講的是如何教小孩快樂地玩遊戲。有些概念也是從這本書中學到的。」

10

誠信的習慣

適當的陪伴以及無條件的愛

正直是任何成功的精髓。

巴克敏斯特．富勒

你的團隊當中，有些人需要知道你會挺他們。

這讓他們有勇氣能夠去做正確的事情。

奧美環球廣告公司董事長

雪莉．拉沙羅斯

一個人從養育小孩的經驗當中，能夠學到最重要的一課，應該就是楊百翰大學政治學教授維拉芮・哈德遜所謂「**誠信的習慣**」了。身爲父母，我們的一舉一動都在小孩的眼裡。盡職的父母總是會意識到他們的言行舉止，都在易受影響的孩子觀察之下進行。不論我們喜不喜歡，我們總是在以身作則，我們的行爲舉止都會被孩子納入他們自己的一言一行當中。就這個角度看來，父母永遠無法從一群最忠實的觀眾，也就是他們的子女面前逃開。

哈德遜是一位虔誠的摩門教徒，也是六個孩子的母親，她表示：「母親必須過著她們的小孩可以效法的人生。她們在孩子的面前完全沒有隱瞞的餘地。有時候我會想，或許我在某方面可以稍微投機取巧，稍微走一下捷徑，但是之後我會想，不行，孩子們都知道我在做什麼，我必須要做他們的典範。」

上行下效

孩子可能會不聽你的話，但是他們絕對不會忘了模仿你。當他們叫著「看看我！看看我！」的時候，千萬別懷疑他們目不斜視的對象是誰，那就是你。

如果思考受到行爲影響，那麼我們日復一日、年復一年地爲孩子樹立正面的典範，也應該能夠爲他們建立正確的思考和行爲模式。哈德遜推論，或許這也是爲什麼近年來許多仗義直言的重要人物，也都是母親的原因。《時代》雜誌二〇〇二年的三位年度風雲人物，包括恩隆的雪倫・華特金斯（Sherron Watkins）、世界通訊的辛西亞・古柏（Cynthia Cooper）以及聯邦調查局的柯林・羅里（Coleen Rowley）都是家有年幼小孩的母親。「或許她們的正直是來自於扮演母親的角色。」哈德遜表示。畢竟如果你是個有良知的角色典範，你最不希望你的小孩看到的，就是你在電視上被警察銬住雙手，強押進一輛警車。

我必須承認，我自己也對此有所懷疑。畢竟被《時代》提名的這三位女性，沒有一個人表示身為母親和她們採取的行為有關。羅里和古柏也否認了性別差異在這當中扮演了任何角色。羅里過去二十二年是家中主要的經濟來源，她說的也很對：「有很多女性也隨波逐流，沒有做對的事情，相對地也有很多男性會和我做同樣的事。」

她說的話在幾個月後就應驗了，當時在五角大廈有一位官員負責監督波音公司一筆利潤豐厚但很有爭議的合約，這位官員就是一位女性，叫做達琳・祖恩（Darlene Druyan），她後來在波音公司獲得一個報酬豐厚的職位。祖恩的女兒原本就在波音公司任職，她負責替她母親和公司協商相關的工作條件。當這件醜聞爆發之後，祖恩和波音的財務長都遭到了解雇。這個例子為母性的誠信做了負面的示範，可見身為母親並無法保證一個人就不會從事違背道德的行為。

不過，同樣勇於揭發弊案的雪倫・華特斯卻有話要說。她說明包括恩隆公司在內的許多組織，仍舊像是男性俱樂部，也就是說，成員會把兄弟間的義氣當成最高標準。「我真的很不願意發表與性別有關的言論。」華特斯如此對《時代》表示，「但是男性真的不願意對朋友大義滅親。我不一定需要在職場上交朋友，但是我想大部分男性離開了職場大概就沒有朋友了。

另外，社會輿論也不會在乎女性從事什麼職業。女性的自尊或是自我價值，和所做的工作並沒有那麼高的相關。」

這番話不見得完全正確。女性的自我價值和她們的工作是相關的。只是她們對自己做的工作定義比較廣泛，還把育兒的角色包括在內而已。據說《時代》雜誌訪問這三位女性，她們如何抒解揭發弊案後各方蜂擁而至的壓力時，她們不約而同地都提到了小孩帶給他們的快樂和安慰。「你回到家後，幾乎不得不拋開那些壓力，因爲孩子們會要你陪他們讀書，或玩遊戲。」當時家中有一個三歲小孩的華特斯表示。古柏說她回到家，會得到她兩個女兒和先生大大的擁抱。羅里說了以下這個故事：「有一次國會洩漏了我的備忘錄讓新聞大肆報導，我們一直盯著電視看，我那三歲的女兒瑪莉安覺得很無聊。我先生對女兒說，爸媽想要看新聞，她就說：爸爸，那有沒有播芝麻街的新聞？」

這些母親可以如此輕鬆看待她們的職業生活，因爲她們的生活中，有其他更重要的事情，包括在他們小孩的生活當中扮演正面影響，和值得信賴的角色。這並不是說母親在道德上的表現就比較優越，或者身爲好父母就跟好公民畫上等號。但是那些努力要扮演好父母角色的人，確實在生命中會有一股力量，去對抗那種在職場上爲求成功不擇手段的念頭。他們會有一種「檢查」的反射神經，每當做決定時，他們都會先想：「在這個情況下，什麼樣的行動或者反應，會對我的孩子最好呢？」

如果一個人能夠定期以這種反射神經去回應生活當中的小誘惑，並且眞的只去做「對的事情」的話，他就能夠培養出誠信的習慣，以在重大的誘惑到來時發生效果嗎？我不知道這個答案，不過這個問題是值得探討的。我訪問過的許多成功的母親，他們也都認爲父母的道德感確實發揮了這種效果。

美國歷史上最成功的女性廣告業主管之一萊雅・科特勒（Laurel Cutler）曾經告訴我，她的孩子的確是她保持誠信的主要原因。就像每一位認眞的父母親，科特勒也知道孩子不見得會聽你的話，但是絕對會學習你的行爲舉止。他們能夠像鯊魚聞到血腥一樣，分辨出言語和行爲上的任何微小差異。她的結論是誠實永遠是上策，而且這個原則也成爲她的工作哲學。她會建議她的客戶，要維持商譽最好的方式是透過實際行爲的表現，而不是言詞或形象。全世界最棒的廣告活動，也無法掩蓋企業實際的所作所爲。這或許不像是一位操控公眾意見的專家所會提供的建議，但是科特勒很淸楚自己在說什麼：「重要的不是我們說些什麼，而是我們做些什麼。這是我的座右銘。我希望以後我的墓碑上也要刻著這句話。」

陪伴的力量

在我和家長的對話當中，出現過好幾種誠信的習慣。第一種，也是我認爲最重要的一種，就是陪伴在那些依賴你的人身旁。

當被問到妳爲妳的孩子做過最重要的事情是什麼時，媽媽們總是會回答：「我總是陪伴在他們身旁。」這樣做能讓孩子知道他們在媽媽心目中是最重要的，當他們需要幫助，或者需要安慰時，也有人一定會陪伴在旁。當災難發生，或者出現在孩子心中時，父母總是努力能夠出現在他們身旁，他們的陪伴讓孩子們知道不需要害怕黑暗。

任何自許爲領袖人物的人，也需要做到陪伴，不論是和團隊成員一同加班，還是急忙趕到問題現場，在戰時前往前線勞軍，還是在火線上展現勇氣等等。有趣的是，近年來這種勇氣最佳的典範也很可能是來自於一名女性，那就是前英國首相柴契爾夫人。當一枚由愛爾蘭共和軍放置的炸彈在她下榻的飯店爆炸時，柴契爾夫人剛好在浴室。這位不爲所動的鐵娘子從容不迫地完成梳妝打扮的工作之後，直接前往發表一場原先預定好的演講，在演講當中，她嚴厲斥責愛爾蘭恐怖份子的行徑，也因此給了女權政府概念一個全新的定義。

另外一個時間更近的例子，是前紐約市長朱利安尼（Rudy Guiliani）在九一一事件這個空前災難後，所展現出的領袖風範。這位活躍且頗具爭議性的市長，藉由全心陪伴這個受傷的城市，而贏得了所有人的心。他出現在紐約街頭、參加葬禮、一起哀悼、發表了所有適當的安慰話語。他完全展現了一個優秀領袖應該有的風範，在危機發生的時候，就像個慈愛的父親或母親一樣，當你需要的時候總是在身旁陪伴你度過所有風風雨雨。

陪伴不一定指的是人一定要在現場陪伴才行，也可以用其他不同的方式展現，例如當孩子打電話到辦公室的時候，接起電話，或者孩子發生意外或生病發高燒的時候，盡快趕到現場。威爾・史密斯（Will Smith）和他的妻子潔達・蘋姬—史密斯（Jada Plunkett Smith）就做到了這點，當他們接到電話，知道他們在家的小孩發燒到華氏一百零一度時，馬上從奧斯卡金像獎頒獎典禮的現場趕回家。在擔任俄羅斯總統的初期，普丁總統並不了解領導需要陪伴的道理，因此在發生核子潛艇意外時，他並沒有決定中斷假期趕回事故現場。事發後好幾天他都不在現場，因此民意支持度也大幅下滑。

我曾經問過創辦美國陸軍托兒服務計畫的那位女士，她自己的私房育兒秘訣是什麼。她說，已經成年的女兒們最感謝她的，就是當女兒出門的時候，她總是在家裡。她非常小心地讓她們覺得是自己離開她，而不是被她丟下的。她很努力不要讓她們產生焦慮感，覺得自己是被丟下的。這非常細微，不過也是每位細心敏感的家長會做的事情之一。

陪伴成人

每一個長大成人的孩子（或許說我們每個人）都還是需要知道父母永遠支持我們。我那在外唸大學的兒子會打電話回家給我，還曾經跟我抱怨他臨時打電話回家的時候，我竟然不在家。這種感覺在辦公室也是稀鬆平常。在職場上工作的母親，經常會注意到陪伴孩子和陪伴員工這兩種需求之間的相似性。當我訪問美國教師保險及養老基金（TIAA-CREF）這家大型退休金與保險公司的兩位女性主管，瑪莉·盧波西歐（Mary Lou Boccio）和瑪薇絲·奧索莫博（Mavis Osomobor）時，她們兩人都提到了這點。她們都必須要經常出差，當出差在外時，她們也會經常聽到員工和她們的孩子一樣地抱怨。當她們出門時，員工會抱怨：「爲什麼妳一定要出差？」等到她們回來的時候，員工則會抱怨：「妳怎麼出去那麼久才回來？」

四十六歲的奧索莫博是一位非裔美籍女性，她嫁給一位非洲商人，負責紐約地區的員工訓練工作。她的三胞胎在二〇〇三年秋天的時候，剛好快要四歲大。為了避免分離焦慮，她非常小心地規劃她出差離家的過程，她會在前一天晚上告訴孩子們，她明天要出門，所以爸爸會叫他們起床，幫他們換衣服，然後晚上送他們上床睡覺。她承諾每天晚上在他們吃晚餐之前，都會打電話回家。然後爸爸會唸故事書給她們聽。她試圖創造一種她還是會可靠地陪伴在孩子身旁的印象，儘可能地配合他們日常的生活步調。

她也學到了在工作上也要採取類似的預防措施。如果她只休假一個禮拜，那一切都沒有問題，不過如果要休假兩個禮拜，那麼她最好從家裡打電話到辦公室，讓部屬們知道她有想到他們，也想知道是不是一切都沒問題。「這對我來說，算是開了眼界。」她表示，「我學習到必須在休假期間，和部屬建立某些聯絡機制。這和我對孩子們做的事情非常類似。」

瑪莉·盧波西歐是該公司的全國訓練總監，同時也是兩位青少年和一位八歲兒童的繼母。二〇〇一年，當她母親去世，她又沒辦法一下子找到替代的保母時，她沒有辦法像過去一樣經常陪伴在她部屬的身旁。當時，她的部屬剛好在做年度績效考核，所以辦公室裡的不安氣氛又比平常更為高漲。她發現員工不太高興當他們需要她的時候，她卻不在身旁。

「我沒有花足夠的時間陪伴他們，或者替他們說話，所以他們很不高興。」盧波西歐表示。「他們覺得我應該陪伴在他們身旁，就像我的母親和孩子希望我陪在他們身旁一樣。」

（盧波西歐也提到了她自己出差前的準備秘訣，包括替最小的孩子準備好每天應該穿的衣服。有一天早上，幼稚園老師打電話給她，問她家中是否一切安好。原來是她當時五歲的小女兒，把三天份的衣服穿在身上去上學。瑪莉的先生把她爲女兒準備好整個出差期間穿的衣服，一股腦地全部穿在女兒身上了。）

無條件的愛

根據雪莉·拉沙羅斯的說法，員工希望她給予的，和孩子希望父母給予的都是同樣的東西，那就是無條件的愛。換句話說，能夠陪伴在他們身旁。

「無私的愛是一種管理概念，」拉沙羅斯在她寬敞的曼哈頓辦公室進行的一場訪談當中，如此告訴我。「對大部分的執行長而言，這是一種很陌生的概念。一般的員工只會記得你昨天替他們做了些什麼。他們不了解無條件的支持是一種絕佳的管理工具。」

「在商業界要過日子真的很辛苦。」她解釋道。「你的團隊當中，有些人需要知道你會挺他們。這讓他們有勇氣能夠去做正確的事情。如果他們知道有你在他們背後支持他們，你不會撤銷對他們的愛，而且尊重他們所犯的錯的話，他們會變得更勇敢。」

根據莎拉·皮斯布瑞的說法，支援團隊在拍電影的時候格外重要。拍片過程工作人員強制產生的親密感，會很類似家庭成員之間那種強制的親密感。「你通常必須要裝著你很愛其他人，或至少喜歡他們。」她解釋道，「因爲你每天都必須要和這些人一起工作，如果鬧得不愉快，只會破壞大家努力要營造的感覺……。我唯一能夠不發怒的方式，就是儘可能地表現出我的同情心……，告訴我自己『他們已經盡力了。』要有無私的愛是很困難的事情，不論是對家人，還是劇組成員都是如此。」

陪伴在旁絕對不是件容易的事情。要一個晚上起床好幾次照顧肚子餓或者暴躁不安的小嬰兒，絕對需要很強的紀律。要能夠忍受學步兒亂發脾氣，冷靜等待它過去而不失去控制也需要很強的自制能力。你需要力量才能夠因爲小孩在最後一刻表現出需要你，而放棄一個原本可以玩得痛快的夜晚，你也需要勇氣才能夠放棄一個你喜愛的工作。不過母親爲孩子所做的，經常還超過如此。

對許多新手父母來說，最大的驚訝之一就是發現他們必須放棄如此多的事情。一對稱職的父母一定要爲孩子放棄至少一部分自己原本想做的事情。這種接受生命當中不可避免的取捨過程，就是人們所謂的長大成人的過程。好的家長都是成熟的人。他們習慣於接受事實，知道你不可能擁有一切，而部分的滿足必須要延後取得，或者完全放棄。

你不可能有分身

對於有小孩的職業婦女來說，最令人苦惱的衝突就是沒辦法永遠同時兼顧你的孩子和你的工作。以下有三個故事，故事裡的三個媽媽剛好都住在紐約的布魯克林區，而且都得面對母親所必須面對的艱難決定。

時代公司的總裁安・摩爾有一個出生於一九八四年的兒子。二〇〇一年九月十一日，當時他還是一個十七歲的高中生，他所唸的學校史岱文生高中（Stuyvesant High School）就在曼哈頓下城，剛好就在世貿中心旁邊。當第一架飛機撞上世貿中心的時候，安・摩爾剛好在她位於曼哈頓中城的時代生活辦公大樓的辦公室裡頭。她沒有辦法聯絡到她兒子，因為那天她兒子剛好沒有帶手機去學校。她也必須要堅守在工作崗位上。《時代》和《時人》雜誌都必須向她報告，她的公司馬上暫停雜誌印刷，派遣攝影師和記者趕往現場，安・摩爾的職責則是在一團混亂當中負責運籌帷幄。

她當時是怎麼做的呢？她打電話給她的管家，指示她守在電話旁，保持冷靜。她認為她的兒子布蘭登（Brendan）會盡快和家裡聯絡。她則在世貿中心倒塌，碎片紛紛落在她兒子學校裡頭的同時，留在辦公桌前面。她兒子的學校當時一個一個放學生回家，並且指示他們往北走，而其他的孩子們則驚恐地站在教室的窗戶旁，看著人們從著火的大樓往下跳。

「那是我一生當中，情緒起伏和壓力都最大的一天。」安・摩爾回憶道，「但是我不能夠替布蘭登擔心，你只能擔心你可以控制的事情。我必須告訴我的員工，包括那些身為家長的員工說，他們必須待在辦公室裡。這樣的話，我又怎麼能走得開呢？我必須在這裡陪伴他們，陪伴那些從災難現場回來，因為目睹的景況而顫抖不已的攝影師們。而我可以去哪裡呢？我不可能走到他的學校。我也不可能在曼哈頓下城的街上找到布蘭登。我只能相信他已經足夠成熟，能夠安全地離開現場，然後當他有辦法的時候，打電話給我們報平安。」

到了下午一點，警方宣布要封閉洛克斐勒中心一帶，時代公司也受到指示要疏散員工。所有非必要留在工作崗位上的員工都必須離開公司回家。包括摩爾在內的主管則繼續留在公司內，此時她終於接到了她兒子同學媽媽的電話，說布蘭登和她兒子一同逃了出來，現在平安無事，只是沒有辦法跨過布魯克林大橋回到就在另一頭布魯克林高地的家。

她做了正確的決定嗎？她有其他選擇嗎？我們如果沒有經歷過這種事情，有資格問她這種問題嗎？她自己有沒有猶豫過呢？在我看來，她從我們對話一開始就說了這個故事，顯然她仍舊無法忘懷這個身爲職業婦女所面對最殘酷、最無解的兩難問題。當你的孩子和你的雇主同時都有迫切的需求時，你怎麼能夠分身出現在兩個不同的地方呢？答案根本是不可能。

數以百萬計的母親解決這個困境的方法，就是放棄她們的給薪工作，她們必須放棄他們喜歡做的事情和隨之而來的收入、獨立性、朋友、尊重和滿足感。所以沒有人有權利說這是個簡單的決定，或者只是單純地選擇生活方式而已。

媽媽的兩難

布魯克林猶太教拉比瑪格麗特・溫寧是那些做出困難決定、暫時放棄終身志業的母親之一。她在一九八四年大女兒出生沒多久後，被任命爲拉比，她是十二年來，由改革猶太教運動（Reform Jewish movement）所任命的第二位女性拉比。幾年之後，她和她先生有了第二個女兒。從那時候開始，她就必須每天工作十二個小時，並且疲於奔命地完成她所有的責任，包括在希伯來協和學院的猶太宗教研究院（Jewish Institute of Religion）教書在內。她告訴我，通常的情況是：「家裡餐桌上沒有食物、待洗衣物堆積如山，每一次有小孩生病，我先生就得和我協調該是誰請假待在家裡……。」十二年之後，這段婚姻終告結束，而溫寧之後和另外一位女性一起住，對方也是一位在紐約相當知名的猶太教拉比（她開玩笑說她的孩子有兩個猶太媽媽，所以非常壓抑）。但是壓力並沒有因此結束，和無數其他全職上班的母親一樣，她覺得她的人生總是有某些層面做得很失敗，她總是在欺騙她的孩子，或者她的伴侶，抑或是她的工作。最後在二〇〇〇年，她的兩個女兒都上高中之後，她放棄了教會的工作，只保留在希伯來協和學院兼職教書的工作。

溫寧在她大女兒高三的時候離開她所牧養的教會，她當時也正在學習如何對她的大女兒放手。這個經驗讓她能夠順利地對一個她投入奉獻長達十六年，幾乎等於她女兒歲數的教會放手。「有小孩會讓你了解你不能夠什麼都擁有，至少不能夠一次同時擁有。」她在午餐時這麼告訴我。我們吃午餐的餐廳就位於她格林威治村的教會旁。「當你家中有小孩的時候，你的生活、你的身體、你的週末和你的夜晚，都不再是你自己的了……。人生就是要做無數的選擇，而選擇則需要妥協。」

但是就算再難以妥協的事情，也比不上全職工作的母親，所必須面對的兩難情形還要辛苦，她們必須要留下年幼的孩子面對外界社會的危險、空蕩公寓裡頭的意外、古怪或粗心的保母，或者更糟糕的事情。最糟的事情，就發生在和安・摩爾與瑪格麗特・溫寧處在截然不同環境之下的另一位母親身上。

金姆·布雷斯威特（Kim Brathwaite）是一位單親媽媽，她成功地擺脫了領救濟金的日子，成為麥當勞的一位協理，不過，儘管在麥當勞上班，她不但沒有辦法控制不規律的上下班時間，連微薄的薪資也無法負擔可靠的托兒服務。二〇〇三年十月的一個晚上，她請的保母放她鴿子，她則必須面對一個困難的決定：是要和她九歲女兒與一歲兒子待在家裡，等著被炒魷魚，還是把小孩單獨留在家中？她後來決定去上班，再用電話和女兒保持聯絡。在餐廳打烊後，她回到家時，發現位於一樓的公寓已經陷入火海，兩個小孩也都被困在屋內，最後雙雙不幸喪生。

主管機關並沒有因為數以百萬計的母親必須在這種時間上班，而被迫將他們的孩子留在危險的環境當中而感到自責。它們也沒有因為美國的藍領家庭缺乏可靠且便宜的托兒服務，而使得孩子必須要被單獨留在家中而感到自責。它們反而因為這位母親那天晚上去工作而覺得憤慨。儘管有數位鄰居願意做證，表示她是一位盡責又愛小孩的母親，金姆·布雷斯威特還是因為過失導致子女遇險而被逮捕，這個罪名最高可以判十六年有期徒刑。

這是個眞實的故事。顯然紐約州政府的作為應驗了一句猶太諺語：「上帝沒有分身，於是祂創造了母親。」這位女性被起訴，竟然是因為她沒有辦法比上帝更全能。連上帝都分身乏術，沒有辦法同時眷顧各地，而這位可憐的母親卻被認為她應該如此。這種殘酷的事實，簡直是筆墨難以形容。

妳的人生眞可悲！

我一定要在這裡分享一個關於陪伴的故事，這是我最喜歡的一個家庭故事。當我兒子詹姆斯十五歲，正經歷叛逆的青春期時，有一天他來到我的辦公室，看了看正在工作的我，然後便宣布說：「你的人生眞可悲！你整天只坐在電腦前面。如果要我過這種日子的話，不如讓我死了算了！」

這個令人不愉快的時刻，發生於我正進行一個辛苦冗長，且前景不明的寫書計畫過程。我一開始因爲滑雪意外和膝蓋手術而被迫暫停，過了一年後，我騎自行車出車禍，造成手腕骨頭粉碎，又需要進行另一次手術和好幾個月的物理治療。那本書的手稿因此延後完成，使得我的合約因此失效。所以除了和大多數作家一樣擔心誰會看我寫的書之外，我還得花好幾年的時間完成這本書的手稿，然後煩惱誰有興趣出版這本書。我要煩惱的，還包括在雞尾酒會上，每當聽到有人問：「誰會出版你的書呢？」的時候，咬緊牙微笑，然後對問話的人說謊。問這種問題的人還眞不少。

所以在心靈脆弱的當下，我還眞的懷疑我兒子說的或許是對的。我的人生的確有些可悲。但是他沒有權力說這樣的話。我當時被激怒了，幾乎脫口而出地很想對他說：「你這個小王八蛋！我因爲你放棄了《紐約時報》人人稱羨的好工作，現在我必須坐在這台電腦前面，而不是環遊世界，和形形色色的人見面，贏得獎項和賺得可觀的財富。我放棄了這一切，好讓家裡至少有一個大人陪你，確保你的人生不會可悲！如果我的人生可悲，那都是因爲你造成的！」

但是這些話我一句都沒說。

我自覺像個聖人一般，我只是說：「我做的事情很重要！你等著看就是了。」

過了三年之後，我和另外一家傑出的出版社簽下了另一份合約，我能夠和更好的編輯合作，我的著作《母親的代價》（*The Price of Motherhood*）受到了廣大的好評和迴響。我在華府的政治與散文（Politics and Prose）書店辦了第一次的作者朗讀會，這家書店幾年前還被選爲全美最佳獨立書店。當天來了很多人，空氣中充滿了興奮的氣息，在我的演講後，書店賣出的數目，打破了之前所有作者朗讀會的紀錄。現在十八歲的詹姆斯當時也在現場，負責替我全程錄影。

第二天早上，詹姆斯走進我的書房，我和往常一樣可悲地坐在我的電腦前面。他說，「你知道的，媽媽。你眞的很努力工作，而且永遠不放棄。現在一切都有了代價！我眞的很以你爲榮。」

聽了兒子的話，我最先想到的是，我也以你會對我說這樣的話而深深爲榮。

不過我的第二個念頭是：「我現在可以死而無憾了，因爲我已經把我能夠敎他最重要的東西給他了。」

陪伴在孩子身旁最令人感到心滿意足的時刻莫過於此了。

爲了更重要的理由而陪伴

喬伊斯・弗萊徹是管理學當中性別差異的權威，她觀察到職業婦女有一種能力，能夠先展開一項計畫，然後不顧一切代價地完成所需的工作。她將此稱爲一種維護的技能，並且將此比擬爲一種專屬母性的行爲。就像最優秀的母親會關切孩子健康的每個層面，包括身體、情緒和智能等等，最優秀的工作者也會爲了案子的整體成功而負起責任，而不只是承擔技術上爲其負責的一小部分而已。

在觀察迪吉多公司女性工程師的過程當中，弗萊徹發現她們表達出需要爲她們負責的專案挺身而出的態度。她們對那些拒絕做較低下的工作，或者因爲解決問題不是他們的責任，而讓不良產品出門的同儕工程師嗤之以鼻。她們也非常清楚，自己將專案的需求置於本身的地位，或者個人升遷之上的作法，並不是一種無私忘我的表現，而是能力和承諾的象徵。陪伴一旁對她們來說，是一種力量的象徵，而不是懦弱的跡象。

如此鉅細靡遺的作法，產生了一個嚴重的問題，那就是這樣的努力通常不會被注意到。以成熟、支持的態度工作的人，很可能是一個專案成功背後的秘密，但是如果其他人不了解他們所作所爲的重要性，這些重要的貢獻很可能不會受到任何肯定。在迪吉多公司工作的女性工程師告訴弗萊徹，她們許多男同事都認爲，如果女同事在工作上樂意提供他們協助的話，這位女同事很可能只是太過天眞，甚至可能會被占便宜。因此女性應該要發展出策略，以確保她們對同事的協助會得到互惠的回報，而不是單單被剝削而已。

正如其中一位女性所言，「如果你想要幫忙的話，別人根本不會了解你的心意。他們不了解這是你在做的事情，反而會把此視爲一個弱點，或者藉此來占你的便宜。我之前就吃過這樣的虧，所以我現在會說，『好，我現在幫你這個忙，但是你就欠我一次了。』」

就連攸關病患生死的醫療業，維持的功夫和陪伴他人的努力，都可能被完全忽視。國家科學基金會的麗塔・科威爾醫師告訴了我以下這個故事：

「當我的一個女兒在一間榮民醫院擔任實習醫師的時候，她總是會花時間和一位肺癌末期的年長病患聊天。有一天住院主治醫師在她旁邊碎碎唸，說她這樣只是在『浪費時間』。『反正他遲早會過去的。』他說道。她含淚據理力爭，然後躲進護理站哭泣，在那兒有一位護士抱著她，安慰她，之後她就打了電話給我。她問我她應該怎麼做。我跟她說不要理他，要繼續盡她所能，做她覺得最應該做的事情。」

科威爾醫師的女兒現在在達特茅斯醫學院（Dartmouth Medical School）任教。你覺得誰對醫界的貢獻比較大：是教授，還是之前的那位住院醫師呢？

11
輕重緩急
人非聖賢，用媽媽的心情看員工犯的錯

脆弱的心靈會把小事化大，大事化小。
唯有健全的心靈，能夠看清事情的輕重緩急。
查斯特菲爾德伯爵致子書

孩子讓我們看到了如此多永恆的眞理。
他們讓我們從他人的角度，
而不是我們自以爲是的角度和他人溝通。
一位家長

小孩會完全改變你生活的優先順序，不論你只是個平凡人，還是總統候選人都一樣。他們會讓你去面對生活當中眞正重要的事情。

一位心理醫師曾經告訴他的朋友，如果他沒有從事心理治療的話，他會去談一段認眞的戀愛，或者生一個小孩，因爲唯有如此，他才會被要求決定生命當中，哪些是對他最重要的事物。

我的反應是，養育一個小孩就是一段認眞的戀愛關係，而沒有別的原因能夠比生兒育女更讓人了解，生命當中哪些是眞正重要的事物。

孩子發生意外或生病尤其能夠讓人了解，生命中沒有其他事情比他們的健康更爲重要。雪莉・史多姆・肯尼表示，「這是家庭生活當中最重要的一課。」多年前，肯尼曾經申請白宮獎學金。她企盼已久的回音終於到來，但是收到回信的那一天，她的孩子剛好發高燒，於是讓她好幾個小時忙著照料小孩，完全沒空去理白宮的回信，等到她有空去拆信的時候，她說：「被拒絕一點都不重要了。」

國會議員迪克・蓋哈特（Dick Gephardt）說他在二〇〇四年初，於愛荷華州做的敗選演講也是如此，當時他在一場重要的總統初選中落敗，正式宣告了他傑出的政治生涯將告一段落。「我參與過許多劇烈的競爭。」這位來自密蘇里州的長壽議員表示。「不過當你看著你兩歲大的兒子和癌症搏鬥時，你會看清楚事情的輕重緩急。」

前任聯邦法官，同時也身兼五個小孩母親的帕翠西・沃德法官，現在是總統情報委員會的一員，她也說了一個類似的故事。「我們有個孩子差點因爲葡萄球菌感染而喪命。」她告訴我，「我們夫妻整整一個月必須二十四小時輪班留在醫院裡。我們必須要把其他幾個孩子送到奶奶家。從那個經驗當中，我了解沒有什麼事情比這個更重要。我知道我的孩子對我的重要性超過一切，甚至超過我的工作。」

各行各業有小孩的職業婦女都曾告訴我，她們的小孩給了她們一種力量，並且讓她們能夠以健康的方式，把生活和工作分開。曾經寫過知名電影如《不設限通緝》的劇作家娜奧美・芬納說，她可能會因爲工作上發生的事情而感到沮喪，「不過我的孩子們根本不在乎，他們可以完全讓我忘掉工作上發生的不愉快，而且他們是對的。相較於他們的需求，我所擔心的事情根本無關緊要。我有時候開完劇本會議回家，會議當中我寫的劇本被批評得體無完膚，但是我只知道孩子們餓了！事情非常清楚：對他們來說重要的事情，和大人的事比起來，確實還是更爲重要。」

在一家大型製造業公司任職的一位主管也講了同樣的話：「小孩只會活在當下。他們重視的是他們自己，而不是你的事情。他們對生活的觀點比大人簡單多了。回家看到他們，能夠讓我對事情採取比較客觀的態度。我有許多女性朋友，她們因爲種種的原因沒有生小孩，因此也缺乏這種客觀性，她們不了解生活不只是工作而已，而工作也不值得你犧牲你的心靈、你的先生，或者你的健康。我的孩子讓我每天晚上能夠得到這種平衡。我回家的時候可能心裡想著我們公司的股價，不過他們只想知道晚餐吃什麼。」

謙遜的教訓

一個朋友最近對我說：「養兒育女是練習謙卑最好的機會。」要在孩子們對你說「你真的要穿那件衣服嗎？」或者「媽！那個口紅顏色看起來糟透了！」的時候維持自尊是很困難的。孩子們就像舊約聖經裡頭的先知一樣，無情地撻伐人們任何一絲驕傲或浮誇的跡象。我想世界上每一個媽媽，都有自己最喜歡的這種故事。

在這類關於謙遜的故事當中，最有趣的一個來自梅德琳・庫寧的自傳。庫寧的四個小孩，希望媽媽雖然在州政府擔任高官要職，但是千萬不能落入自視過高的陷阱當中。他們在她剛選上伯林頓（Burlington）區的州代表一職之後，就開始採取行動了。當她在佛蒙特州的公共電視台錄完第一次半小時的個人專訪之後，她匆忙趕回家，準備晚餐，然後在八點整的時候，把孩子們叫到電視機前面準備看媽媽的專訪。但是他們想看其他的節目。她是這麼描述當時的情景：

「不行。」我說道，「坐好，我要看我的專訪。」

「拜託啦，拜託啦，我們想要看那個……。」

「安靜！」

「唉喲，不要這樣子啦，媽咪。」

「不要講話。」

電視螢幕上出現了那位充滿智慧、美麗大方、沉著冷靜的女性，侃侃而談現今的政治話題。但是在客廳裡的反應卻是這樣子的：

「無聊，無聊死了啦！」

我提高了我的音量。「拜託坐好，我是說眞的。我眞的很認眞喔。」

我在電視上的聲音還是不斷被打斷。在螢幕上，我微笑、點頭，然後再次微笑。

這位女士是誰啊？眞是辯才無礙、沉著穩重。我陶醉地問自己。

「我們現在可以轉台了嗎？」

「他打我啦。」

「是她先打我的。」

「我才沒有呢。」

「你們兩個都給我安靜！」我終於忍不住爆發了。「我想要聽我的專訪。你們這麼吵，我什麼都聽不到啦！」

「喔，媽咪。我們已經看到煩了啦。」

雪洛·白肯德在事業剛剛起飛時，像氣球般膨脹的自尊心也同樣被小孩戳破過。「在我有小孩之前，我和所有大人一樣都非常注重頭銜、薪水、榮譽、雜誌封面這一類的虛名。」白肯德承認道。「但是我永遠不會忘記我第一次在納貝斯克公司被升爲副總裁的經驗。當時那對我來說是一件大事，所有的人都興高采烈地向我道賀，還送來香檳給我慶祝。等到我回家的時候，我走進家裡，看到的是我當時兩歲半的女兒崔西。」

「我說，『乖女兒啊！媽咪今天升上副總裁了呢！』」

「她看著我說：『媽咪妳看！我有一張麋鹿的卡片耶！』我心想，『哎，這好像眞的比較重要哦。』」

現實生活

當潔米・高立克還在五角大廈擔任美國國防部法律總顧問時，她掛著四星上將的軍階，換句話說，當她走進房間時，所有人都要起立表示敬意。之後在司法部任職時，她在某單位是一人之下、萬人之上，掌管一百八十億美元的預算和將近十萬名員工。

「這眞的很重要。」她回憶道。「當妳做到這麼高的職位時，妳很可能會過度自我膨脹。很多人不斷跟妳說妳有多棒。不過妳的孩子會幫妳看清楚事實，讓妳能夠重新腳踏實地。他們會讓妳返回到『一般』的日常活動，像是去採買日用雜貨，參加校外教學等等。如果他們的腳踏車壞掉了，妳也不可能找個上校來幫忙修理，妳得自己蹲在地上，看看有沒有辦法把它搞定。如果家裡的小狗大便在地毯上，妳得自己清乾淨。如果他們要人幫忙教他們寫數學作業，妳也得親力而爲。」

有遠見的父母會珍惜這種現實生活，並且了解正是這些現實面的考量，讓他們成爲更好、也更成功的個人。聽了高立克的故事，我也想到老布希總統在一九九二總統大選時那次知名的失態事件。有一天他去超級市場的時候，看到一位收銀員在刷條碼，他覺得非常神奇，因爲他之前從來沒有看過刷條碼這回事，也就是說，他從來沒有和一般人一樣出門採買日用品的經驗。這個事件彰顯了老布希總統何不食肉糜的貴族形象，也因此害他輸給了親民形象顯著的柯林頓。

腳踏實地的態度

琳賽・克勞斯是一位橫跨舞台、電影和電視界的資深女演員，她注意到她的三個十幾二十歲的孩子給了她一個在好萊塢少見的基礎：「這個行業很容易讓妳覺得驕傲自大，或者至少妳會覺得妳應該要驕傲自大，對人苛求。妳會覺得，我應該要擺出大牌的架子，如果不這麼做，是不是會被人家看扁了呢？但是孩子會提醒妳這一切只不過是虛假的幻象而已，妳只是一個演員而已，這點是永遠不會改變的。」

「這樣的基礎部分來自於和孩子打成一片，玩在一起。有一次我盛裝打扮準備去參加一場試鏡，我的女兒薇拉當年才三、四歲吧，看到我就大聲地叫著說：『媽咪，妳看起來好漂亮哦！』她跑過來抱住我的腿，然後把嘴上的花生醬和果醬全部抹在我身上那條漂亮的米色皮裙上。想當然爾，我必須把衣服換掉。在這種情況之下，妳必須要想說，這只不過是一件裙子而已，沒什麼大不了的……。妳必須要知道什麼對妳來說是眞正重要的事情。如此一來，妳也可以免於表現出某種程度的驕傲自大。」

克勞斯曾經拒絕過許多和她家庭需求衝突的角色，把寶貴的演員生涯花在陪伴孩子成長上頭（曾經有位加油站的工讀生帶著質疑的眼光看著她問道：「妳是不是哪個明星啊？」）。儘管如此，她還是演出了如《審判遊戲》（*The Verdict, House of Games*）和《心田深處》等電影，後者更讓她得到了奧斯卡金像獎提名。她是一位熱情而不做作的女士，和其他中上階級的美國媽媽沒什麼兩樣，她有一棟漂亮的房子位於加州海岸邊，當我受邀在她明亮多彩的廚房裡共進午餐時，我看到她家裡有一隻毛茸茸的大狗，和一位忙進忙出的保母。她告訴我，很多人對她擔任電視製作人的先生說：「你的老婆看起來太像一般人了，根本不像是個女演員！」

「我媽媽在拯救香蕉！」

凱洛・布朗納在一九九三年被任命爲美國環保署署長時，她女兒才三歲大。她也發現扮演母親的角色能夠讓人保持神志清明。布朗納和她先生做了一個睿智的決定，不爲他們的兒子柴可瑞（Zachary）請一位全職保母。相反地，他們找兼職的大學生每天下午來擔任保母的工作，這樣的安排使得他們必須要在晚餐之前回到家才行。

身材高瘦、態度直率的布朗納相信，積極參與兒子生活的決定，反而讓她成為一個更好的經理人。美國環保署是一個很龐大的機構，擁有七十億美元的預算、一萬八千名員工，和無數待解決的爭議問題。「妳可以一天二十四小時都耗在工作上面。」布朗納說，「然後工作還是做不完。不過孩子們才不管妳掌管多少預算，他們只想要看到妳，和妳講話。我可能在工作上整天過得很不順利，但是回到家以後，我就必須馬上把公事暫時拋開，因為我必須滿足孩子們的需求。這絕對能夠迫使妳了解事情的輕重緩急。我認為，這也讓我的同事們看到，我的生活和他們的生活其實沒有兩樣。他們可以看到，我能夠體諒他們身為父母所面臨到的問題。」

更重要的是，布朗納和其他的家長都告訴我，孩子教他們如何用任何人都能了解的簡單語言，去和他人溝通。一位家長說：「孩子讓我們看到了如此多永恆的真理。他們讓我們從他人的角度，而不是我們自以為是的角度和他人溝通。」

就布朗納的例子來說，這意味著用一般人的語言，傳遞環保重要性的訊息。「我兒子讓我能夠從母親的角度來談空氣污染、食品安全和其他問題。」她表示。「在過去，環保署一直是用說教的方式來進行政令宣導。環保署是一個比較保守的單位，因此經常用非常謹慎、非常技術性的方式來解釋其所作所為。我後來才了解，如果我們要爭取社會大眾的支持，必須用非常簡明的方式讓民眾了解政策的優點。身為一位母親，我可以用非常明確的方式和女性族群溝通，討論她們對孩子們的考量。」

布朗納開始用孩子呼吸的空氣、孩子吃的食物，還有家人喝的水來討論空氣汚染、食品安全和淸潔水源等議題。她所使用的語言，完全來自於她本身爲人母的經驗。

「我必須學習如何用很簡單的話語向六歲小孩說明我的工作。我會這樣說：『我們會把水中的毒素拿掉。』如果小孩問爲什麼的話，我學到可以說：『因爲魚活在水裡面，而且你會吃魚啊。』」

布朗納還跟我說了一個小故事。她兒子大概五歲大的時候，有一次和爸爸一起坐計程車，計程車司機問他說：「你媽媽呢？」

「她在上班。」柴克瑞回答。

「她是做什麼的啊？」

「她在拯救東西。」

「她拯救什麼東西？」

「香蕉。」

後來她把這段對話放入一場食品安全的演講當中。

「這些事情讓我了解到，我們所做的工作有多重要，而這一切都是從一個五歲小孩身上學到的。」

布朗納相信，這種能夠用簡單語言，說明環保署工作的能力，讓環保署能夠承擔共和黨在一九九四年掌控眾議院之後，隨之而來的攻擊和壓力。曾經有一段時間，環保署面對了一項法案，當中包含了十六項不同的措施，限制了環保署執行美國現有環保法規的能力。根據布朗納表示，「我們迫使他們重擬法案，並且要求他們刪除所有的相關限制。我們是在得到社會大眾的支持之下，才能夠做到這點的。」

換句話說，她相信美國的環保活動這幾年之所以可以不斷蓬勃發展的關鍵因素，是一位小男孩不斷問他媽媽上班的時候在做什麼，所導致的結果。

我在瑞典的時候，聽到了一個類似的故事，同樣說明了孩子能夠帶給大人進行一場務實演講的能力。葛瑞格·海特（Gregor Hatt）是瑞典總理卡爾森（Ingvar Carlsson）的前任顧問暨演講潤稿人，家裡有三個小孩。我在九〇年代末期的一趟採訪行程當中，在斯德哥爾摩認識了他。他告訴我，他在撰寫演講稿時，最棒的點子都是坐在兒童遊樂場想到的。「如果你從不聞世事，那麼你只能想到權力的比喻。」他表示，「不過如果你能夠擁有日常生活的經驗，你就能夠從生活經驗當中，找到一般人能夠認同的比喻。」

一九九三年，卡爾森總理試圖說服社會黨（Socialist Party）的同志，認爲瑞典應該加入歐洲共同市場。在黨員大會前的一場重要演說當中，卡爾森總理想要強調政黨也應該隨著經濟、財經與其他環境的改變而成長、演變。爲了說明這個概念，卡爾森總理用了海特草擬的一份簡潔明確的講稿。「我們不能再走單一民族國家的回頭路了。」他宣佈道，「你不能夠把一歲小孩的衣服再拿給三歲小孩穿。」

這個意象來自於，有一次海特看到他三歲兒子克里斯多福（Christopher）穿不下所有的舊衣服。

「這場演講據說是影響社會大眾轉而支持瑞典加入歐洲共同市場的關鍵因素，這個決定也爲卡爾森總理留下最重要的政績。」海特驕傲地說明。

人非聖賢，孰能無過

當我在帶我兒子的時候，我經常會注意到（或者說他經常讓我注意到）自己身爲家長的缺點。這些缺點和身爲一個人的缺點驚人地相似。我想在詹姆斯的成長過程當中，最常從我嘴中說出來的一句話，就是「沒有人是完美的。」當然，我指的是我自己，不過身爲人母的經驗，卻讓我更加了解到，每個人雖然都希望能夠做到最好，但是期望每個人都能夠完美無缺，卻是一個不合理的要求。不論你要求的對象是你的配偶、你的同事、總統候選人，或者甚至是交通部部長。

接受自己和他人能力有限的想法並不是自暴自棄，而是智慧和新生力量的開端。創意領導中心的瑪莉安・盧德曼和派翠西亞・奧羅特，在她們對高成就女性的研究當中發現，「放棄對完美的要求，通常似乎是感覺圓滿的成功因素。」那些放棄女超人的理想，也就是放棄那種什麼事都要自己來，必須滿足所有人期望想法的女性，通常會覺得自己的生活更爲圓滿。只有在一個人覺得生活圓滿的時候，他人生的各方面才能夠發揮相輔相成的效果，而不是互相牽制。聽起來或許有些似是而非，但是似乎我們只有在了解自己不是全能的時候，才能夠成就更多的事情。

許多母親都告訴我，帶小孩的辛苦經驗讓她們體認到這點。孩子能夠讓父母以正確的態度來看待日常生活當中的不順，或許這是因爲他們經歷過太多不順和問題的原因吧！

在紐約博雅公關公司擔任主管的萊斯列・甘尼斯・羅斯表示，她身兼單親媽媽和職業婦女的角色，讓她對於工作上發生的錯誤採取更爲哲學性的態度。「在經歷過了這麼多事情之後，我很難對工作上的事情眞正發脾氣，或者感到挫折。當辦公室有人犯錯的時候，我可以用比較寬廣的角度看這些經常發生的事情，然後想說，每個人都有這樣的經驗。」

甘尼斯・羅斯在大學畢業後很快就嫁給了吉姆・蓋恩斯（Jim Gaines），蓋恩斯之後當上了《時人》、《生活》和《時代》雜誌的總編輯。他們的獨生女愛莉森現在已經二十八歲了。這段婚姻在愛莉森三歲的時候，以離婚收場。當時甘尼斯・羅斯在紐約大學攻讀博士學位，離婚之後她必須要回到職場上。當時她得帶著一個學步兒，等到孩子睡覺之後，才能夠趕她的博士論文，白天還得爲了最低薪資工作一整天。

有一天她家裡的天花板掉下來了，她想道：「這眞是太貼切了。我的天垮下來了，完全就是我人生的寫照！」

她最終在市場研究的領域熬出頭來，一九八八年到一九九七年她任職於《財星》雜誌，擔任行銷與公關總監（她也再婚，並且又生了兩個小孩，小女兒現在正在就讀布朗大學，兒子則在唸高中，並且住在家裡)。

當她在《財星》雜誌任職時，該雜誌找來了一位新的編輯主管，從此甘尼斯‧羅斯的升遷變成必須要看他的臉色。有一次負責校對的人表示雜誌內容完全校對過了，所以就送印刷廠印刷，再把雜誌寄送給超過一千名的客戶和媒體人士，結果竟然在雜誌的第一頁就出現了錯字！甘尼斯‧羅斯必須要硬著頭皮向編輯主管報告這件事情。

「我一開始只覺得這眞是太恐怖了！我對發生的事情感到無比地丟臉。但是後來我想：『這又不是世界末日。如果拿人的生死或者我的孩子來跟這件事情比較的話，那簡直是沒得比。』如果我沒有這種想法的話，我不知道我第二天還能不能夠有勇氣來上班。」

如果把這個故事類推到其他組織內可能發生的錯誤上頭，像是貪污的主管、奸詐的同事、失敗的產品、法律訴訟、顧客或客戶的流失、性騷擾、裁員等等，這些時候，你都需要有能夠判定事情輕重緩急的能力。

前任猶太教會拉比瑪格麗特‧溫寧也發現了，身爲人母，讓她對自己和其他人所犯的錯誤，能夠採取較爲寬容的態度。幾年前，當她第二次懷孕的時候，她非常緊張，擔心小孩可能會有某些先天性缺陷。有一天晚上，她夢到了肚裡的小孩變成了一個畸形兒，然後小孩還對她說：「媽咪，無論如何我都愛妳。」

「我的恐懼來自於我沒有辦法扮演好母親的角色，而在夢裡，她接納了我。」溫寧解釋道。「她說，沒有關係，媽咪，我會無條件地接納你。在做了那個夢之後，我的恐懼就完全消失了。」

孩子也讓我們更容易去原諒我們的父母。溫寧表示在她有小孩之前，她曾經告訴她父親說，她有一位同學要去看心理醫生。他的反應是：「如果你得去看心理醫生的話，千萬別怪我。我已經盡力了。」當時，她以爲父親是要規避任何造成她心理問題的責任。在她擁有了自己的家庭之後，她可以從一個新的角度來看待她父親的回答，她覺得他父親並沒有要逃避責任。因爲她了解到不論他們做錯了什麼，父母在絕大多數的情況之下，都希望能夠盡力而爲。沒有一個人是完美的，而我們的力量也不會被自己的弱點所抵銷。

「這個想法大大影響了我往後寫哀悼詞的方法。」溫寧表示。「現在我總是會同時提及一個人的優點和缺點。這樣做並不會有所抵觸。事實上，一個人的缺點和優點通常都是一體兩面。」

「身爲父母是一項會令人謙卑的工作。你會不斷地犯錯。多年之後，你的孩子會告訴你，你曾經做過的某件事對他們造成深深的影響，你甚至可能不記得發生過那回事了。即使你什麼事情都做對了，還是有可能會出問題。你不可能掌控所有事情。這個經驗讓我對其他人的缺點採取更爲寬容的態度。當你身爲父母，而且認眞負起責任的時候，你會眞的了解到沒有人是完美的個體。」

許多母親都學到了這個道理。而這個世界是否也能夠接受關於母親的這個道理呢？

眞誠的力量

或許孩子能夠給你最寶貴的態度，就是讓你能夠以不卑不亢，完全眞實無礙的眼光看自己。許多母親都是在孩子出生以後，才眞正察覺到：「沒錯！這就是我眞正珍惜的事物，這就是眞實的我，我不要再試圖去做別人眼中的自己了！」

這種頓悟最常發生於在男性主導機構當中工作的女性身上。在大部分的職場上，身爲女性主管通常意味著你還是被當作局外人看待。當你是個局外人的時候，你可以有兩種選擇：一是採取主流文化的保護色（例如穿上套裝、使用運動術語做比喻，把工作置於生活其他一切層面之上等等），或者承認你就是和別人不一樣，並且以此爲榮。當女性選擇後者的時候，她們通常會發現一個有趣的現象：藉由做自己和強調自己的優先順序，她反而會取得比自己委屈求全、虛應故事時更多的權利和尊重。德州儀器的夏娜・索威爾在接近五十歲時，於公司擔任工程師的工作，她就描述了這種狀況是如何發生的：

美國的職場是白人男性主導的文化。在這種文化當中，成功已經有一個固定的模式了。如果我選擇的成功定義和我的男性同儕一樣的話，我一定會跌得灰頭土臉。我對成功的定義包括了扮演一個好媽媽、好朋友、好女兒，和一個精神層面健全的個人。我十七年前結婚，但是在過去八年來，我一直扮演著單親媽媽的角色。我大部分同事的另一半都是全職的家庭主婦，所以他們可以全心投入在工作上。如果我嘗試做和他們一樣的事情，我在生活的其他層面就會變得一團亂。所以我對成功的定義不包括在公司內步步高升。如果有人要在晚上六點開會，我會說：「我得在五點四十五分離開。」然後對這個決定處之泰然。這就是做自己，你必須要對自己的成功有非常明確的定義，才有膽量放手這麼做。

結果我因爲這種明確的態度，而獲得了同事的尊重。這種眞誠且忠於自己價值的能力，經常不會被視爲順從的行爲。反而經常被視爲有勇氣的行爲——諷刺的是，做自己是最簡單的事情。相反地試著違背自己的本性去遵循某種模式，反而是很大的難題。

要違背本性行事並不容易，這也說明了爲什麼許多高學歷的專業女性都決定不隨波逐流，願意放棄工作的原因。除了許多高薪工作要求冗長且無法預期的工時之外，這些女性更被迫扮演自己不認同的角色，而無法忍受這種虛僞做作的工作環境。崔西・戴葛多（Tracy Delgado）就曾經碰到這樣的狀況，她原本是一位訴訟律師，現在則是家庭主婦，也是全國性支援團體媽媽網絡（Mothers and More）的成員之一。在她職業生涯的初期，隨著她所肩負的責任逐漸增加，戴葛多照著大部分同儕男性律師的模式，建立了自己的管理風格和行爲。在她這一行裡頭，不論男性或女性都非常好鬥和粗魯，他們會用粗話強調他們說話的重點，對每個問題都採取毫不妥協的態度，對每個機會都會故做姿態。

隨著她在公司裡頭的職位愈爬愈高，戴葛多在工作上也變得愈來愈不快樂，她覺得自己只是在扮演一個違背本性的角色。她有時候在家裡不小心表現出律師的口吻時，她和她先生還會拿此開玩笑。最後在他們建立起家庭之後，她終於辭去了律師事務所的工作。

現在身為家庭主婦，戴葛多出言不遜的時機，只剩下胡扯時。她展現出遠超過她自己想像的耐心，另外她也發現自己只有針對眞正重要的問題，才會展現出強硬的態度。這樣的改變讓她覺得自己變得更眞實，她也相信她才開始發掘眞正的自我。正如她所述，她終於找到了做自己的信心。

她也注意到了一件有趣的事情，她的新風格比之前的風格更為有效。例如，她有禮貌地說請和謝謝，反而比用律師的語調、試圖壓倒對方的說話方式，從水電公司方面得到更好的服務。這讓她想到了一位知名南方律師事務所的女性合夥人，她當年在一件全國性產品賠償訴訟案當中，偶爾會碰到這位女性合夥人。

當時那位女士看起來有點異常。她講話語調輕柔，從來不曾打斷別的律師說話，而且從來不說任何粗話。戴葛多以為她成功是因為她的人脈很好，而她的南方溫柔女性風格，則是一種傳統推銷自己的方式。現在回想起來，她希望她當時能夠多了解這位女士一些，甚至能夠把她當做自己的精神導師，因為她眞的是個充滿自信、態度眞誠的女性領導人。和夏娜・索威爾一樣，戴葛多現在也同意眞正的成功，就是能夠忠於個人的自我風格和信念。

12
公平爲上

孩子與部屬同樣會受到不公平的傷害

我沒有站在任何人的一邊。

我是個母親，我站在每個人那邊。

梅麗．史翠普於《驚濤駭浪》片中所言

你可以有差別待遇。

公平並不意味著給每個人相同的待遇。

心理學家　瑪莉安．盧德曼

前曼哈頓區區長羅絲·麥珊潔（Ruth Messinger）曾經告訴記者：「我在政治上所需要學的一切事情，都是從我的三個小孩身上學到的。」在所有經驗中，她說最重要的就是公平。

麥珊潔的公平方程式是這樣的：如果你的兩個孩子在搶剩下的一塊餅乾，你要讓一個小孩負責將這塊餅乾分成兩塊，然後讓另一個小孩有先選的權利。

任何曾經把生日蛋糕切成大小塊的人都可以告訴你，小孩對公平性比誰都敏感。這或許會導致兄弟鬩牆，還有父母的偏袒對較不受寵的孩子來說，可能有致命性的影響。我過去從來不了解父母偏心的嚴重性，直到我造訪了加拉巴哥島，看到了藍腳塘鵝的育兒行爲，才徹底改觀。這種鳥每次會孵兩顆蛋，母鳥會觀察兩隻雛鳥哪隻比較強壯，比較有可能存活下來，接著母鳥會把另外一隻雛鳥踢出巢外放任牠死去。反正只有一隻能活。

小孩和那隻運氣不佳的雛鳥一樣，會同樣戰戰兢兢地觀察父母任何偏心的跡象。每位父母都曾經聽過小孩生氣地喊道：「她那份比我大！」、「我要和強尼的那份一樣！」、「你比較喜歡他，不喜歡我！」不公平有時候感覺像是攸關生死的問題。這就是爲什麼認眞的父母即使私底下有偏心的想法，也要努力試著表現出公平的態度。

在加州州立大學蒙特利灣分校擔任院長的芭芭拉·莫斯伯格（Barbara Mossberg）說，她從六歲和十六歲大的孩子身上，也學到了每個人的意見都應該公平地被聽取，而每個人不論年紀長幼，也都應該輪流負責做一些家庭的決定，例如要去哪裡吃晚餐等。任何掌有權力的人，不論是家長，還是國家領導人，都必須站在每一個人那邊，莫斯伯格引用了梅麗·史翠普在《驚濤駭浪》（*The River Wild*）的角色。戲中當她被指稱偏袒某一個孩子時，她說道：「我沒有站在任何人的一邊。我是個母親，我站在**每個人**那邊。」

葡萄與黃瓜

如同許多父母猜想的一樣，孩子對於公平對待的熱情或許是與生俱來的。科學家最近發現，僧帽猴也有公平的意識，換句話說，人類對於被公平對待的需求可以回溯到所有靈長類動物的演化歷史。愛莫瑞大學耶基斯國家靈長類研究中心（Yerkes National Primate Research Center）的莎拉・布洛斯南博士（Drs. Sarah F. Brosnan）和法蘭絲・德瓦爾（Frans B. M. De Waal）博士，訓練兩隻爲一組的猴子用石頭交換水果。當猴子們發現其中一隻換到的是葡萄，而另一隻拿到的則是猴子比較不感興趣的黃瓜時，拿到黃瓜的猴子會生氣地把石頭甩到地上，或者拒絕吃那片黃瓜。這些發怒的靈長類動物有百分之四十會完全停止交易的動作。若換個方式，當每組中的一隻猴子平白拿到一顆葡萄時，另外一隻猴子則會生氣地失去理智。有些會把黃瓜和石頭往籠子外頭丟，此時百分之八十的猴子會停止交易。猴子們因沒有獲得公平對待而發怒，掩蓋過了牠們至少可以拿到一片黃瓜的個人利益。

我們的行爲和猴子並沒有太大差別，因爲同樣的結果，可以在名爲「最後通牒遊戲」（ultimatum game）這個知名行爲經濟學實驗當中印證。在這個實驗中，兩個人爲一組的其中一個人會拿到一筆錢，例如一百美元，然後要求他把這筆錢分成兩份（按照五五、六四、七三或其他比例），一份給自己，另一份給第二個人。第二個人則可以做選擇，他可以拿提供給他的那一筆錢，也可以完全拒絕。如果他拒絕，那麼雙方則什麼都拿不到。

這個程序顯然不公平，但就算錢是按照九十九比一的比例分配，雙方還是都拿得到錢。有趣的是，實驗結果顯示，若給第二個人的比例偏低，這個提議幾乎總是被拒絕。就像僧帽猴一樣，與其看到對方拿到不公平的金額，寧願玉石俱焚，自己什麼都拿不到也甘願。

對成人來說，或許不公平引起的憤怒情感長期被壓抑了，但是如果這種不公平的感覺一旦產生，則會一發不可收拾。所有歷史上的改革運動、造反叛亂和革命，都是因這種感覺造成的。領導者忽略了他們對公平的內在深切需求。就像聖奧古斯丁（St. Augustine）多年前發現的一樣，即使是強盜也要公平分贓。

二〇〇三年，我們看到了三個很好的例子，說明了當人們相信他們受到不公平對待，或者是有人占了便宜的時候，當局的領袖人物會面對的狀況。最近的一個例子是理查・葛拉索（Richard Grasso），他之所以被迫辭去紐約證交所所長職位，不是因爲任何瀆職行爲，而是拿太高的薪水。葛拉索不像那些表現優異、打動人心的電影明星或運動選手，也和那些白手起家的冒險者不同，他沒有什麼特殊的成就，證明他有資格在這個官僚職位上，拿到一億八千八百萬美元的薪水。他就像是平白無故拿到葡萄的猴子一樣，當他的薪水被揭露的時候，引起社會大眾一片譁然，在輿論下他只好下台一鞠躬。

葛拉索不是二〇〇三年企業界唯一一隻人人喊打的過街老鼠。同年稍早，美國航空正面對瀕臨破產的窘境。公司的機師、技工和空服人員才剛剛同意大幅減薪和減少福利，以讓公司得以繼續經營下去，但在此同時，工會發現公司管理高層私底下竟然發給自己高額的現金紅利，這還不包括萬一公司眞的破產時，用來保障他們退休金的四千一百萬美元信託基金。更糟的是，當這個浪費公帑的新聞爆發時，美國航空的發言人告訴記者，其實工會領袖早就知道這筆津貼，只是沒有告訴工會成員而已。這件事引起無比的憤怒，員工代表提議收回他們之前的讓步，並且要求公司做出回應。幾天之內，美國航空的董事長暨執行長唐諾・卡提(Donald J. Carty)就被迫辭職下台。美國航空並沒有透露他離職時拿了多少錢。

主管的偏袒行爲

另一位高階經理人也經歷了同樣的命運，只因爲他沒有照著每位母親都知道的道理去做：那就是要公平地對待每個孩子。這個故事起源於一位《紐約時報》的年輕記者捏造大部分他所撰稿的新聞。傑森・布萊爾(Jayson Blair)的文章顯示他走遍全美各地採訪報導，但是事實上他卻從來沒有離開過自己住的地方。他的報導充斥著捏造的匿名引言、僞造的訪問、和從其他報紙抄襲來的故事。整體來說，他可以說違背了新聞工作所有的規範。

布萊爾的行爲被揭露之後，大家才知道曾經有其他編輯警告過報社，認爲二十七歲的布萊爾並沒有能力處理他被分配到的全國新聞，但包括主編厄爾・雷恩斯(Howell Raines)在內的編輯主管卻袒護布萊爾。雷恩斯之後承認，如果布萊爾不是黑人而是白人的話，他或許會更加注意這些警告。不過身爲一位堅持種族平等的南方白人，他忽略了這些警訊。

不但如此，雷恩斯從未要求布萊爾透露一些內幕報導的消息來源。相反地，對於寫出恩隆案關鍵報導的、有天份的商業新聞記者葛瑞珍．摩根森（Gretchen Morgenson），雷恩斯卻曾經要她透露該報導的消息來源。這位資深女記者拒絕了，她表示曾向消息來源保證絕不透露，才換得消息。雷恩斯竟然因此就拒絕刊登她的這篇報導。這種公然的偏袒不可能不被注意到，尤其在《紐約時報》的女性記者之間，流言更是甚囂塵上。

媒體逐漸發現，布萊爾的例子只是雷恩斯在整個職業生涯當中，偏袒記者最極端的一個例子。多年前，在負責《紐約時報》的華府分公司時，雷恩斯習慣把他最喜歡的記者在下班前叫到他的辦公室裡頭，他們會坐著喝酒聊天，其他編輯部的記者則坐在外頭噤若寒蟬。已故的名記者邁克．凱利（Michael Kelly）也曾經是雷恩斯的愛將之一，他曾經告訴友人，雖然進入這個小圈圈是一件好事，不過這也讓他覺得非常不自在。凱利擔心其他記者在被排擠在外的情況下，會有什麼樣的感受。

我們現在當然知道他們的感受如何了。他們感覺很糟，而且忿忿不平。在布萊爾事件爆發的幾個禮拜之後，有人洩漏說另一位雷恩斯的愛將，同樣來自南方的瑞克．布萊格（Rick Bragg）曾經請另外一位特約記者捉刀寫稿，然後掛上他的名字。栩栩如生的筆調讓人以爲布萊格眞的有親臨事發現場。這個新聞爆發之後，《紐約時報》的新聞編輯部同仁群起激憤，一發不可收拾，員工把所有憤怒不平都發洩在網路上頭，讓全世界的讀者都能夠目睹見證。這種少見一般員工公然挑釁編輯主管的景象，被同業《華盛頓郵報》描述爲「好比士兵往將軍的帽子上砸蕪菁一樣。」

事實上，這還比較像小孩指控父母偏心一樣。因爲沒有公平對待《紐約時報》的記者，使得雷恩斯踢到了鐵板，他也已經爲他引發的民怨付出了代價。在布萊爾事件爆發後的幾個禮拜，雷恩斯與另外一位編輯被要求下臺負責。

不公平引發的憤怒

在這個醜聞爆發達到最高峰時，我想起一位朋友曾經提過她家裡的事情。從小到大，我的朋友一直都是她母親最偏愛的小孩，但是就像邁克·凱利一樣，她也擔心她和姊姊之間的不公平待遇差別太大。她姊姊犯錯會被處罰，她犯了同樣的錯誤卻可以全身而退；她姊姊事情做不好會受到嚴厲的批評，但是我朋友知道她也做不好，卻不會受到苛責。多年來她並沒有對此感到沾沾自喜，反而覺得不自在且容易受傷。她的想法是：「如果這些事會發生在我姊姊身上，那麼也可能發生在我身上。」當然更令她難過的是，她姊姊因此非常憎恨她。

小孩和員工一樣什麼事情都會看在眼裡，尤其是你對待別人的方式。如果你沒有做到公正無私，那麼就連你最寵愛的孩子或下屬也會因此受害，而你甚至有可能丟掉工作。

不過公平對待他人並不代表齊頭式的平等對待。因爲不同的能力和經驗水準，每個人會有不同的待遇。就像心理學家瑪莉安·盧德曼所述，「當我兒子還在喝奶瓶的時候，我三歲的女兒已經在用杯子了，因爲三歲的小孩已經不需要再用奶瓶了。這讓我了解到，當一位員工質疑爲什麼他沒有得到和別人相同的待遇或機會，而他口中的那個『別人』在公司服務的時間比他要多五年的時候，我可以說，你必須爲人創造適合他們工作能力的機會。你可以有差別待遇。公平並不意味著給每個人相同的待遇。有時候，事情比較簡單，就像把一個蛋糕平均分給幾個小孩一樣，但是有時候，待遇會有奶瓶和杯子這樣的差別。」

客觀的衡量標準

重點在於你必須確定員工在薪資、福利和津貼方面的差異是根據客觀的標準，以公開透明的方式制訂的。如果人們相信那些獲得較佳待遇的人，是因爲他們本身的能力眞的比較優越的話，他們就會接受差別待遇的事實：有很多經驗豐富、表現優異的個人，看起來確實是靠著他們的實力贏得升遷、獎金、股票選擇權和更大的辦公室。如果這一點沒有清楚表明的話，則可能會產生問題。

缺乏清楚的報酬衡量標準，正是潔米·高立克擔任美國聯邦國民抵押貸款協會（Fannie Mae）副主席時發生的問題。如她所述，當時美國聯邦國民抵押貸款協會的升遷標準相當神秘，人們沒有一個明確的標準可以遵循。沒有人知道到底要怎麼做才能夠升遷。公司內的升遷沒有任何客觀的標準、薪資的多寡決定也沒有任何的解釋，換言之，公司根本沒有標準流程。整個系統基本上是不公平的，因此員工的士氣非常低落。

兩個孩子的母親高立克，她清楚地看到問題在哪裡。「這就和在家裡一樣，」她說道。「『爲什麼丹尼有那個，而我沒有？』、『爲什麼你總是挑我的毛病，而不挑丹尼的？』、『爲什麼每次總是我挨罵？』這一方面會造成逢迎拍馬屁的行爲，另一方面會打擊員工士氣。」

「你也可以反向操作到另一種極端，制訂密密麻麻的規範，然後變得極度官僚。」她繼續解釋，「但是如果你眞的想要創造公平的感覺，你需要的是在分配責任和權力時，遵循明確的規則。就這方面而言，組織就像家庭一樣。在職場上，高層主管很喜歡自己關在會議室裡黑箱作業。但是這是很糟糕的管理方式。我在美國聯邦國民抵押貸款協會建立了一個比較開放的系統。」

女性當自強

如前所述，如果人們相信得到較好待遇的人是因爲能力較佳，或者根本和他們是屬於不同族群的話，他們會比較願意接受較低的地位。這也說明了爲什麼許多女性仍舊願意忍受較低的經濟和社會待遇。她們環顧四周，把自己的處境和周圍其他女性比較，而不是和男性來比較。不過這樣的情況可能即將有所改變。聯合科技的露絲・哈金曾經告訴我，她位於華府辦公室裡頭的女同事經常會提出公平性的問題。「她們會和身邊的人比較，發現她們的薪水或待遇經常不如周圍的男同事。當她們抱怨的時候，我會說：『但是這是妳們自己談的條件啊！』這是很男性化的說法，說畢竟條件是你自己談的。不過那些女同事們會說：『但是這不公平啊！我和他們做同樣的事情，但是薪水卻比較少！』」

女性需要學習去了解男性和女性在生活各個層面所受到的待遇，並且要求被公平對待。我之所以提出這點，是因爲我在第一份工作擔任作家時，犯了和聯合科技的女性員工同樣的錯誤。一九七一年我任職於《新聞週刊》（*Newsweek*），成爲該雜誌社自第二次世界大戰以來，所雇用的第一批女性作家之一。我當時對談薪水這件事一竅不通，所以在面談的時候，我膽怯地要求了一年一萬五千美元的年薪，這比我前一份在《財星》雜誌擔任研究人員只多了一千美元。不用說，面試我的編輯覺得這是一筆穩賺不賠的交易，我也馬上被錄取了。

上班才沒幾天，我就發現之前在這個職位上，已經離職的男同事和我做同樣的工作，年薪卻有兩萬六千美元。如果只說我覺得不太公平，那還算是客氣了。不過，我耐心沉潛了一段時間，然後大約過了兩個月之後，我要求和雜誌社的執行編輯萊斯特・柏恩斯坦（Lester Bernstein）見面。我向他解釋爲什麼我應該值得加薪，他欣然答應我的要求，不過我永遠不會忘記他接下來對我說的話。

「我們很高興這個實驗成功了。」他微笑地說道。這個實驗就是雇用一位女性作家。我們講的不是珍・奧斯汀（Jane Austen）、喬治・艾略特（George Eliot），或維吉尼亞・吳爾芙（Virginia Woolf）這種大作家。在三十年前，一家新聞週刊雇用女性作家可以被視爲是一項大膽的實驗。有趣的是，我的薪水只象徵性地增加到一萬七千美元，我當時卻感激的不得了，還堅信我的老闆都是慷慨且公正的好人呢。

13

爲孩子創造一個世界

對人生充滿長遠的期待

我們的努力也許不足以讓局面改觀，

但是我們可以換取一些時間，

避免特定的災難發生。我們的努力，

最終會獲得歷史的評斷。

政治學者　維拉芮・哈德遜

一位朋友曾經告訴我，她覺得有小孩最棒的一點就是，她總是會對未來充滿期待：下一個生日、萬聖節、科學計畫結案等等……。對年長的父母來說，這是特別的歡樂來源，在人生過了折返點之後，能夠有人讓你對未來充滿期待是一件非常奇妙的事情。我到目前爲止，還沒有辦法接受我兒子即將在二〇〇七年自大學畢業的事實。他的未來肯定比我的一生還要長遠，這點讓我對人生充滿一種長遠的企盼。

孩子不但能夠讓我們展望未來，他們也能夠讓我們回到過去，回到過往的閒適時光，回到那個人們能夠也確實會爲後代子孫計畫的年代。在布倫亨（Blenheim）和其他知名的英國莊園，所有造景的花草樹木都是在莊園主人過世之後多年，才會長成原本預計的樣貌。父母就像這些達官貴人一樣，想像他們在離開人世之後，他們播下的種子會成長茁壯成什麼模樣。孩子就像是這些樹木一樣，是人可以留給後世的寶貴資產。

這種長期的觀點在生意上來說，也經常是最具優勢的觀點。潔洛汀．雷本說當她看到女性在工作上面臨了某個難題時，「我很少看到她們只求治標不治本，我想這跟她們爲人母的經驗有關。身爲一位母親，妳不只求讓你的孩子度過最難纏的兩歲或三歲的時期，妳是要爲他們的一輩子打下基礎。妳會努力讓他們好好上學，讓他們接受好的教育，讓他們在人生的起跑點上領先別人一步……。你想的是長期而言的最終結果。這是非常健康的觀點，比你只注重眼前的蠅頭小利要正確多了。」

對後代子孫的關切，也可能擴散到對環境的關切。根據加拿大環保學者，任教於英屬哥倫比亞大學動物學系的鈴木大衛（David Suzuki）表示，女性是最投入的環保份子。「如果你去研究那些創辦環保組織的人，他們不但扮演領袖的角色，同時也參與那些吃重的工作，這些人經常都是女性。」他曾經這麼告訴過一位記者。當被問到爲什麼會有這種現象的時候，他回答道：「女人比較關心孩子，所以他們會比較關心未來。」

爲孩子創造一個世界

工業化社會令人擔憂的趨勢之一，就是愈來愈少的成人有機會和兒童接觸。在美國的一億個家庭當中，只有四分之一的家庭有小孩。相對而言，有機會和孩子接觸的商界或政界領袖，包括許多成功的女強人在內，人數也愈來愈少了。這種和未來主人翁切斷關連的現象，是否可以解釋爲何如此多的企業都擁有那種「今朝有酒今朝醉」的心態呢？爲什麼像恩隆、安達信會計師事務所（Arthur Andersen）、世界通訊和其他上市公司，會爆發這麼多醜聞呢？如果孩子在你的人生當中缺席的話，你會比較容易相信明天不會變得更好。相反地，當你努力爲你的孩子創造一個世界的時候，你也不會認爲只有今天才是最重要的。

不論我們在孩子的未來上投資多少，他們都會讓你覺得有回報。雪麗・肯尼說，每次她去演講的時候，主持人總是介紹她是五本書的作者暨五個孩子的媽。「我從來沒有對聽眾承認過，」她告訴我說，「但是我從我孩子身上學到的事情，遠超過我從我的著作當中學到的東西。在一本書出版之後，作者從這本書上可以學習到的東西都已經學完了。雖然你投注在孩子身上的心力沒有極限，相對地你也會永遠從他們身上學到新的東西。」

未來最讓我們感到憂慮的問題之一，就是大規模毀滅性武器的擴散。二〇〇三年，我在網路上和國家級的軍事安全專家討論這個問題，一位男性斷然地說，要避免毀滅性武器擴散是不可能的，現在隨便一個人都有能力製造生化、核子，和其他大規模毀滅性武器。

維拉芮・哈德遜對這項氣餒的主張提出回應，她是一位政治學者，同時也是六個小孩的母親，她的孩子最小的一歲，最大的十九歲。「我發現我自己利用身爲母親的經驗，來處理這些永恆的問題。」她透過電子郵件告訴我。「如果我的孩子無時無刻不受這些大規模毀滅性武器的威脅，那麼我會想要繼續窮兵黷武下去嗎？當然不會。你會認爲武力能夠讓我贏得最後的勝利嗎？當然不會。我會認爲裁撤武器會讓明天變得更好嗎？當然會。」

「生命中最重要的事情，通常也是最吃力不討好的事情，像是努力讓我們的孩子免於世上危險的威脅。我們的作法就是去正面挑戰這些吃力不討好的事情。我們的努力也許不足以讓局面改觀，但是我們可以換取一些時間，避免特定的災難發生。我們的努力，最終會獲得歷史的評斷。」

謝謝妳，維拉芮！這番話眞的代表了永恆的智慧，就像希臘神話裡的薛西弗斯，這位英雄被懲罰得永生永世推石頭上坡，而每次幾乎要推到山頂時，石頭又會再次滾回原地一樣。這個比喻完全應驗了人生，但是也讓我們充滿希望，知道人生是值得這樣努力的。

一位母親的工作永遠沒有停止的一天，但是這並不表示妳就應該放棄不去努力。

14

職場的現況

主管性別差異

我們體認到女性的「權益」，

但是我們忽略了女性的力量。

管理大師　湯姆．畢德士

參與式的領導風格逐漸興起，

並不意味著實際職場的作法

就已經全然改變。

衛斯理學院報告

本書的論點，是不論身為女性或男性，只要是積極、認眞的家長，事實上從育兒的過程當中，就能培養出絕佳的能力，以因應人類社會的複雜、無理，和令人發狂的混亂。認眞負起養兒育女責任的人們，比較不會受到公眾生活，或者職場上的危機和變幻莫測所煩擾。和這個理論相反的是，推動搖籃的手從來沒有眞正統治過這個世界，不過或許是改變的時候了。因爲世局不可能比現在更糟了。

這聽起來可能頗具爭議性，但是世人對此的同意程度，可能遠超過表面的現象。許多調查都顯示，男性和女性都同意最有效的現代管理技巧和父母從孩子身上學到的技巧紛紛不謀而合：管理情緒關係的能力、表達重要共同願景的能力，傾聽他人的能力，以及實踐值得尊敬、無可妥協的領導風格之能力。

所謂「**開明父母**」（enlightened parent）的領導模式，已經成爲最流行的管理方式。舉例來說，一九九六年一項針對英國兩性企業主管的研究顯示，男性和女性受試者都表示他們在擔任主管時採取民主的管理風格，強調人際關係的技巧，以及發展個人才能。只有百分之十九的受試者表示他們採取高壓式的領導風格（這項研究的負責人懷疑，實際採取由上而下領導風格的比例可能更高，只是人們不願承認而已）。英國克蘭菲爾德大學管理學院女性企業領袖培育中心（Center for Developing Women Business Leaders）主任蘇珊・文尼科博（Susan Vinnicombe）表示，「今日的經理人比較會用目前流行的正確管理實務詞彙描述自己，以目前來說，這些流行詞彙多數和諮詢風格與高階人際技能有關。」

強調人際技能、授權他人和合作風格的領導方式，之所以愈來愈爲人所接受，有一個很簡單的原因，那就是它確實有效。無數的研究都發現，能夠表現出這種風格的經理人通常都比較有效率。有趣的是，這些經理人通常都是女性。

當主管的表現被同儕、下屬和上司評斷時，女性的分數通常會比男性來得高。這種性別的差異通常很小，男性在一些重要的領域，例如技術分析和策略思考的分數有時候會比較高。但是就整體而言，女性主管通常被認爲比男性主管有效率。

性別差異

這些研究的部分結果被彙整在二〇〇〇年《商業週刊》（*Business Week*）的一篇特別報導中，而讓這些結果格外引人注意的原因，是因爲主持這些研究的專家學者要研究的並不是性別差異。他們是在彙整和分析數以百計的一般績效評量時，意外發現了主管性別差異的問題。參與研究的對象完全不知道他們的評斷會成爲性別研究的一部分，而研究人員也對這樣的結果感到十分意外。

其中一項研究的內容，是有四百二十五位高階主管個別接受二十五位同事的評量，而在評量的五十二項技能中，女性在其中的四十二項裡都拿到比較高的分數。「女性幾乎在我們評量的各層面都拿到較高的分數。」協助指導這項研究的產業心理學家雪麗・羅斯（Shirley Ross）做出評論。在另外一項由來自加州的管理顧問珍妮・厄文（Janet Irwin）所做的研究指出，女性在三十二種評量項目裡，有二十八項的分數高過男性。和一般人的刻板印象相反的是，女性在許多智能領域都比男性要來得強，包括認知趨勢、發想和執行新創意等。人事決策國際公司（Personnel Decisions International）是一家位於明尼亞波里斯市的顧問公司，他們研究了多達五萬八千名經理人的龐大樣本，發現女性在二十三項評量領域中，有二十項的表現都優於男性。

這些研究一次又一次地證明，女性相較於男性同儕而言，更能夠專注在產出結果上，相對地對保護個人地盤的意識則較低。舉例來說，蘋果電腦工程部門的一位女性副總裁，因爲自願借調旗下數十位員工給其他部門，而讓她的男性同儕大吃一驚，她如此做的原因只是因爲她相信這些員工比較適合在其他部門工作。她解釋道：「重要的不是你組織的大小，而是你產出結果的大小。」

這些研究結果顯然必須經過進一步的詳細檢視。它們可能誇大了細微的差異，也或者反映了一項事實，那就是女性主管從事人事方面工作的比例較高，而這些工作是比其他管理職位需要更高的人際技能的。據位於緬因州波特蘭市的管理研究集團（Management Research Group）主管羅伯・卡巴科夫（Robert Kabacoff）表示，他公司所做的研究結果，在控制了男性和女性在企業內職位差異的變數之後，並沒有發現女性的領導風格較爲民主，也沒有強有力的證據顯示女性主管的情緒智商比較高。

不過，卡巴科夫確實發現在管理風格上的性別差異，例如女性在某些領域優於男性，而反之亦然。跨文化而言，女性領袖比較專注於產出結果，女性對工作的熱情和興奮程度也比較高，讓她們在激勵人心方面占有優勢。另一方面，男性似乎在策略規劃方面比較擅長，因此也比較具有創新能力。卡巴科夫推測這樣的差異，可能來自於女性在組織中，依舊比較缺乏安全感，因此較不願意承擔風險。

以容格（Carl Jung）的心理學爲基礎，定義出十六種不同人格特質的MBTI（人格類型量表）也顯示了性別差異，根據這項指標，男性經理人絕大多數都屬於遵循傳統者，而女性經理人則大多數比較憑直覺行事，而且在扮演刺激者和激勵者方面的表現比較突出。

女性主管與財務狀況

不論緣由爲何，性別差異和多元化的能力對組織來說都是好事。例如，最近由觸媒公司（Catalyst）所做的一項研究，就顯示大型企業的高階女性主管愈多，該公司的財務狀況通常會比高階女性主管較少的企業來得好。顯然性別的多元性和優異的財務績效是有關的（雖然這樣的關聯並不證明兩者有因果關係）。因爲男性的人數和位階在大部分的工作場所都優於女性，因此這樣的結果有助於說服企業拔擢更多女性，或者說服男性員工改變他們的行事風格。想當然爾，也有愈來愈多的顧問公司建議男性主管要向女性學習，或者說向盡責的家長學習。

舉例來說，倫敦的管理顧問詹姆斯・特雷格（James R. Traeger）就替男性客戶規劃了爲期三個月的研討課程，讓男性能夠提升他們在溝通、傾聽、建立團隊方面的能力，並且培養彈性。「如果你要問我這些特質當中，有哪些是男性比較擅長的話，」特雷格表示，「答案是沒有。」

特雷格的研討課程和哈佛的比爾・烏瑞一樣，都是試圖讓男性經理人了解，侵略性、高壓性和競爭性的領導風格，都和一個好的經理人應該有的特質恰恰好相反。他提供給男性的建議，聽起來應該相當熟悉。

◎不要控制過頭，或事必躬親。苛刻跋扈的老闆是最差勁的老闆。要懂得適時放手。
◎授權你的員工，讓他們規劃自己的工作。對他人的建議採取開放的態度，並且在眾人的共識與你不同時，願意改變。
◎承認你不是什麼都懂。
◎把每位員工當做不同的個人對待，並且培養他們個別的長處。
◎學習傾聽。你沒有辦法解決所有的問題，不過你的屬下或許可以幫你。

畢德士的呼籲

知名管理作家暨名嘴湯姆・畢德士，也毫不掩飾地把最有效的領導風格和女性連在一起。一九九〇年，他寫道：「對於企業發展的方向，大部分人的看法都大同小異，包括組織扁平化、更具彈性和團隊導向，更快的速度和流動性。在我看來，有一群人在實現這個新願景方面占有絕對優勢，那就是女性。」

九〇年代末期，我在一場由埃森哲商業顧問（Accenture）贊助的女性主管會議當中，聽過畢德士演講，他不斷強調，女性擁有在二十一世紀擔任領袖的所有條件，尤其是在服務業和體驗性產業（醫療保健、旅遊、娛樂等等），這些產業的重要性，逐漸超越那些傳統由男性主導的製造業。「女性應該居於主導地位，一切的跡象都告訴我這點。」他告訴他的女性聽眾說。「女性增加權力對社會帶來的龐大利益是顯而易見的……，這比網際網路帶給人類的好處還要大。」

到了二〇〇三年，每年要做八十幾場演講的畢德士，更是大力鼓吹這個觀念。在他最新著作《重新想像》（*Re-imagine!*）中，宣稱自己是一個所謂的「差異女性主義者」（difference feminist），因爲他相信女性比男性更具有同理心、耐心和敏感度，對權力的慾望比較低、比較能夠判斷肢體語言的意義，能夠同時執行和思考好幾件事情，擁有更好的談判、溝通和合作能力等等。他把女性稱爲「一個尚未開發的、高效能領導者的來源」。他也鼓勵他的企業界讀者立刻將整個企業反轉過來，去擁抱驚人的女性潛力。

畢德士對女性領導的呼籲，只是整個文化移轉的部分現象而已。現在對優秀領導人的描述，愈來愈像對好媽媽的描述：擁有冷靜和智慧的頭腦，堅定但公平的雙手，願意傾聽的耳朵，和能夠對你的痛苦感同身受的一顆心。在一次又一次的投票當中，人們不斷強調他們希望的領導特質，是「更和善、更溫柔」，也「更具同情心」。管理專家讚美「仁慈」的領袖，因爲他們所做的是管理關係，而不是由上而下高壓式的管理。在不知不覺中，正當權力的概念逐漸移轉和擴張，進而包括了父親和母親的特質。在談到這項發展，以及在傳統男性主導機構當中廣爲流傳的謬誤印象時，紐約大學的發展心理學家卡露・姬里根（Carol Gilligan）辯稱道：「我們很可能接近了一個類似中世紀宗教改革的時代，因爲我們即將看到權力的基本結構出現巨大的改變。」

當然，最大的問題，還是在於男性主導的權力架構絕大部分仍舊忽視這個轉變的現象。大部分的領袖，尤其是在企業界和政府高層，仍然沒有照著畢德士、烏瑞和其他管理專家的建言去做。就像衛斯理學院在報告裡提到女性領導時，特別提到：「參與式的領導風格逐漸興起，並不意味著實際職場的作法就已經全然改變。」這些作法事實上絕大多數根本沒有改變。

在政治和經濟領域的領導階層當中，父權的權力概念依舊盛行。二〇〇〇年，全美前五百大企業當中，只有兩家公司有女性執行長；在前一千大企業裡，只有六家，或者說千分之六是由女性所領導的。就像投資公司CMGI的前任執行長，瑪格麗特・赫弗南（Margaret Heffernan）所述，「企業界裡大部分的人都沒有看過女性執行長，更不用說和女性執行長共事了。」在財星五百大企業中，年薪最高的兩千五百名主管裡，只有六十三位是女性，僅僅占了百分之二點五。曾經管理過五家企業的赫弗南說得好：「……女性在商場上還是只有被糟蹋的份。」

在政府機關中，從太平洋到波多馬克河，從加州州長阿諾史瓦辛格到穿著飛行服的小布希總統，我們的領袖展現的是軍國主義，而不是母性的權力形象。而二〇〇一年九一一恐怖攻擊後，這種充滿男子氣概的形象更有持續下去的理由。硬漢領導人的最佳化身就是國防部長倫斯斐（Donald Rumsfeld），他威嚇四星上將和戰鬥部隊的言行，彷彿表示他的主要任務就是在證明戰爭是從國內開始。有一陣子，這位國防部長會在他的辦公室裡放一個玻璃大碗，他會告訴訪客，每一次他說某人好話的時候，他就會放一個硬幣到碗裡。然後他指著這個玻璃碗說，它幾乎永遠都是空的。

不出所料，據說有很多美國軍人都痛恨倫斯斐。一位高階將領在被問到他喜不喜歡倫斯斐的時候，回答說：「『喜歡』這個字眼太過強烈了。」

性別歧視

明顯的性別歧視也是問題的一部分。羅伯・卡巴科夫和海倫・彼得斯（Helen Peters）在二〇〇二年完成了一項針對執行長與企業董事會成員如何看待公司管理高層的研究，結果明確顯示出對女性的嚴重歧視。男性執行長與資深副總裁在表現出強硬和果斷的態度時，獲得高度的評價，而在表現出同理心和合作態度時，得到了較低的分數，這個結果顯示男性主管依舊遵循傳統命令與控制式領導風格。但是當女性執行長展現這些所謂富有男子氣概的特質時，評價卻降低。女性在表現同理心和合作態度時的評價較高，但是這些特質並未受到高度重視。換句話說，女性不論如何表現，都沒有辦法脫穎而出。她們如果表現出和善的態度，就會被輕視，相反地如果表現出強硬的態度，則會被討厭。卡巴科夫的結論是，最高層級的男性老闆仍舊以最刻板的方式評價員工。就像這項研究報告所指出的：「對男女應有行爲舉止的過時刻板印象，仍舊在今日的職場上扮演相當份量的角色。」

就連最微不足道的偏見，一旦積沙成塔，所累積出的負面效應也非常嚴重。研究顯示升遷時的性別差異，縱然只有百分之一偏袒男性，但在一個由下到上、有八層位階的組織內，層層升遷的相乘效果之下，就會導致公司最高層裡，男性占了百分之六十五的多數。

除此之外，組織頂端的男性仍舊以最刻板的方式來評量領導能力本身。他們對於有效領導的想法，基本上自亞歷山大大帝以來幾乎沒有任何改變。不論是在企業界還是政壇，都還在引頸企盼一個充滿領袖魅力的救世主能夠降臨，主宰全局，然後鞭策所有人和所有事物順利到位。儘管有諸多的證據顯示，騎著白馬的男性英雄總是有他的弱點，這種對天賦異秉領袖人物的美化和頌揚，到如今依舊存在。

無關魅力

舉例來說，最近有許多研究結果顯示，一家公司的財務績效和其執行長的魅力多寡，幾乎沒有關連。哈佛商學院教授洛凱西・古拉那（Rakesh Khurana）在其著作《找尋企業救世主：對於魅力執行長的不理性追求》(*Searching for a Corporate Savior: The Irrational Quest for Charismatic CEOs*) 一書當中表示，一家公司百分之三十到五十的績效取決於其所處的產業，另外百分之二十取決於經濟的景氣狀況。這些因素都不在執行長的控制之下。在考慮了所有其他變數，包括產品品質、員工績效和生產力等等之後，古拉那發現領袖的魅力對於一家公司的成敗，幾乎不可能有重大的影響。

同樣地，暢銷書《從A到A^{+}》(*Good to Great*) 的作者，也是目前最受歡迎的管理大師之一的吉姆・柯林斯 (*Jim Collins*)，也檢視過了過去數十年的美國最佳企業領袖。他發現能夠從平庸變成偉大的這些公司（根據他們股價的長期績效衡量），都不是由富有魅力的明星經理人所領導，而是由他所謂的那種「只會做事，不會做秀」的人所領導。這些人通常是在公司服務很久的主管，而不是高薪聘請來拯救公司的空降部隊。他們之所以成功，是因爲他們對所處的產業有很深的了解，同時也尊重他們員工的能力與經驗。

柯林斯對能夠把公司從A帶到A^{+}的領袖，也就是他在書中所謂的「第五級領導人」的工作內容描述，可能是這樣子的：

「徵人：誠徵富有同理心的經理人，個性成熟不浮躁，認眞負責，以公司的整體福祉，而非個人利益爲優先。願意付出，而不是只坐享其成。有決心、意志堅定，絕不輕言放棄。個性謙遜，虛心受教，而非自我膨脹。」

這聽起來像不像是徵求一位好家長的廣告呢？

對優秀領袖的最新概念還沒有普及到組織高層的事實，對女性造成了一個實際的兩難問題，尤其是那些知道自己的管理風格確實有效的媽媽們。她們應該打出這張牌嗎？還是忍而不發，等待更多身處權力高層者接受這個概念呢？這是一個緊張的關鍵時刻，因為未來可能會變得更好，也可能往後開倒車。套用《商業週刊》羅謝勒・夏普（Rochelle Sharpe）的話，女性已經整裝待發，準備要帶領我們向未來邁進了，但是如果掌權的人還活在過去，她們又如何能夠做得到呢？

15

炫耀或隱藏

「帶小孩」可以寫進履歷表了嗎？

你一旦離開這條事業道路一步，
走入一條不那麼爲人所接受的岔路，
一旦想要回頭，
就必須從頭開始了。

離開職場十八年的女性編輯

世界是圍繞著那些不可或缺的人旋轉的。
但是你一定要先知道你擁有什麼樣的力量。

奧美環球廣告董事長
雪莉・拉沙羅斯

一九九七年，芭芭拉·莫斯伯格去應徵佛蒙特州高得學院（Goddard College）的校長一職。當她被要求寫下她最重要的成就時，她回答說：「我不知道一個人的小孩，可不可以被視爲她的『成就』，但是我確實認爲創造一個教養的架構，以見證並帶領一個生命的成長，是我人生最重要的一個目標。我對孩子的成就不敢居功，但是對我而言，他們的確是我生命當中偉大的成就。」

莫斯伯格不但得到了這份工作，她對這個問題的回應，還被張貼在學校的網站上頭。

你或許會認爲這對她來說，眞是一個圓滿的結果，或許這種說辭在文學院，或者社服機構這種被保護的環境下，可以行得通。但是換成在冷酷無情的資本主義經濟裡，對面試的主管大肆誇耀你的育兒技能，可能好比在堪薩斯州的教會團體前，誇耀你參加性交派對的能力一樣荒謬。

「你能夠想像參加一場針對某個專業工作的面試，然後告訴對方你擅長『時間管理和排定事情優先順序』，只因爲你總是準時接送小孩上學嗎？」休士頓的瑪莉·安·威利（Mary Ann Wiley）質疑。「或者你擁有『專案規劃和組織』能力，因爲你替你的小孩舉辦過很棒的生日派對？我可以想像面試官臉上那種不可置信的神情。」

瑪莉·安·威利承認她自己也可能這麼想，因爲長久以來，她一直在男性主導的領域工作。問題是，絕大多數的職場工作者也可能這麼想。

在寫這本書的過程當中，我訪問的所有成功母親，幾乎都異口同聲地表示，身爲人母讓她們在工作上的技能更爲精進。但是她們敢把養育兒女放在她們的履歷表上嗎？我手上有她們每一個人的履歷表，而她們沒有一個人這麼做。

關於這點，帕翠西・沃德是一個有趣的例子。一九五一年沃德從耶魯大學法學院畢業之後，花了十年的時間在家撫養五個小孩。之後，她以各種兼職的方式回到了職場上，然後在卡特總統任內擔任美國司法部副部長，最後被任命爲哥倫比亞特區上訴法院的十二名法官之一，這個法院在美國是公認第二重要的法庭。

沃德的履歷表並沒有提到她留在家裡的那十年，也沒有提到她的小孩。但是我湊巧看到了她先生的履歷表。沃德的先生是一位知名的華府律師，在他的履歷表上，他把五名子女和他們的學歷都列了出來。這位驕傲的父親，雖然不是家中主要負責照顧小孩的家長，但他並不羞於把他們的成就視爲自己的功勞，不過實際撫養子女的母親卻沒有這麼做。

當我詢問全國支援團體「媽媽網絡」約一百名成員這個關於履歷表的問題時，她們也異口同聲地認爲，不應該把這件事列在履歷表上。這些受過高等教育的專業女性大部分認爲，把養兒育女這件事放在履歷表上頭，簡直是自毀前程。有位受訪者在電子郵件中這樣回覆：「雇主要找的是跟該職缺有關連的實際受薪工作經驗。我絕對不會在工作面試的時候提到所謂的『柔性技能』。換了你，你會這麼做嗎？」

這個問題讓我好好想想自己是否會把育兒經驗放在履歷表上。舉例來說，如果我要應徵的是《紐約時報》的工作，我會毫不猶豫地說不。我後來發現我是正確的。幾個星期後，我參加了一場在哥倫比亞大學舉辦的座談會，演講者是《紐約時報》的職場與家庭專欄作家麗莎·貝爾金（Lisa Belkin）。她告訴現場聽眾，《紐約時報》當時的編輯主管厄爾·雷恩斯曾經發了一封備忘錄，表示他要的員工是「不受家累牽絆」的記者，隨時準備好，願意被派到任何地方的自由行動者。相信雷恩斯這樣的描述並不適合大多數母親（正如書中稍早提到雷恩斯手下某位「不受家累牽絆」的記者，後來被發現也「不受新聞道德牽絆」）。

當然，最基本的問題不在於履歷表，而在於社會對這件事的評價，以及我們如何衡量一個人的價值。問題在於我們是否在爭取女性的平等上，已經到達了某個階段，讓女性生養教育下一代的工作，能被視爲一種需要高度技能的工作，值得受到和其他人生成就一樣的高度尊重。

這個問題的答案，對數以百萬計的女性來說非常重要。「傳統家庭主婦」或許是過時的觀念，但是主要工作是養育小孩的「**居家母親**」(stay-at-home moms) 卻是非常流行的概念。根據美國人口普查局的資料顯示，有愈來愈多年齡在三十到三十四歲之間，受過高等教育的女性在生了第一個小孩之後，決定待在家裡照顧小孩。如果美國能夠和其他國家一樣，強制規定有給薪的產假，會有更多家有幼兒的媽媽們至少會暫時離開職場。

在三十幾歲的女性當中，目前最常見的職業就是從事全職的家務和育兒工作。二〇〇二年，有超過一千萬名家裡有未成年子女的美國媽媽選擇退出勞動市場，占了所有家中有未成年子女母親的百分之二十八。所有在二十五歲到四十四歲之間、有小孩的職業婦女當中，有三分之二的婦女每週工時少於四十個小時，這恐怕也意味著她們的工作薪水不高，沒有太好的升遷機會。

就連擁有高學歷的女性也會花許多年的時間在家工作。平均每四位女性企管碩士當中，就有超過一位會暫時離開勞動市場，主要是爲了照顧幼兒的緣故。在一九八一年、一九八六年和一九九一年畢業於哈佛商學院的女性畢業生當中，目前只有百分之三十八的人仍在從事全職工作。史丹佛大學和哈佛大學的商學院都研究過這個現象，史丹佛大學企管碩士課程總監莎朗・霍夫曼（Sharon Hoffman）把這個現象稱爲「生涯中斷」。

生涯中斷

這些母親當中，有多少人計畫在接下來的職業生涯中都不工作，或者只做兼職工作呢？有多少媽媽對自己的工作機會、賺錢能力和未來的經濟獨立漠不關心呢？或許我們可以大膽假設這樣的人並不多。在我們所處的這個不確定的世界當中，母親、父親或任何其他人要重新開始一個完全不同的職業生涯，已經不再是一件稀奇的事情。跟過去比起來，帶小孩（全職或兼職）已經是一個人在一生當中，所可能從事的許多職業之一。現在該是改變觀念的時候了，我們不應該再把帶小孩視爲一個完全不相干的領域，認爲它不能培養任何可以應用在其他領域的技能，或者這只是出自於愛的付出。就我個人的經驗而言，只因爲你喜歡爲人父母，並不表示你就不需要付出時間、才智和努力，它也不是你唯一會樂在其中的一份工作。

所以我們還要等多久，才能看到企業雇主把養育小孩當作是一項嚴肅的職業，或者也看作和其他職業相關的資歷呢？那些花了許多年養育小孩的人，要花多大的心力，才能夠重新回到勞動市場，或者重新繼續他們的職業生涯呢？我只有一些非正式的資訊，但是根據我針對超過一百名母親的訪談，我會說這樣的改變即將發生，職場上對育兒技能的尊重也在增長當中，尤其隨著更多擁有育兒經驗的人位居高職之後更是如此。但是媽媽們本身則需要更努力，才能加速這種形勢的發展。

關鍵在人脈

我聽到的許多故事當中，較爲激勵人心的一個是住在華盛頓特區的朋友說的。凱特・魯尼（Kit Lunney）生下獨生女時，已經三十九歲了，她之前在緬因州擔任過副法律總顧問，另外也是波特蘭市的執業律師。她對當媽媽的認眞程度，和之前她做任何工作一樣認眞，爲了眞正做到善盡母職，她換到一家小公司擔任法律總顧問，以換取更多彈性時間。

這樣的安排僅僅過了幾年就結束了，因爲她先生接受了一份聯邦政府的工作，必須舉家遷移到華府。忽然之間，凱特面臨了舉目無親的窘況，而她唯一的身份就是妻子和母親。她的女兒當時剛上小學，於是她開始找工作，準備重新返回職場。

在華府過了三年，她還是沒有找到任何適合的工作。就在她幾乎放棄了找工作的希望時，有一天在一場晚宴上，她剛好坐在美國商務部法律總顧問的旁邊。這位四十三歲的男士比凱特年輕五歲，有一位擁有全職工作的妻子，所以他也分擔很多照顧子女的工作。

凱特跟這位男士聊到她在找一份全職工作，雖然她以前是律師，但她卻不想重操舊業，反而比較喜愛管理工作。在聊天的過程當中，她很幸運地發現，這位法律總顧問對法律很有熱情，但是痛恨管理工作，這對他來說是個問題，因爲他必須要管理數百位律師。於是他提議改天一起共進午飯，順便談談這件事情。

到了他們相約的那天，凱特提早赴約，同時帶了一份檔案，當中描述了她最近參與的所有義務性計畫，但同時也做好了被拒絕的準備。當對方走進餐廳的時候，她剛好在把她女兒足球隊隊友的照片裝進信封裡。

「我總是覺得你們當媽媽的很了不起，可以同時處理十件不同的事情。」他如此評論。「你一定能夠做個很棒的經理人。」這位聰明有遠見的男士當場就決定雇用她。

她成爲美國商務部的副法律總顧問，負責管理大約三百位律師。她的工作是要解決律師之間的爭端、釐清規則，和處理抱怨與不滿。她說這些工作就像在管理一群聰明但是又愛吵鬧的孩子一樣。

在凱特上班兩個禮拜之後，我和她有機會共進晚餐，她的心情仍舊十分開心。「我覺得彷彿天使下凡來拍拍我的肩膀一樣。」她讚嘆地說，「我還是無法平復這種興奮的心情。」在她開始全職工作之後，她先生也儘量減少頻繁的差旅行程，而花比較多的時間陪伴女兒。「她也快樂得好像上了天堂一樣。」凱特說道。

在商務部上班幾天後，凱特面臨一個決定，是否要讓一位很有才華的女性律師減少工時到每週三十二小時以照顧小孩。「我的第一個反應是：『我們內部政策難道不允許嗎？』結果我發現的確沒有這種規定，所以我的第二個反應就是『我們當然要允許她這麼做！』你能夠想像要取代這麼一位經驗豐富的律師，需要花上多大的功夫和成本嗎？」

不過她唯一的抱怨，是她得向聯邦政府提交一堆說明這個決定的報告。

「我真的很討厭在履歷表上頭用『待業中』來交代我待在家中的時間。」

這個故事在最後又有一個驚奇的轉折。經過幾年布希政府上任後，一位花了十五年時間在家帶小孩的律師在足球場觀賞小孩比賽時，和另外一位家長聊天。她跟那位父親說她正準備回到職場，他回答說：「珍，我們剛好有一個職位空缺很適合你。」這個職位剛好就是凱特・魯尼在柯林頓政府任內做的工作，現在換珍・黛娜（Jane Dana）拿到這個職位。

重返職場困難重重

魯尼和黛娜都承認，擁有良好的人脈讓她們重返職場的過程較爲順遂。但是，那些必須一切靠自己，缺乏人脈，而且是在離開工作十八年之後努力想要重返職場的人該怎麼辦呢？這正是文字編輯海倫・康格斯（Helen Chongris）在中年時面對的困境。她的故事反映出的是許多女性眞正面對的問題，就是如何說服一位對你存疑的陌生人，讓他相信你並沒有因爲帶小孩而變笨。

海倫・康格斯畢業於西北大學，一九八五年，她離開了在《夏洛特觀察報》（*Charlotte Observer*）擔任文字編輯的工作，與住在新英格蘭的一位男士結婚、共組家庭。她原本計畫在第一個小孩出生後，就回到編輯工作上，但是她發現波士頓地區的報社不太願意雇用有家累的員工。等到她第二個小孩上幼稚園之後，她離開編輯室的時間已經長達六年，整整是她之前兩年工作經驗的三倍了，因此她也了解，在科技的快速變遷之下，她已經落伍了。一位面試官對她說，除非其他申請者都不行了，他們才會考慮她，另外一位考官則說她在浪費時間，她的應徵資料送來只是占了他辦公桌面的空間而已。

「我真的是全軍覆沒。」康格斯告訴我，她終於放棄找工作而自己創業，週末在購物中心賣刺繡用品。

多年後，她們全家搬到了德州北部，她的大女兒此時正開始選擇要唸的大學。這讓她不禁思索起大學畢業之後，自己並不滿意的生涯發展，於是她決定要做點什麼事情。她到《達拉斯晨報》（*Dallas Morning News*）去應徵。應徵的時候，她對面試的編輯說，她二十年前大學剛畢業時有拿到一份工作，是負責商業新聞的文字編輯。她當時沒有接下那份工作，不過現在她有時間，也更熟悉實務經驗了。

面試她的主管是一位六十出頭的女士，她很富有同情心。她告訴康格斯她很有勇氣，並且同意讓她接受考試。結果她第一次考試的分數是該報社有史以來最高的，接下來的另一次考試，她也得到了最高分。這樣優異的表現讓她贏得了第二關面試的機會，這次面試她的主管是一位男性編輯。

他問她說：「你在過去十八年做了什麼，能說服我相信你能夠做到文字編輯要同時兼顧多項工作的要求呢？」

她聽到這個問題放聲大笑。她把一位媽媽在日常生活壓力之下，需要如何同時兼顧多項工作的情況分析給他聽：例如她得在一個小孩發燒的情況下，先去接另外一個小孩放學，然後趕在診所關門之前去看醫生，然後再衝到藥局去拿處方藥，同時用手機聯絡水電工，拜託他在門口等到她回來。

「我隨時都在壓力之下工作，相信我，我有能力判斷事情的優先順序，然後把所有事情都搞定。」她對他說。「如果你擔心我無法勝任這份工作的唯一原因，是擔心我無法應付截稿壓力的話，那麼我可以跟你保證，我絕對可以應付這件事。」

「不過我眞的不覺得你在講的是眼前的這份工作，海倫。」他回答道。

經過了三個月。她想到更改履歷表上的專長，就是把那些她在帶小孩的過程當中發展出來的技能，轉換成能夠應用在職場上的技能。這包括了例如「如何成爲一個批判性思考者」和「在沒有解決方案之前，絕不指出問題」等。這份新的履歷表再次引起了報社的注意，因此她又贏得了一次面試機會，這次面對的仍是上次那位男性編輯主管。

他對她說，她或許會是個不錯的文字編輯，她的育兒技能也可能可以用在職場上，但是自八〇年代中期以來，編輯科技的改變大到這些技能都已經無關緊要了，因爲她可能沒辦法應付新科技帶來的挑戰。她提醒這位面試官說，她多年來協助孩子做家庭作業時就經常使用電腦，因此她可以透過短期訓練課程，學會所需要的技能。

我問她這些電腦技能是不是眞的那麼複雜。「那簡單多了！」她回答道。「要學會在電腦上做文字編輯，只要學一天半就會了。他們只是因爲我年紀的關係，以爲我是個電腦白痴。」她只有四十二歲而已。

康格斯後來終於說服《達拉斯晨報》給她一個十三週的實習工作，讓他們觀察她到底能不能在壓力下完成工作。雖然她比其他實習生年紀都大上一倍，但是她表現依舊良好，當我和她聊這件事情的時候，她已經有好幾個禮拜的時間，負責代下午四點到半夜一點的班，同時報社也認眞考慮要給她這份全職工作。「當他們眞的需要人的時候，他們不會想到那些反對的理由。」她挖苦地說道。

「我以爲我已經度過最辛苦的日子了，」康格斯告訴我，「畢業於競爭激烈的大學，孩子們也已經長大了（她的兒子現在已經唸高一了）。我以爲，就算是白痴也知道我已經準備好重返職場。但是事情並不是如此。你一旦離開這條事業道路一步，然後走入一條不那麼爲人所接受的岔路，一旦想要回頭，就必須從頭開始了。我有太多身爲母親的包袱，所以他們不願意冒險雇用我。

「如果我在夏洛特的話，因爲那邊的人認識我，所以情況可能會不一樣，但是我不是嫁給夏洛特當地人。你不可能總是碰到對的人，或者留在對的地方。多年來我一直活在自己的遺憾當中。我也開始懷疑自己，直到我了解到我並不是孤獨的爲止。這個社會上還有很多非常有才華的女性，在重返職場時都吃盡苦頭。不單單是我而已。」

「我們需要讓社會聽到我們的聲音。」她做出如此的結論。

我從海倫．康格斯的故事當中學到兩件事情。第一，如果要改變他人的態度，女性就必須下定決心說服對方，讓他們了解爲人母的經驗對工作是有幫助的。湯姆．畢德士曾經提出警告，表示如果女性只試圖照著男性的規則行事，那麼就永遠不會眞正掌權。我們了解我們自己的力量，能夠爭取自己的權利，最終才能夠制訂我們自己的規則。這是如此地困難，但又如此地眞實！

相互提攜

我的第二個觀察是，如果掌權者中，有一位具同情心的女性，對重返職場的女性會有很大的幫助。我也聽過很多關於女老闆缺乏同情心的故事，這也不是什麼太稀奇的事情。不過我也相信隨著更多女性掌握實質的權力，她們就愈有機會能夠改變職場規則，來迎合女性的生涯規劃。就像康格斯描述她和面試主管的經歷一樣，「女性主管視我爲一杯半滿的水，而男性主管則視我爲一杯半空的水。」女性主管能夠看到她在善盡母職的歲月當中，所培養出的勇氣和堅忍不拔的態度。

在梅德琳・庫寧的自傳《政治人生》中，提到了另一個女性幫助女性的故事。在擔任佛蒙特州州長的時候，庫寧有一次必須要在兩位旗鼓相當的候選人中，選出一個人擔任該州銀行與保險部的法律總顧問。她親自面談了兩位候選人。第一位候選人是一個三十幾歲、精力充沛的年輕人，當時他在州政府的另一個單位工作。

「你覺得你可以把你的專業技能從那個部門全部移轉到這裡來嗎？」她問他說。

「沒問題。這兩份工作有很多相似的地方，我有信心可以辦得到。」

「就算領域不一樣也沒問題嗎？」

「沒問題，我學得很快。」

第二位候選人是一位四十幾歲，看起來很討人喜歡的女性，她最近剛以優異成績從法學院畢業。庫寧注意到她從萊德克里夫學院（Radcliffe）畢業後，到進入喬治城大學法學院就讀之前，有十四年的空檔。原來她已婚，有兩個小孩，而且花了數年的時間在家工作，並且參與無給職的義工活動。「我了解這個女人。」庫寧當時這麼想，「我原本也可能過著和她一樣的人生。」

（庫寧回想自己三十歲的時候，有一天和一位朋友坐在哈佛廣場附近的咖啡廳裡，她們兩人各自一歲大的小孩正在娃娃車上睡覺。在邊啜飲濃縮咖啡邊閒聊時，她們想，這些被小孩切割得支離破碎的歲月，是不是像流水一樣逝者如斯、不捨晝夜，最後不留下絲毫痕跡。庫寧在想，如果當時有人輕拍她的肩膀，小聲對她說『不要擔心，有一天你會成爲佛蒙特州州長』的話，她一定不會相信。）

這位前來應徵的女士說，她曾經在華盛頓從事與銀行與保險相關的工作，但是她也詳細說明那份工作並不完全屬於同樣的領域。她明確地說明她了解的範圍，和她不清楚的事情。正如庫寧所說的，「就算她想要的就在界線的另一頭，她的良知仍舊不允許她跨越這一條無形的界線。」

庫寧相信，如果她是男性州長的話，她一定會認同那位男性候選人，並且錄取他。她能夠想像男性州長的思考邏輯：

「那位女士？她或許符合條件，但是她不夠有自信。我需要一個積極的人來做這份工作，才能夠應付這個產業的大頭們。他的履歷表顯示他在工作上步步高升……。這也顯示出他的決心和企圖心。她因爲家庭的關係休息了一段時間。我完全可以諒解這點，因爲我太太也做了同樣的事情。但是這讓她的成長減緩下來。她損失了十年的時間。她可能適合在這個部門工作，但是她的能力還不到這個職位的水準。」

而在庫寧做這個決定的過程當中，她是怎麼想的呢？

她看到了這位女士履歷表當中的紘外之音，也看到了她花在家庭的那些所謂失落的歲月，所實際呈現出的價值，她看到了這位女士在撫養小孩長大之後，又毅然決然就讀法學院所展現出來的那種特別的企圖心。

「要能夠在兼顧家庭和學校的需求之下成功，需要非常強烈的企圖心。」庫寧這麼想，「如果她得到了這份工作，她會把它視爲一個全新的開始，一個遲來的自我實現，因此她的動機或許要比另外那位平步青雲的男士要來得強。我有預感她會全心投入這份工作。」

結果州政府錄取了這位之前在家帶小孩的母親。四年之內，她就成爲佛蒙特州銀行與保險部的部長。

普林斯頓校長

在美國所有機構裡，提升女性職場地位貢獻最多的主管級人物，莫過於普林斯頓大學校長雪莉·蒂爾曼（Shirley M. Tilghman），蒂爾曼原本是分子生物學家。至二〇〇三年爲止，也就是她就任校長的兩年間，她指派了女性主管擔任學務處處長、威爾遜公共和國際事務學院院長、工學院院長和大學教務長，另外也正呼籲要把教職員當中女性教授的比例，從一開始的百分之二十一進一步往上提升。

除了這些重要職位的指派之外，更重要的是在她的帶領之下，普林斯頓大學成爲女性，尤其是媽媽們感覺被接納的一個地方。曾經擔任《邁阿密先鋒報》（*Miami Herald*）記者，並且替普林斯頓大學處理媒體公關的瑪莉蓮·馬克斯（Marilyn Marks）告訴了我一個關於她親身經歷的故事。她在女兒兩歲的時候，接下了在普林斯頓擔任媒體公關的工作，原本以爲這份工作會比在報社上班輕鬆一點。不過她很快就發現她的新工作上班時間也同樣要求彈性和較長的工時。記者們在她準備晚餐、哄小孩上床睡覺的時候，甚至全家都已經入睡的時候會打電話到家裡給她。因此，當另外一個工作時間較爲正常的職位，也就是擔任《普林斯頓校友週報》的編輯工作出缺時，她立刻提出申請。

在遴選過程的最後一關，她需要和校長進行面談。這場面談並不是校長要求的，而是由一群校友決定的，但是校長有權利決定是否錄取她。雪莉・蒂爾曼當時問馬克斯爲什麼想要換工作。在列出專業方面的理由之後，她指出蒂爾曼在校長任內曾經說過，當她知道她的小孩會有人好好照顧時，她就可以把注意力都放在工作上，而當她在家的時候，她就可以把注意力全部放在家人身上。馬克斯解釋說她現在的工作沒有辦法讓她做到後者。

雪莉・蒂爾曼說她完全了解馬克斯的立場，而她也得到了這份新工作。她告訴我說，事情的重點在於她能夠很放心地把事實告訴這位大學校長，而校長也能夠了解她的苦衷。

「如果換了別人，我絕對不會那麼說。我可能只會說和專業有關的部分。不過她讓我覺得我的感受是完全合情合理的。我永遠不會忘記這點。」

在我訪問的諸多女性當中，有很多人都以能夠改變組織內的觀念和規範而感到自豪。凱特・魯尼很高興能夠改變司法部的工作程序，允許員工減少每週工時。露絲・哈金也以在聯合科技的華盛頓分公司，推動彈性工作時間，以因應身爲父母的員工需求感到自豪。在雪洛・

白肯德的帶領之下，肯德基炸雞更加注重員工是否能夠兼顧工作和家庭的問題。白肯德帶著肯定的語氣，告訴我以下的故事：當肯德基一位資歷比較淺的行銷總監發現她做年度預算簡報的時間，剛好和她母親七十大壽的生日派對衝突時，她告訴她的主管說她沒辦法在那天進行預算簡報。負責的高階主管說，當然，你不應該錯過你母親的生日派對。

潔米・高立克也把這件事視爲己任，在她到美國聯邦國民抵押貸款協會上班時，她很注重讓其他員工，不要對其他有利用公司彈性政策的同事心生不滿。在此之前，協會員工手冊當中詳列了很多彈性工作的選擇方案，完全沒有人敢採用。不過當潔米・高立克在幾年之後要離開時，協會裡已經有將近三分之一的員工採取彈性上班制，有的是一個禮拜上班四天，有的則是彈性工時。聯邦國民抵押貸款協會這種給家庭方便的政策，也成爲該協會吸引員工的主要優點之一。

這意味著父母們能夠對他們的背景放心坦白以告了嗎？有些知名的女性確實認爲如此。美國前任國務卿麥德琳・歐布萊特，從來沒有把帶小孩放在她的履歷表上過，但是她最近告訴一位記者說，如果成功人士能夠把全職帶過小孩的經驗，放在他們的履歷表當中，那麼絕對有助於大幅改變世人負面的刻板印象。

當大學校長雪麗・肯尼在《紐約時報》的一篇幽默文章當中，半開玩笑地說，帶小孩是全世界最棒的職前訓練時，她收到了如雪片般飛來的熱烈回信支持。她對我說她之前寫過許多文章，從來沒有受到如此熱烈的迴響。

「我到現在還會碰到把這篇文章剪下來保存的讀者，而且男女性讀者都有。」肯尼表示。「最近我才碰到一位年輕單身的黑人女士，她是一位專業人士，從事協助青少年的工作，她對我說：『哇！原來你就是寫那篇文章的人啊！』」

肯尼承認如果她的年紀不到這個歲數的話，很可能沒有膽子發表這麼一篇文章，更不用說把帶小孩的經歷放進履歷表當中。「人家會覺得我不夠認眞，或許我會因此沒辦法拿到終身教職。」她斷然地說。但是在她獲得了穩定的工作地位之後，她能夠對她自己的想法暢所欲言，而獲得所有人的肯定。

會吵的小孩有糖吃

我也聽過一些故事，講述尚未功成名就的女性勇於和雇主攤牌。譬如有一位養了十個小孩的媽媽，走進一家新開幕購物中心裡頭的零售商店裡，說服該店的主管雇用她擔任店經理的工作。她的說法是，對於一個可以成功拉拔十個孩子長大的女性，沒有什麼是她沒有辦法管理的。

瑪格麗特・麥克勞琳（Margaret McLaughlin）在離開給薪工作長達八年之後，終於要重返職場找一份全職工作，當時她面臨了一個履歷表上的兩難困境。她是哥倫比亞大學生物化學博士，之前在科技評估國會辦公室（Congressional Office of Technology Assessment）擔任科學政策分析員，後來因爲小孩的關係，她辭掉了這份工作。她的專業背景非常傑出，但是她不知道如何在履歷表上解釋在家帶小孩的那段時間。一方面，她可以完全忽略掉那段時間。不過，這樣一來會出現很大的時間落差，即便在那八年當中，她有四年的時間從事兼職工作。另一方面，她擔心如果她把帶小孩的事情放在履歷表當中，可能會讓一些潛在雇主望之卻步。

當時她先生剛好被公司裁員，因此也同時在找工作。他把瑪格麗特的履歷表拿給職業介紹所的人看，他們對她的決定大惑不解，她在履歷表上頭寫著「全職母親：一九九四到一九九八年。」他們堅持認爲這是個要命的錯誤，因爲這讓她的履歷看起來非常不專業。

麥克勞琳記得當她之前在面試別人的時候，她也會質疑別人履歷表當中空白的那段歲月，而且總是往最壞的方面想。這個人那時候是有毒癮嗎？在坐牢嗎？還是做了什麼身不由己的事情呢？於是她大膽決定，還是在履歷表第二頁的其他經驗欄當中列著「全職母親」。她決定如果有雇主對這樣的履歷有所質疑，那麼或許她也不想爲這樣的老闆工作。

有些面試主管注意到了這個項目，並且批評了一下，大部分都是自己也照顧過小孩的女性。她不會知道有沒有人眞的因爲這個緣故，而決定不面試或雇用她。不過那又怎樣呢？在她送出履歷表的三十家公司當中，有七家請她前往面試，更有四家願意錄取她。

我也聽過一些令人振奮的故事，發現有許多有小孩的職業婦女會爭取更符合人性的工作環境。我最喜歡的故事事實上和我自己有點關係，一位《商業週刊》的記者有一次打電話詢問我對一篇文章的看法，然後她告訴我說，我的著作《母親的代價》改變了她的人生。她說她有一個年幼的小孩，但是她總是聽命於她編輯上司對她的要求，不論是臨時出差，或者熬夜加班。因為她的邏輯是，沒有人逼迫她要生小孩，那是她自己的選擇，所以不論面對什麼困難或結果，她也應該要自己一肩承擔。

在讀過我的書之後，她了解到為人父母的員工，事實上是有權利要求職場的環境，來配合他們的生活和責任的。於是下一次當雜誌社要求她出差去參加會議時，她說：「好，我很願意去，但是我需要請你幫我安排保母，好在我出差的時候照顧小孩，或者我可以帶著小孩一起去，然後你們在我開會或進行專訪的時候，付錢請一個保母幫我帶小孩。」

在從驚訝當中恢復過來之後，雜誌社的編輯答應了她的要求，這再次證明了會吵的小孩有糖吃的道理。

勇敢與雇主協商

好萊塢製作人露西・費雪也因為優秀的專業表現和敢於要求，而和雇主談到了非常具有彈性的工作條件。目前和她先生道格拉斯・威克（Douglas Wick）一同經營一家獨立製片公司，他們有三個女兒，分別是十六歲的莎拉、十三歲的茱莉亞和十二歲的泰莎。當她懷莎拉的時候，她那時的工作是華納電影製片部門的執行副總裁。她在懷孕的最後三個月必須整天躺在床上安胎，所以她開始在自己家裡召開會議。這個作法效果非常好，以至於在小孩出生之後，她要求公司在契約上載明她禮拜五可以不用上班，而公司也答應了，因此讓她成為電影產業所有女性員工心目中的英雄。

那段時間所發生的故事非常精采。她在小孩出生之後最早做的決定之一，就是指派給年輕男性助理一個新工作——在她胸部溢奶弄濕衣服時，打個暗號提醒她。華納電影的員工有時也會看到一些大導演，像是史蒂芬史匹柏和喬治‧米勒（George Miller）在辦公室的走道上，抱著她在哭的小孩哄著。

接下來費雪很快又再生了兩個女兒。費雪說，當她走進老闆的辦公室，告訴他說她懷了第三個孩子的時候，他只是呆呆地看著她，帶著質疑她是否瘋了的眼神，然後一頭栽在他的辦公桌上。第三個女兒出生以後，她在工作崗位上努力堅持了一陣子，但是三個不到五歲的小孩實在需要很多精力照顧。「我當時眞的快要精神崩潰了。」她用每位母親都能夠了解的口吻說道。所以她跑去找華納電影其中一位執行長巴伯‧戴利（Bob Daly）說：「請減我的薪水吧，我想要把工作時間縮短成一個禮拜三天。」

費雪當時手上有很多部電影在進行，而且享有非常強勢的地位。（我們在洛杉磯的新力片場共進午餐時，她說：「我不是在自己走下坡的時候，才做這樣的要求。」）她當時在片場已經工作超過十年，主導過像是《絕命追殺令》、《麥迪遜之橋》和《紫屋魔戀》等賣座電影的製作。她對選角和故事方面的專業能力受到了業界人士高度的尊重。有一個例子可以說明她的創意：在《絕命追殺令》這部她努力整整五年才完成的電影的首映典禮，和她女兒幼稚園的校外露營剛好訂在同一天的時候，她打了電話給電影男主角哈里遜‧福特，問他說是否介意假裝那天晚上他沒空，然後打電話給電影公司要求更改首映日期。他打了這個電話，電影公司也從善如流。

話說回來，要求一個禮拜只上三天班還是極度大膽的作爲。所以結果呢？戴利告訴她說：「妳可以一個禮拜上三天班，拿原來的薪水，但是請你把合約延長一年。」

不過，最終這個條件無法永遠延續下去。幾年後，戴利要求她回到一個禮拜上四天班。她問說，是否有任何人曾經抱怨過她的表現。「史蒂芬史匹柏有抱怨過嗎？伊凡·萊特曼（Ivan Reitman）有抱怨過嗎？尼爾·喬登（Neil Jordan）有抱怨過嗎？」她提到這些和她合作的大導演以表示質疑。達利說沒有。「所以問題在哪裡？」她想要知道答案。

「這個嘛，因爲我一個禮拜得上五天班。」她的老闆回答說。

當時哥倫比亞三星影業的老闆馬克·坎頓（Mark Canton）正努力說服她跳槽，於是她決定接受這個提議。她告訴戴利說她之所以要離開，是因爲她現在有機會可以當一家公司的董事長，同時仍舊可以一個禮拜上四天班。更好的是，她確認了她在哥倫比亞三星影業集團（新力影業娛樂公司旗下的電影集團）的正式職稱是副董事長，而不是董事長。「如此一來當我要提早離開公司，可以說：『早走又怎麼樣？我只是副董事長而已。』」費雪解釋道。

接下來的兩年，在這位活躍、自信又能力十足的媽媽帶領之下，哥倫比亞三星影業打破了業界在美國國內總營收的所有紀錄，也創下全球總營收最高的歷史紀錄。她監製的賣座電影包括《MIB星際戰警》和《征服情海》。她善盡母職的作風甚至替電影公司簽下了《愛在心裡口難開》的男主角傑克・尼克遜（Jack Nicholson）。

電影公司很擔心這部電影的成本超支，因此拒絕滿足傑克・尼克遜提出的報酬。幸好費雪之前曾經跟尼克遜合作過，於是她親自造訪尼克遜的家，問他是否能夠請他來拍這部電影。她跟傑克・尼克遜說，她沒辦法替他爭取到更高的片酬，但是她可以替他爭取到禮拜五不用工作。因爲她禮拜五不用工作，所以他也可以。傑克・尼克遜很喜歡這個提議。

她回到電影公司，和相關人員說她以原本的價錢爭取到了傑克・尼克遜演出，但是他們必須要重新安排拍攝的時間。雖然對電影公司而言，重新安排這些事情是他們的一場惡夢，但是他們請到了這位明星，而一切都是這位擁有彈性工作時間的母親立下的功勞。

與育兒技巧最有相關的領域

顯然育兒技巧在某些領域顯得特別有相關。就像費雪的故事所說明的道理一樣，需要創意才能的產業，例如電影、電視和廣告業等等，而許多高科技、高績效的領域，則比較不在乎員工的性別、家庭或工作時間的安排，這些產業只重視員工是否能夠將工作完成。奧美環球廣告公司的雪莉・拉沙羅斯告訴我，現在有才華的人在廣告業，絕對有決定工作條件的權利。「現在廣告業很缺人才，而廣告業最重要的就是人。」拉沙羅斯說道。「廣告是一個創意導向的產業，所以我會願意不擇手段網羅有創意的人才！我手下有一位男性創意總監，住在德州潘尼洛普（Penelope）的牧場裡，但是卻在紐約工作……。世界是圍繞著那些不可或缺的人旋轉的。但是你一定要先知道你擁有什麼樣的力量。」

顯而易見地，廣告業當中有才華的女性還不了解她們擁有這種力量。根據《廣告時代》（*Advertising Age*）在二〇〇二年針對超過兩百家廣告公司所做的調查顯示，男性主導了廣告界最重要的五個職位，包括創意總監和副創意總監。在這些職位上，男女兩性的比例是二點七七比一。原因和其他產業相同，因爲創意部門的主管必須要花很多時間出差拍片，而媽媽們沒有辦法如此頻繁地出差。因此，大部分的廣告都是從男性的角度來拍攝，因此無法得到女性消費者的共鳴。舉例來說，有一支過敏藥物的電視廣告，把一個二十幾歲男性的母親描繪成一個衣衫襤褸的老女人，結果當然引起女性消費者的憤怒。有高達百分之五十八的女性表示，她們對廣告裡不當的女性形象描繪感到不滿。因此廣告公司也了解到必須要讓更多的女性參與概念發想的工作，這也或許是爲什麼揚雅廣告（Young and Rubicam）最近選擇了安・富奇（Ann Fudge）這位資深主管暨母親爲該公司新任執行長的原因之一。

重視啓發、影響和指導的教育界，和以關懷爲主的產業如醫療保健、社會服務、心理諮商和宗教界等，相對於員工的技能和關懷無關的產業（營建、修車、純科學研究、模特兒和演員等等）而言，比較可能對照顧家庭的人給予禮遇。

但是那些需要耐心、說服和協商技巧的業務和行銷工作如何呢？而女性顧客占大多數的財務諮詢服務業、保險業、旅遊和餐飲業、汽車業和房地產業呢？這些產業當中，唯一積極招募媽媽們的只有房地產業。

幾年前，我看到一張徵求房地產業務員的廣告，圖片裡頭有一位展現自信笑容的女性，肩膀掛著她的公事包。「照顧家庭不只是一項了不起的成就而已。」廣告的文案這麼寫著。「它還是最佳的訓練。要照顧家庭，你必須要能夠關懷別人，有條不紊，還要懂得財務規劃。這些都是房地產成功生涯的最佳訓練。」

教會也逐漸因爲女性神職人員而改頭換面。瑪格麗特・溫寧是希伯來協和學院的老師，這家屬於改革派猶太教的神學院位於紐約曼哈頓。她告訴我說，申請神學院的學生當中，有超過一半以上是女性，而她們當中有很多人是在花了許多年撫養小孩長大之後，才來申請就讀神學院的。「她們將會是我們最好的猶太拉比。」溫寧表示。她補充說，如果一位母親想要重返她離開職場前所從事的工作，通常並不容易。「但是如果你願意轉行，而且重返學校，你可能就會有很好的機會。」

這位身材嬌小的猶太女拉比在曼哈頓的上西城牧養一間教會長達十六年的時間，她相信當她以二十五歲之齡成爲猶太拉比時，養育一個孩子的經驗讓她更能夠了解整個社區的需求。她在教會裡建立了一個希伯來文學校，這是二十年來的第一遭，也努力讓這個教會能夠滿足媽媽們的需求。她甚至在說服年長教友贊助之前，自掏腰包在重要節日的禮拜時，請保母幫忙照顧教友的小孩。

在重新建立希伯來文學校這件事情上，她面臨了許多教會成員的反對壓力，因爲很多人都不明白也不贊同，爲什麼他們要花錢讓其他人的小孩上課？「我試著解釋說這是一項社區的活動。」溫寧告訴我說。「我說明這些學生不只是個別家庭的孩子，他們也是我們整個社區的未來。」

位於麻州沙倫市的主教派教區牧師發現許多教區居民，都歡迎也需要一個母性的角色。尤其是那些經歷生小孩過程的女性教友，特別希望能夠有同樣辛苦經歷的女性神職人員帶給她們安慰和支持。凱薩琳・鮑威爾描述了一對原本滿心期待新生命的年輕夫妻，不幸面臨了嬰兒死產的悲劇。他們在半夜打電話給她，請她到醫院來安慰她們心中的憂傷。「對我來說，這和我自己的育兒經驗很有關係。」鮑威爾有兩個小孩。

就連媒體也發現母親能夠對社會有特殊的貢獻。蘇黛德・奧布萊恩有兩個年齡非常相近的孩子，她說：「有小孩對於吸引觀眾很有幫助。我們大部分的觀眾，都是爲人父母者。他們陪伴著我經歷了人生的不同歷程，他們見證了我的懷孕過程，看著我的肚子一天天變大，然後看到了我孩子的照片……。我在路上經常被人攔住，然後問我西西利雅怎麼樣？蘇菲亞又如何？我想大概有九成五來上我節目的觀眾都會問我：『你的女兒們還好嗎？』」

嫁給投資銀行家的奧布萊恩，在三年不到的時間內生了兩個女兒之後，認眞鍛鍊身體，很快就恢復了前所未有的好身材，甚至完成了一場十公里的長跑競賽。她收到了如雪片般飛來的電子郵件，大部分都是有小孩的職業婦女寫來鼓勵她挪出時間做自己的事情。顯然這種「東山再起」得到了廣泛的認同，對她當時所屬的NBC電視台來說是一大利多。

革命尚未成功

不過對於想要重返職場的母親而言，眼前依舊充滿障礙，尤其在高失業率的時代格外如此。二〇〇三年年底，全美有九百萬的失業人口，另外還有大約五十萬被官方歸類爲「怯志勞工」（discouraged workers），後者指的是因爲對找工作絕望，而已經放棄找工作的人口（這個數字並不包括在家的母親和小孩，因爲她們並沒有正式進入勞動市場）。舉例來說，在我訪問過的女性當中，想要重返資訊產業的人都非常不順利。

二〇〇三年五月，當我訪問紐約眾議員路易絲・史勞特（Louise Slaughter）時，她讓我吃了一驚，因爲她說：「任何人只要在家裡超過六年的時間，就一定找不到工作，就這麼簡單。如果你沒有和那些想重回職場的人這麼說的話，你只是在幫倒忙而已。就業市場上沒有那麼多工作。她必須要排在所有人的後面，到頭來她什麼工作都拿不到。我不認爲你知道外面的景氣有多糟。」[1]這眞是驚人之語。

此外，無疑地一個人離開勞動市場愈久，要重返職場就變得愈爲困難。人們會失去工作上的人脈、失去所需的專業技能，更糟的是他們通常會失去信心。你需要厚著臉皮，才能夠在面對一個對你存疑的面試官，問你在家帶小孩怎麼能夠學習到和工作相關的技能時，坦然以對。除此之外，雇主也很難分辨兩個同樣在家帶小孩的應徵者，誰只是個勉強盡到責任的父母，而誰又讀過所有的育兒書籍、培養出高EQ的小孩，和把家庭管理得跟一間瑞士旅館一樣完美無缺。傑出的父母不會拿到畢業證書，也沒有光榮退休這回事，他們拿不到獎牌，而他們傑出的表現，也不會讓他們拿到任何一封求職用的推薦信。

認知偏見

上述的所有困難和阻礙，因爲世人對母親和女傭角色界定的混淆，而變本加厲。許多人一想到家庭主婦和在家帶小孩的母親，就會想到像是打掃、洗衣服、換尿布和照顧孩子等家庭雜務。他們看到全職父母，只會想到這些日常例行公事，而不會想到爲人父母也需要複雜的解決問題能力、人際關係能力、同時處理多件事情的能力，和激勵他人的技巧等。新近的研究也發現這種刻板印象的思惟，比一般人想像得還要普遍。

蘇珊・費斯克（Susan Fiske）是普林斯頓大學心理學系的教授，她的研究領域是「認知偏見」，包括她在內的許多學者都發現負面的偏見，對傳統以及非傳統的女性都造成了很大的傷害。

舉例來說，「職業婦女」和亞洲人、猶太人和有錢人都被視爲有能力的一群人，但是卻不受到喜愛。想像《致命的吸引力》（*Fatal Attraction*）一片當中的葛倫・克蘿絲（Glenn Close），你就知道了。另一方面，對家庭主婦的刻板印象則是最和藹可親的一群人，但是卻和老人、盲人、清潔工和西班牙裔被列爲能力最低的族群之一。這種刻板印象就像《我愛露西》（*I Love*

Lucy）當中的露西一樣，她傻大姐的形象讓你懷疑在這種少一根筋的母親養育之下，小孩怎麼有辦法順利長大。

一般人對家務工作的輕視，剛好和對服兵役的過度評價形成強烈的對比。幾年前我有一次和羅威・普萊斯（T. Rowe Price）聊天，他是一家位於巴爾的摩投資公司的主管，剛好聊到了這點。我提到了帶小孩能夠讓一個人擁有寶貴的管理經驗。一開始對方還表示有同感，說他有兩個女兒，最近都當了媽媽，所以他也知道帶小孩有多辛苦。但是當我提到帶小孩的經歷應該可以和服兵役的經歷等量齊觀時，他卻表現出驚訝的神情。「但是服兵役是直接的領導經驗呢！」他堅稱道。

大部分的專家學者都視這種反射性的刻板印象爲無意識的行爲。基於社會上對母親角色有這種廣泛偏見，持續關注這種現象的美利堅大學法學教授瓊安・威廉斯（Joan Williams），把它稱爲「未經檢視」的行爲。這個現象轉移了去證明的負擔。如果一位雇主（或者經濟學家）對一位重返職場的家庭主婦有偏見，或者假設身爲父母者一周只願意工作三十到四十小時，而不是五十或六十個小時，那麼他就不是認眞的員工的話，這位雇主或經濟學家也有責任要重新檢視自己的想法。威廉斯指出根據對父母的偏見造成的歧視，應該和由於種族或性別造成的歧視一樣視爲非法。因此，她建議在各州的反歧視法規當中，應該加入一條法規，禁止對有家庭責任的人存有歧視。

這樣的法規不但能夠保障所有的母親，同時也能夠保障所有的父親，因爲負面的刻板印象不限於家庭主婦，也包括家庭主夫。二〇〇二年，相對於一千一百萬名家庭主婦，只有十八萬九千名兒童的父親在家帶小孩，但是這些家庭主夫也表示在他們試圖重返職場，或者享受公司照顧家庭的福利時，也受到了同樣的歧視。四十六歲的會計經理蓋瑞・艾希格（Gary Essig）在家一年照顧他的新生兒，而他擔任醫生的妻子則繼續工作。當他想要回到職場上的時候，他以為他能夠讓雇主了解帶小孩有多具挑戰性。他談到了帶小孩所需要的紀律、智謀和創意。不過獵人頭公司的人跟他說，如果他想要避免雇主的質疑，或甚至敵意的話，他還是乖乖閉嘴，只談他過去的工作經驗就好。

四十歲的史提芬・葛林菲德（Steven Greenfield）是住在加州聖荷西的軟體開發人員。他在重返職場之前，花了四年的時間在家裡帶三個年幼的女兒。他告訴一位《華爾街日報》的記者說，一位面試主管曾經問他，他到底是同性戀，還是只是「個性古怪」。另外一位面試官甚至還沒問他的專長，就斷言他沒辦法趕上科技的發展。第三位面試官更誇張，他一知道葛林菲德之前在家帶小孩，就不知道該說些什麼，結果這場面試馬上就結束了。

至少男性比較有能力應付斷然回絕。心理學家發現男性有一種正面的幻想，覺得他們自己比真實情況更帥、更聰明，也更有能力。相對而言，女性通常卻有負面幻想，覺得她們實際上沒有那麼好。舉例來說，男性即使對一個主題完全不了解，還是可以滔滔不絕表示意見，或者條件完全不符的男性，也可能去申請他不太可能被錄取的工作。顯然如果女性能夠克服她們的認知偏見，我們所期待的改變會提早到來。直到母親們自己能夠肯定她們在給薪勞動市場之外的工作價值，別人才會對母親們表達尊重。就像一位在家帶小孩的母親所言：「我們如果能夠更肯定自己，並且對於我們持家的技能存有更大的信心，這些技能就愈可能受到注意和肯定。」

「如果有愈來愈多母親能夠把帶小孩的經歷放在履歷表上的話，」住在芝加哥的德裔全國性支援團體媽媽網絡成員達瑪．考夫曼（Dagmar Kauffman）說，「企業界遲早會收到這個訊息。」考夫曼的兩個孩子都已長大成人，爲了表示自己對這個說法的支持，她在退稅表格當中放入了不同的職稱，例如「家庭事務執行總監」。每一年她的申請表都被退回來，她自己加的職稱被劃掉，然後被改成「家庭主婦」。

這些官僚還眞難搞定！

在《母親的代價》這本書裡，我提到了一個故事，關於一位女性德國國會議員，她做了一個夢，在夢裡，她負責面試一位年輕男性。「這位先生，你的資歷很傑出，」她感興趣地說。「但是我們要找的是多才多藝，面面俱到的人才。我們看到你還沒有照顧小孩的經驗，不過你還有時間，因爲你還年輕。等到你的人生經歷比較豐富以後再回來面試吧。」

管理專家喬伊斯．弗萊徹也有過同樣的夢。她想像有一天，雇主們會了解當人們在生活當中擁有多重角色的時候，他們會比那些生活裡只有工作的人，更能夠了解顧客、同事和客戶與其他相關人等。她甚至想像過，未來有一天公司的員工訓練，能夠包括替沒有小孩的人訓練照顧的技能，像是在一群年輕人當中扮演訓練，或者團隊領導者的角色。未來企業可能會把照顧小孩或社區服務的資歷，視爲升遷或持續雇用的必要條件。

在此同時，回到現實社會的情況裡，你可能會想知道那位離開職場十八年的海倫・康格斯，到底有沒有拿到《達拉斯晨報》的文字編輯工作。我上次打電話給她的時候，已經和她原本預期會拿到固定職位的時間隔了好幾個禮拜，當時她還在代大夜班，也還沒有得到正式雇用的好消息。又過了一、兩個禮拜，我收到了一封電子郵件，信件標題寫著：「我得到我想要的工作了！」

小兎子媽媽

回溯到一九三〇年代，當年母親只希望有人能夠注意，並且能夠善加利用她們的才華。由杜博斯・海沃德（Dubose Heyward）和梅若麗・法萊克（Marjorie Flack）在一九三九年共同撰寫的童書《鄉下小兎子和小金鞋》（*The Country Bunny and the Little Gold Shoes*）當中，描寫的主題就是這種母親的夢想。

這本書講的是選擇復活節小兎子的故事。每年復活節都會選出五隻小兎子，而這五隻小兎子一定要是「全世界最善良、跑得最快，也最聰明的小兎子」。一隻年輕的鄉下小兎子夢想有一天被選爲復活節的小兎子，但是她是隻胖胖的小棕兎，不是大家心目中纖細可愛的小白兎。這隻小兎子長大以後生了二十一隻小兎子，讓她好多年都忙著照顧孩子。但是她透過紀律和關懷，把她的孩子們都訓練得很好，她們都學會了做家事，因此她的家非常井然有序、舒適怡人。

有一天，新的復活節小兎子選拔賽開始了，這隻兎子媽媽跑去看這場比賽，她覺得有點難過，因爲她想要實現這個終身願望的機會實在非常渺茫。

新的復活節小兎子，是由一位睿智的兎子爺爺負責挑選的。參賽者在第一輪的比賽當中又跑又跳，證明他們又聰明，跑得又快。但是他們並沒有證明自己既善良又睿智。

後來這位兎子爺爺注意到了這隻棕色兎子媽媽，帶著她的二十一個孩子站在賽場旁邊。她的每個孩子看起來都既活潑又有禮貌，而且看起來非常細心。兎子爺爺好奇地問起了她，並且驚訝地發現她家是多麼井然有序，而她的孩子們看起來又是多麼地快樂。他認爲她一定是一隻又聰明又善良的兎子。她以很快的速度把孩子們都集合起來，證明了她有多麼迅速敏捷。兎子爺爺認爲她一定也很睿智，於是他選擇了這位兎子媽媽。

在復活節當天的晚上，他賦予她另外一個重要的任務，就是跑一趟很遠的路，好把快樂帶給一位生病的孩子。她順利達成了這個任務，於是得到了一雙金鞋子做爲獎賞，象徵她和其他了不起的復活節小兎子一樣，能夠達成最艱難的任務。

這個故事是任職於世界銀行的凱薩琳・馬歇爾告訴我的，她從這個故事當中得到了兩個結論。第一是，身爲母親的經歷，和選擇復活節小兎子或任何其他領袖是息息相關的。而善良、智慧和勇氣，和聰明才智與速度是一樣重要的。其次，這隻特別的兎子媽媽以無比的幽默感、組織能力和效率完成了她的任務，展現了她做為領袖的潛力。不是所有的母親都有這種資質，但是當你看到這種潛力的時候，你知道你發現的是一個有能力得到小金鞋的偉大人物。

我從這個六十五年前的小故事當中，還得到了另一個啓示。這隻兎子媽媽還得需要一隻聰明的兎子爺爺才能夠發現她的才能。我不認為母親們可以繼續再如此被動下去，默默等待自己的才能被發掘。我們自己就能夠肯定我們心中的那隻復活節小兎子了。

跋 媽媽能夠改變全世界

最後，我想要總結一下在我的研究中，得到的兩個最主要的印象。第一點，媽媽無所不在，不論是國家科學委員會的主席，還是國防工業大廠飛彈系統部門的主管，都有可能是孩子的母親。說明媽媽無所不在的一個最佳例子，就是當一位女牧師在發聖餐的時候。兩個學齡兒童靠在教堂座椅的扶手上，看著女牧師拿著聖餐走過來時說。「你看！」其中一位小孩說，「她是個媽媽耶！」

其次，媽媽們也逐漸在改變整個職場的生態，包括職場的語言、氣氛，更重要的是職場的規範。

讓我們先講第一個印象。我非常了解要兼顧母職和認眞的職業生涯有多麼困難，困難到大多數的女性，甚至包括高學歷的女性在內都沒有辦法兩者兼顧。我也了解大部分的職業婦女都只能從事傳統上由女性負責的工作，導致她們的薪資水準永遠低於男性。

但是這些事實並不能夠掩蓋媽媽們卓越的經濟成就。這些了不起的媽媽們正掌管著你最難與她們聯想在一起的組織機構，也做著你最無法和她們聯想在一起的事情。舉例來說，高成就的已婚女性（定義爲年薪五萬五千美元以上，或者擁有研究所或專業學位的人）有小孩的機率，和其他全職工作的女性一樣。這些已婚的高成就女性和其他全職工作的女性當中，有超過四分之三（百分之七十八）的人在四十歲以前，至少有一個小孩。

「現在每個人都說，家庭生活會阻礙成功，說大部分的成功女性都沒有家庭生活。」艾琳·納蒂維德（Irene Natividad）表示，這位菲律賓裔美國女性被《職業婦女》（*Working Mother*）雜誌列爲一九九七年全美最具影響力的二十五名有小孩的職業婦女之一。「但是事實並非如此！工作和家庭是相輔相成的，你會因爲在家庭中的其他經驗，而在工作上表現得更爲成功。如果我們不能夠讓世人了解這兩者之間的關聯，會有更多的女性以爲成功的唯一方法就是保持單身。」

即使在事業最成功的女性之間，身爲母親的比例也幾乎和其他職業婦女一樣高。以《財星》的企業界前五十大女性人物名單爲例，在二〇〇二年，這前五十大女性人物當中，有四分之三（百分之七十六）的人有小孩。所以不論是認爲女性必須要放棄生小孩夢想的這個迷思，還是有小孩的女性必須放棄職業生涯夢想的另一個迷思而言，兩者都是錯誤的。

兩位女性的啓示

我在紐約連續進行兩場訪談之後，終於了解到這個道理。這兩場訪談的對象，分別是哥倫比亞大學國際與公共事務學院院長，和時代公司的執行長。

我在一九六〇年代從哥倫比亞大學國際與公共事務學院畢業。當時的院長是一位高高在上、威嚴的白髮紳士，名叫安德烈・柯蒂爾（Andre Cordier），我在學校時從來沒有跟他講過話。如今的院長是一位和藹可親、腳踏實地，年紀五十歲出頭的政治學家麗莎・安德森。她是中東政治議題的專家，會說阿拉伯文，有兩個還在上學的小孩。對這個學院和女學生來說，這是個非常大的變化。

在我訪問安德森院長的第二天，我來到了曼哈頓中城的時代生活大樓，這裡是我從哥倫比亞大學畢業後工作的第一個地方。當時時代公司的董事長同樣是位高高在上、頗具威嚴的紳士，名叫安德魯・海斯凱爾（Andrew Heiskell），當時在這家公司工作的女性員工通常做的是最低階的工作，如研究助理等。如今時代公司的董事長暨執行長是安・摩爾，她是一位了不起的行銷專家，在公司裡一步步升遷到這個最高的位置，而現在這家公司顯然對女性的升遷機會，也不再有任何限制。

當我在時代公司一級主管所在的三十四樓訪問安・摩爾的時候，我發現辦公室的走廊堆滿了棕色的紙箱、垃圾桶和一堆堆廢紙。因為剛被任命為新任董事長的摩爾正在整理辦公室。她上任的第一個決策，就是要所有人整理他們的辦公室和櫃子。所有累積的垃圾都會在月底拍賣，拍賣所得將做為慈善用途。

「我覺得這些書架可能四十年都沒有人整理過。」她指著董事長辦公室裡頭靠牆的書架說。在她之前所有的董事長都是男性，他們大概從來都沒有注意過書架上堆積的灰塵。

許多人對於女性獲得權力之後，會不會大刀闊斧改革組織，或者權力會不會改變女性，讓她們的言行舉止變得更像男性，還存在著保留的態度。直到目前爲止，在家庭以外取得權力的女性人數仍舊稀少，以致於很難針對這個問題驟下定論。

我進行的專訪讓我相信這個問題的答案即將浮現。像是麗莎・安德森和安・摩爾這類的女性領導人和男性截然不同。她們正在默默地、小幅度地改變職場的環境。但是從許多地方，我們都可以看到她們和其他擔任領導職位的母親們，正發揮出不可忽視的力量。

母性的比喩

首先，權力的語言也隨著更多母親掌控職場而在改變當中。母性的比喩開始如雨後春筍般地出現，取代男性偏好的運動和軍事比喩。作家羅賓・葛寶（Robin Gerber）在訪問一位法國城市的女市長時，就聽到了這種比喩，這位女市長說她和選民之間的連結就像透過臍帶連結一樣緊密。

挪威人同樣從他們第一位女性總理布倫特蘭夫人（Gro Harlem Brundtland）口中聽到這樣的新語言，她指責保守的競選對手掌握的政府「吃完飯後只會把髒盤子留給別人洗。」

阿根廷的改革派女政治家艾莉莎・凱若（Elisa Carrio）是這樣描述二〇〇二年夏天的經濟危機：「我們看到了不一樣的阿根廷正經歷難產的過程。女人在生小孩的時候絕對不能做的事情，就是把兩腳合起來。而舊的統治階級把持權力不放，就像不願意把雙腳張開來一樣。這樣的生產過程當然會非常痛苦。」

潔米．高立克也不吝於使用這種新語言。她告訴我一個故事，這個故事是來自一本很有名的童書，名爲《如果你給老鼠一塊餅乾》(*If You Give a Mouse a Cookie*)。在這個故事中，一隻老鼠碰到了一個小男孩，然後跟他要餅乾吃。這隻老鼠吃完了餅乾，又跟小男孩要一杯牛奶來喝。等到牠拿到一杯牛奶後，這隻老鼠又要了一根吸管，然後再要了一張紙巾……。牠不斷要新的東西，直到老鼠和小男孩把東西弄得一團亂，只好自己收拾。最後當這個小男孩和這隻老鼠兩個都已經累得筋疲力盡時，老鼠說牠口渴了，所以想要再喝一杯牛奶……。這個故事的重點是，如果你給了老鼠一塊餅乾，牠的要求就永無止境。

在電影《空軍一號》中有一幕的劇情是，飾演總統的哈里遜．福特在總統專機的貨艙一邊躲避恐怖份子的追擊，一邊和飾演在白宮的副總統葛倫．克蘿絲通電話。恐怖份子正在處決人質，剛剛才殺了國家安全顧問，於是總統對副總統說：「我們不能夠屈服於他們的要求。因爲他們絕對不會善罷甘休。」

「如果你死在飛機上，事情會不會就此了結呢？」副總統問道。

「聽著，」總統回答說。「我們不計任何代價，都必須完成任務。如果你給老鼠一塊餅乾……。」

副總統接著說：「接著牠就會跟你要一杯牛奶。」

高立克相信這個故事代表了掌權人士之間一種新的對話形式。他們用的術語不再是足球、籃球或曲棍球，這種華府政治圈習慣使用的權力象徵。他們用的術語來自一本童書，而這段對話是來自於視自己爲人父母的兩位權力極高的人士。

「我敢向你保證，這段電影對白在二十五年前我剛進社會的時候，根本不可能想像得到。」高立克在一九九九年向一群華府女性說道。

這位兩個孩子的母親完全不吝於把她兩個孩子的故事帶進辦公室。「在司法部，我們每天下午大概五點左右，會在部長寬敞的會議室開會，規劃第二天的行程和活動。」高立克告訴我說。「我們會輪流報告，等輪到法律事務部主任報告時，他會提出一大堆問題：『我們在這個議題上被攻擊，我們哪裡即將出狀況』，反正就是接踵而來的問題。這時候，我就會說：『安迪，你聽起來像小熊維尼故事裡的驢子。你需要像跳跳虎一樣的態度。』會議裡頭每個有小孩的人都笑翻了。第二天我就送給他兩個小熊維尼和驢子的玩偶，他在司法部服務的時候，不論轉換幾次職位，他都帶著這兩個玩偶，然後跟同仁說：『我們需要改善一下大家的態度！』」這種情況所代表的改變很難言喻。沒多久之前，女性主管會把辦公桌上小孩的照片收起來，害怕這會影響她們的升遷機會。成功女性如生物學家麗塔・科威爾甚至覺得，她們不能透露她們有小孩的事實。

「對我這代的女性來說，你必須要隱藏這個事實。」現年六十多歲的科威爾表示。「我不能夠讓任何『女性化』或者『母性化』的事物，出現在同事的討論話題中。我必須要儘可能地和那些男同事打成一片。我甚至不能說『你知道嗎？你的行爲就像是個兩歲小孩。』」

「可是你曾經那麼想過嗎？」我問道。

「當然！」

在辦公室談論小孩

相反地，今日的女性主管表示，在辦公室談論小孩對她們來說，是一種資產，而不是一種負擔。身爲CNBC有線電視執行長，同時也是一位年輕媽媽的潘蜜拉・湯瑪斯・葛拉罕告訴我，談論她的孩子讓她在工作上和同事的關係變得更爲密切。在此之前，因爲身爲黑人女性的身分，使得她在一群以白人男性爲主的同儕當中顯得有些突兀，不過現在她可以和同事交換發生在孩子身上的趣事。「我現在可以和別人有不一樣，而且更有趣的對話。」她表示。「男人很喜歡討論他們的小孩，而且我的很多男同事都有很多小孩！我們可以開孩子們的玩笑，就像男人彼此開運動或其他主題的玩笑一樣。」

「孩子是男女彼此之間可以共享的主題。」雪洛・白肯德表示。「如果要我試著用運動術語做比喩的話，我一定會讓自己聽起來像個可笑的白痴。不過我和男性主管有兩個話題可以聊，那就是小孩和書。我發現男人很喜歡談論他們的家庭，如果他們可以和老闆談這個話題，會覺得非常輕鬆自在。我個人就得到了非常正面的回應，這也讓我相處起來更具人性、更和藹可親，而不會顯得太過咄咄逼人和冷酷無情。」

白肯德也表示在她之前服務的公司，有許多男同事聽到她說自己因爲身爲母親，而成爲一位更好的領導者時，也都覺得相當寬慰。「因爲他們也想要一個更均衡的生活，我的例子讓他們能自由表達這個渴望。」她表示。「我負責領導的團隊當中，男女大概各占一半，而不論男女都可能對我說像『我要請假去參加我女兒的畢業典禮』這種事情。」

高立克從她共事的男同事身上，也得到了同樣的反應。有一天早上，送小孩去上學之後，她筋疲力盡地進了司法部參加一場很早的會議。

「今天早上我小孩在車上實在太調皮了。」她抱怨道。接下來的二十分鐘，有六個兒子的聯邦調查局局長路易斯・傅利（Louis Freeh），和有九個小孩的藥品管制處處長湯姆・康士坦汀（Tom Constantine）都在分享他們如何讓小孩在車上乖乖聽話的秘訣。「那眞是一次讓我們感情大幅升溫的經驗。」高立克表示。

媽媽能夠改變全世界

最後，我也覺得當媽媽處於組織的最高位置時，不論是大學校長、州長，或者是一家公司主要部門的負責人，都會促成兩個重大的改變。第一，員工遵守的規範改變了，有家庭責任的員工，相對於工作之外沒有私人生活的員工，逐漸成爲一般員工的典範。就像在美國聯邦國民抵押貸款協會、普林斯頓大學和其他地方一樣，當整體的觀感改變的時候，整個組織也會變成對家長而言，更爲友善的工作環境。用心的父母不必再躲躲藏藏，反而可以自在地誠實表達他們的價值觀。

其次，當媽媽們在組織內掌握實質權力，並且能自由表達她們的看法時，整個組織會因爲新的多元化規範而受益。經驗的多元化和種族、性別、年齡等因素的多元化一樣重要。當擁有直接育兒經驗的人，從被管理者成爲管理者的時候，對組織的影響就像血統多元化在生物學上的影響一樣。混血產生的活力，或者所謂的「雜種優勢」(heterosis)，將會提升整個組織的活力和成長的潛能。

我看到的情況是這樣子的。一九六〇年代和一九七〇年代初期的婦女解放運動，女性爭取的權利是生育的自由，和教育與經濟機會，包括進入之前未對女性全面開放的職業工作。當時婦女解放運動的任務在於向男性學習，並且讓男性習慣於和長久以來受到差別待遇的女性共事。差別待遇代表著較差的待遇。女性必須證明她們雖然和男性不同，但是至少和男性表現得一樣好。

這個階段大概從一九六〇年代末期一直延續到一九九〇年代，在一些保守的領域當中，這樣的努力甚至必須一直持續到今天。在這個階段當中，女性大量進入職場，並且擠身企業管理階層。她們被期望接受既定的遊戲規則，在某些情況下，她們甚至得仿效男性的穿著（在一些傳統以男性爲主的工作當中，如執法人員和保全人員等，這仍舊是存在的規定）。

除非男性能夠在公共領域當中，完全接受與女性共事的情形，並且了解女性在任何領域都可以和男性平起平坐，否則這個階段就沒有終止的一日。只要女性還被視爲「另一性」，那麼她們就有要和男性平起平坐的壓力，而她們所擁有的潛在附加價值，如經驗的多元性和她們能夠提供的想法等，也無用武之地。但是只要女性達到了和男性平等的地位，換句話說，如果她們能夠自在地表現出自己的差異，而不需擔心自己的地位受損的話，她們就能夠提出新的想法、擴大爲能認眞討論的議題範圍，以及可被接受的對話內容。在這個階段當中，男性開始向女性學習，規範也開始轉移，組織開始以不同的方式行事，而我們對現實世界的觀點也會進一步擴展。

重新定義現實

我們確實進入了令人興奮的女性在公共領域平步青雲的階段。寶鹼的黛比・漢瑞塔就能證明，當組織的領導階層開始接納過去被排擠的人時，會產生什麼改變。

一個有小孩的媽媽成爲全球嬰兒用品部門總裁的好處，在於她能夠帶入許多過去從來沒有被考慮過的想法，或者是過去被考慮過，但是卻被嗤之以鼻的創意。整個組織現在都以完全不同的方式，來思考事業的經營。我們招攬的人才能以非常不一樣的方式解決問題，或者可以解決非常不一樣的問題。我們找來了科技方面的專家，能夠替我們找到可行的方式，我們也有人能夠思考如何將這些科技商業化，好接觸到那些會購買產品的媽媽們。而且不只是女性員工，我們的男性員工現在的思考模式也改變了，因此也能源源不絕地提供新的創意。

我們公司從這方面學習到很多經驗。只有一種類型的思考者並不夠，一家企業需要多元化的觀點。當你能把這種多元化的經驗導入組織時，就能創造奇蹟！這就是這家偉大企業成功背後與他人完全不同的故事。

黛比・漢瑞塔補充說，她「不只是拔擢女性而已，還有身為父母的人，或者說擁有帶小孩經驗的人。一位經驗豐富的奶爸可能和一位媽媽一樣擁有許多創意。或者一個有幫忙帶姪子經驗的阿姨。我在找的人，是那種愛小孩，並且有帶小孩經驗的人……。我也試著要做到文化的多元性。我負責的是全球的嬰兒產品部門，而菲律賓、拉丁美洲、中歐和東歐的人對小孩都有不一樣的文化態度，我們也需要將這種多元性納入團隊當中。」

這種多元性概念的擴張，也挑戰著傳統的企業，它們過去使用的語言都是比較心不甘情不願的，例如給予父母彈性，提供家庭的需求，或者調整成非傳統的營運方式。這種語言表現出缺乏熱情的容忍態度。只有像黛比・漢瑞塔一樣的雇主，能真正了解父母對組織增加的無比價值，能讓文化更具自省能力時，我們才能夠見到真正的突破。

有些最令人興奮的改變正發生在宗教界。隨著愈來愈多的女性成為牧師或神職人員，她們也將母性的情感帶入了精神的領域。這種潛在的革命已經影響了宗教生活當中，從兒童宗教教育到對神性的解釋在內的各個層面。

凱薩琳・鮑威爾是聖公會最早任命的女性牧師之一。一九七九年，也就是她第一個小孩出生四年前她就當上牧師。一開始，她希望教會不要把她和孩子畫上等號，把她安排去上兒童主日學。當時，兒童主日學通常是在教會的地下室舉行，教會裡的女性都會開玩笑地說：「如果你要找女人和小孩，到地下室去就對了。」

等到她自己的兩個女兒出生之後，鮑威爾開始更加重視兒童的宗教教育，也才注意到兒童主日學的內容有多糟糕。「基本上主日學只有讀故事書和著色畫而已。」她說道。「在過去，對於兒童的精神生活，或是任何相關的發展問題完全沒有一套有系統的教學方法。而決定改變這一切的，是願意傾聽孩子心聲的媽媽們。」

孩子的問題

每位爸媽都知道孩子也會提出非常深刻的精神層面問題，尤其是在祖父母過世，或者心愛的寵物離開世間的情況下。我們是從哪裡來的？我們死了以後會去哪裡？世界的起源是什麼？當鮑威爾的二女兒大概四歲的時候，她會走進廚房，然後問：「媽咪，一天結束的時候會發生什麼事情啊？」鮑威爾就開始跟她講那天接下來會發生的事情，結果她的女兒打斷她的話說：「不是啦，我是說世界末日的那一天啦！」所以她的意思是當一切結束的時候，會發生什麼事情？

當她的大女兒大概五歲的時候，她有一位托兒所的同學不幸過世了，同時她另一位朋友的爺爺也過世了。之後沒多久，她的女兒對她說她做了一個夢，夢到她和她的朋友一起上天堂去看她朋友的爺爺，還有她們過世的那位同學。「他們要我們知道，他們有替我們禱告，他們也要我們告訴別人說一切都很好。他們可以看到我們，我們也可以看到他們。」

鮑威爾決定在主日學的課程當中，爲兒童結合蒙特梭利的技巧和靈修課程，現在這類的課程可以在愈來愈多的教會看到。主日學老師會把寓言說給孩子們聽，但是他們不是只接收到這個故事的意思，而是被鼓勵用玩偶代表故事當中的主角（例如良善的牧羊人，也就是耶穌基督和他的羊群），讓他們可以自己找出故事背後的意義。有一天她發現一位三歲半的男孩坐在教室裡，看著桌上的一個小箱子，箱子裡頭放了一些木頭小玩偶，玩偶描述出的情節就是耶穌基督最後的晚餐。她於是問他在想什麼。

「你知道嗎，如果耶穌要幫朋友辦派對的話，他會把全世界的人都請來。」這位小男孩回答說。

這和傳統的查經課顯然大不相同。如果教會裡頭沒有媽媽們的話，我們不可能把主日學帶到如此敏感和複雜的領域。

鮑威爾說教會裡的女性神職人員還促成了另一項值得注意的改變：她們讓聖公會在處理性醜聞的時候，比天主教教會有效率得多。

「我們處理這個問題的態度比別人積極許多。」她告訴我說，「因爲女性神職人員碰到這種問題比較願意坦誠以對，也比較願意向上報告。」

我敢說她們一定處理得非常成功，因爲我從來沒有聽過聖公會發生任何性醜聞。「噢，大概我們的神職人員都是異性戀吧。」她說道。

「上帝是女人，而她正在變老。」

女性對宗教的重大影響之一，就是對神性的重新詮釋。這點可以從瑪格麗特・溫寧拉比於一九九〇年一場佈道演講的文稿看出端倪。這場佈道文稿後來被收錄在一本二十世紀偉大佈道的選集當中，而這份文稿的標題是〈上帝是女人，而她正在變老〉(God Is a Woman And She is Growing Older)。

在這篇佈道演講中，溫寧把上帝描述成一位獨自坐在廚房餐桌前的老女人，她回想著她已經長大成人的小孩，並且帶著苦樂參半的盼望，希望她的孩子們能夠回到她的身邊。她記得他們帶給她的傷痛和悲傷、爭吵與失望，但是她仍舊堅定地付出無條件的愛。這篇如詩般的佈道詞以上帝耐心等待的異象爲終結，她的家門永遠敞開，屋子裡的燭火未曾熄滅，等待著她的孩子能夠在贖罪日回到身邊。

另一場由凱薩琳・鮑威爾在華盛頓國家大教堂進行的佈道演講，則是引用了生小孩的比喻。這篇佈道詞寫於一九八〇年代，當時中美洲充滿動盪不安與血腥屠殺。不過這篇佈道詞在今日依舊歷久彌新。

鮑威爾提醒教會的所有弟兄姊妹們，所有的社會改變都像是生小孩一樣。它很可能是始料未及的，就像亞伯拉罕年邁的妻子撒拉一樣，它也很可能驚險萬分，就像摩西的母親一樣，甚至令人驚愕，就像瑪莉亞未婚懷孕，甚至可能被放逐一樣。除此之外，生產的過程一定會痛苦。我們必須要了解這點，才不會懼怕未來可能的發展。

「我們看著世界的混亂，而以恐懼回應……。」

「我們看著世界的痛苦哀嚎，只想到要保護自己。我們想要保持冷靜和安靜，守著自己在世界上的位置和角色……。」

「我們看著世界的脆弱，而有時候我們會自以爲是。如果別人照著我們的方法去做、如果別人不會堅持在還沒有準備好的情況下自治，如果別人有和我們一樣的政府，如果別人可以比較謹愼一點，如果別人不要如此極端的話……。」

「我們面對一個痛苦哀嚎的世界，步履維艱地站在一個人爲促成動亂的環境當中……。請賜給我們不因此退卻的智慧，讓我們把這些苦痛視爲生產的過程，視爲向前的動力。請賜給我們憐憫心，把衝突和敵意視爲痛苦的症狀，只是阻礙了想要誕生的夢想……。」

這是一位母親的智慧，使用男性神職人員還不能運用自如的比喻。它提醒了我們這個世界並不完美、是血腥的，也是令人驚恐的，不過這個世界依舊值得我們去擁抱。媽媽們可以帶給我們對新生命的盼望。

附錄 給媽媽們的安心處方

一個曾經暫時離開職場，回家養育小孩的人，到底要如何以最適合的方式來呈現這段經驗呢？他到底要如何把這個經驗放在履歷表上頭呢？

或許一開始最好的作法，就是準備自己的技能存貨，列出你所有透過非正式管道所學習到的可移轉技能，包括所有在學校、教會和其他非營利組織所從事的義務性工作。如果你之前在社區、學校、宗教團體或公民組織相當活躍，這個步驟對你一定會有幫助，另外，此舉也可以證明你熟悉募款、招募和管理志工、出版新聞通訊、設計和維護網頁等技能。但是一位父母的技能原本就可以包括財務管理、組織技能、思考、協商、激勵演講、輔導、兒童心理學家、活動規劃、餐飲服務和家庭用品採買等項目。

重點是千萬不要不好意思。對每個人來說，他幾乎都擁有足夠的技能，端視你如何表達而已。作家羅賓・葛寶曾經指出，履歷表上如果寫著「成功調解家庭成員間衝突的需求」，事實上和「領導產品開發的協商過程」代表著同樣的意義。

許多在家待過幾年的女性都會失去自信，需要人家提醒她們到底成就過了哪些事情。一位朋友告訴我一個關於她在伯克郡（Berkshires）一位鄰居的故事。這位鄰居是一位有四個小孩的家庭主婦，她申請了一家美體小舖的加盟店。「你覺得我會成功嗎？」她問道，因爲在多年從事無給薪的家務工作之後，她對自己的能力沒有信心。

「你在開玩笑嗎？」我的朋友回答說。「你能夠用年薪兩萬五千美元養活一家六口呢！你有主計員的節流省錢能力，有高效率專家的組織能力，有激勵人發揮潛力的能力。你能夠調解破壞性的對立，一天從事十二到十四個小時對體力、情緒和心智都有高度要求的工作，能夠在自己毫無意識的情況下，掌握所有大小事的細節，你覺得這些能力都不能夠應用在商場上嗎？」

另外一個洞悉可移轉技能的方式，就是先了解各種給薪工作需要的條件。舉例來說，曾經擔任過護士的珍·葛雷（Jen Grey）在填寫北卡藍十字藍盾保險公司（Blue Cross-Blue Shield）的網路求職表時，看到了以下的徵人條件：

◎持續表現出領導統御行爲（訓練、指導、協助同儕解決問題）
◎能成功展現指導、提供建設性回饋和培養員工的能力
◎擁有促進並支援團隊合作和團隊決策的能力
◎優異的協調、決策和關係建立技能
◎擁有分析思考能力。發現問題與建議並執行解決方案的能力
◎在經常存在高度壓力的環境下，做出健全且獨立之業務決策的能力

◎優異的人際關係與組織技能

葛雷心想，這些不都是身爲一位父母應該具備的技能嗎？這些技能都可以理直氣壯地列在一位全職或兼職父母的履歷表上。

美國勞工局的職業資訊網路（Occupational Information Network）包含一連串用來分析給薪工作市場特定工作需求的技能。以下是按照由簡而繁的順序，列在最基本技能（基本讀寫能力、數學能力）之後的技能。

社交技能（許多家長應該都是這方面的專家）

◎社交感知力（注意到其他人的反應，並且了解爲什麼他們會有此反應）

◎協調能力（根據他人的行爲調整行爲的能力）

◎說服能力（說服其他人以不同的方法行事）

◎協商能力（召集所有人，試圖調解差異）

◎指示能力

◎服務導向能力（積極尋找協助他人的方法）

◎複雜問題解決能力（解決現實世界的問題）

◎問題識別能力（找出問題的本質）

◎資訊收集能力（了解如何尋找資訊，並分辨出重要資訊）

◎資訊組織能力（找出方法建構或分類多重資訊的能力）

◎綜合／重組能力（重組資訊，以找到解決問題或任務的最佳方法）
◎產生想法能力
◎評估想法能力（評估一個想法對於狀況的條件有多少成功機會）
◎執行規劃能力（找到執行某一想法的方式）
◎解決方案評估能力（觀察並評估某一解決方案的結果，以清楚了解學習到的經驗）

在職業資訊網路的技能清單上，接下來列出的是「**技術技能**」，也就是用來設計、建置、操作和修正機械和科技系統發生問題的技能。這個領域和身爲父母沒有相關性。因爲說實在的，我們很難看出養兒育女能夠如何提升你撰寫電腦程式、執行軟體測試，安裝或維修科技設備的能力。

再下一個項目是「**系統技能**」，定義爲用來了解、監控和改善組織與系統的技能。這些技能包括洞察力，也就是想像一個系統該如何運作的能力；系統感知力，也就是當系統發生改變時能判斷出來，或預做判斷；確認下游結果，也就是改變營運方式會有的長期結果；還有系統評估，也就是檢視系統績效指標，並且考慮其精確性。

這些技能聽起來好像非常困難，但是有人懷疑爲人父母者不會爲他們孩子的未來著想，隨著小孩成長持續追蹤他們重大的改變，了解發展的長期結果，並且在考量長期目標下，監控孩子的績效表現嗎？如果說有人能夠符合系統思考者的定義，那麼一定非母親莫屬。隨便去問任何一位托兒所負責人或者大學入學許可申請單位的主管就知道了。

最後，還有用來有效分配資源的「**資源管理技能**」。這個領域是天下父母們最擅長的領域。

這些技能包括：

◎時間管理（管理自己和他人的時間）

◎財務資源管理（決定錢該花在哪裡，以及相關支出的會計事務）

◎物質資源的管理（完成某項工作所需之設備、設施和物料的取得和適當使用）

◎個人資源的管理（激勵、訓練和指導他人的工作，確認適合某項工作的最佳人選）

看著這些給薪工作所需技能的清單，顯而易見地，帶小孩的工作除了特定的技術能力之外，確實提供了與絕大多數技能相關的經驗。我也注意到許多組織的高層主管，也缺乏這些特定的技術能力。就你所知，有多少高階主管是連電腦也不會用的？在高階管理工作當中，最重要的是判斷能力、成熟度、效率、誠信、奉獻和情緒智商。這些特質再加上對工作的熱愛，剛好就是一位好父母的寫照。

接下來換個比較輕鬆的角度來看這件事情。密西根州伊斯蘭提（Ypsilanti）的荷莉・博考維奇（Holly Butkovich）之前曾經擔任幼稚園老師，現在則是一位在家帶小孩的母親。她說她可以洋洋灑灑列出包含這些技能的履歷：

◎一心多用——餵奶的同時可以進行另外兩件事情

◎做事主動——身為家中唯一知道如何操作洗碗機、洗衣機和吸塵器的人說明了這點

◎善於與人交際——有能力在一個老太太滔滔不絕對我講著她孫子的事情，我的小孩對

著我耳朵大喊，還有收銀員在講電話的情況下，應付自如地通過結帳櫃檯

◎餐廳品評——知道哪一間餐廳方便幫小孩換尿布，因此成爲出外用餐的最佳選擇

◎危機預防——永遠記得多帶一片尿布

至於在派對上陌生人總是會問的那個討厭問題：「請問你在哪裡高就？」以下幾個標準答案可以提供給在家帶小孩的父母使用：

◎小公司的經理（例如，博考維奇母子公司；史密斯公司）

◎地產經理人

◎私人投資者

◎人力資源投資者

◎清潔／外燴公司的負責人

◎初級教育計畫的執行總監

◎教練

◎輔導顧問

◎兒童發展研究員

◎人力資源開發顧問

◎人類潛能訓練員

只要有想像力，這個清單可以一直繼續寫下去。

另外還有一個在網路上流傳已久的小故事：幾個月以前，我無意間碰到我的朋友艾蜜莉，她看起來氣沖沖地，原來她剛剛去政府機關換駕照。當女性辦事員請她說明她的職業時，艾蜜莉顯得有些遲疑，不知道要如何說明自己的職業。

「我的意思是你有沒有工作，或者你只是個……。」辦事員說明道。

「我當然有工作。」艾蜜莉打斷她的話，「我是個媽媽呢。」

「我們不把『媽媽』列爲一種職業……，我們只有『家庭主婦』。」這位辦事員好心地說明。

我原本已經完全忘了這個故事，直到我自己在鎮公所遇到了完全一樣的狀況，才勾起我的回憶。我碰到的這位辦事員，顯然是一位資深公務員，她的態度泰然自若，表現得非常有效率，她的職稱好像是鎮公所註冊辦事員。「請問你從事何種職業？」她詢問道。

我不知道是什麼原因讓我這麼說的，不過我自然而然地說：「**我是兒童成長與人際關係領域的研究人員**。」

這位辦事員的動作暫停了下來，原子筆停在半空中。她抬頭看我，我則慢慢地、一個字一個字地重述我剛剛講的職稱。然後我就帶著驚奇的眼神，看著她用粗黑的字體把我的職業寫在官方問卷上頭。

「我可以請問一下，你在這個領域從事什麼樣的工作呢？」這位辦事員感興趣地問道。

我聽見自己冷靜地以不帶一絲慌亂的聲音回答說：「我正在進行一項持續性的研究計畫

（哪個媽媽不是這樣？），研究地點包括實驗室和實地操作現場（也就是室內和戶外）。我在替我的碩士學位進行研究（其實是我全家），已經拿到了四個學分（四個都是女兒）。當然這個領域是在人文學科當中最辛苦的一部份（誰不同意呢？），我每天幾乎都要工作十四個小時（基本上應該是二十四小時全年無休吧。）」

這位辦事員的聲音當中多了一股尊敬的味道，她塡完了表格，起身送我出門。在我開車回到家，同時因爲我這份了不起的新職業而沾沾自喜時，我那三個分別爲十三歲、七歲和三歲的研究助理在家裡迎接著我。樓上，我可以聽到我們那個兒童成長計畫的新實驗對象（六個月大），正在測試一種新的聲音模式。此時我心中浮起的，是一股洋洋得意的感覺。

受訪者簡介

麗莎・安德森（Lisa Anderson）

紐約哥倫比亞大學國際與公共事務學院院長。在擔任院長之前，安德森曾擔任該校政治系主任。麗莎・安德森教授是中東與北非事務專家，也是人權倡議者。她已婚並育有二子，分別出生於一九八五和一九九〇年。

雪洛・白肯德（Cheryl Bachelder）

四十八歲，從二〇〇二年年初起至二〇〇三年九月止，擔任肯德基炸雞的總裁暨執行長。已婚，育有二女，在二〇〇三年時分別為十七歲與十一歲。即使在擔任全球第二大速食連鎖店總裁的期間，她還是親自負責女兒的行事曆。「她們生活的大小行程都記在我的PDA裡。」她表示。雪洛・白肯德之前曾在知名企業如吉列刮鬍刀、寶鹼、納貝斯克公司擔任行銷經理，也曾經擔任達美樂披薩的執行副總裁，負責規劃、行銷和研究工作，以及產品與概念開發活動。

茱蒂・布雷茲（Judy Blades）

茱蒂・布雷茲是產險公司哈特佛金融服務集團的資深執行副總裁，也是保險業職位層級最高的女性之一。她負責掌管大約七十億美元的年度全球保費收入，以及超過五千位員工，將近於哈特佛集團兩萬七千名員工的五分之一。五十七歲的茱蒂・布雷茲是從公司的基層做起，與一位哈特佛同事結婚。二〇〇二年，布雷茲在曼哈頓的俄羅斯茶室餐廳被選爲年度保險業女性。在她私下的發言當中，她說過她的領導技能，全部都是她的父母和四個小孩教她的。她本人大學沒有畢業，不過她的四個孩子全部都有大學學歷。

凱洛・布朗納（Carole Browner）

凱洛・布朗納是一位律師。她在柯林頓政府時代，曾擔任環保署署長。已婚，有一個獨生子，一九九三年赴任環保署的時候，獨生子才三歲。她之前曾經負責管理佛羅里達州政府的環保法規部門。目前於華府擔任法律顧問。

琳達・查維茲・湯普森（Linda Chavez-Thompson）

美國總工會的執行副總裁，也是勞工運動當中職位最高的女性。身爲第二代墨西哥裔美國人，她也是第一位美國總工會的非白人主管。她是從她所屬的工會——德州與西南部的美國州郡市政府勞工聯盟的基層做起。值得一提的是，她也擔任民主國家委員會（Democratic National Committee）副主席一職。有兩個小孩和兩個孫子。

麗塔・科威爾（Rita Colwell）

麗塔・科威爾博士是微生物學者。她在一九九八年成爲國家科學基金會的第一位女性理事長。在她的領導下，國家科學基金會在奈米科技、生物複雜性、資訊科技和二十一世紀勞動力方面，都有相當顯著的成績。科威爾博士在一九九一年到一九九八年，曾經擔任馬里蘭大學生物科技學院院長，並且在大學擔任微生物學與生物科學課程教授。她單獨或與他人共同出版了十六本書，以及超過六百篇的科學論文，製作了一部獲得獎項肯定的影片《無形的海洋》（*Invisible Seas*），並擔任美國科學促進學會（American Association for the Advancement of Science）的會長。她的先生是一位物理學家，他們有兩位女兒，一位目前是醫學系的教授，另外一位則是開發中國家女性健康議題的專家。

琳賽・克勞斯（Lindsay Crouse）

資深舞台劇、電視與電影三棲女演員。她曾經是連續七年紐約巡迴表演劇團（Circle Repertory Company）的成員，也在全美各地區劇場做過許多表演。她最知名的電影作品包括《大陰謀》（*All the President's Men*）、《審判遊戲》，獲得奧斯卡金像獎提名的《心田深處》，以及和艾爾帕西諾共同主演的《驚爆內幕》（*The Insider*）。在電視方面，她也演過許多知名的電視影集，包括《希爾街的布魯斯》、《洛城法網》、《法網遊龍》（*Law and Order*）、《急診室的春天》、《紐約重案組》和《警網》（*Dragnet*）。她也演出過CBS每週電視電影《大草原》（*Laura Ingalls Wilder: Beyond the Prairie*）。已婚，有兩名親生子女和一名繼子。

南西・卓斯鐸（Nancy Drozdow）

費城應用研究中心的主任暨共同創辦人，提供未公開上市之家庭企業負責人的主管訓練與諮詢服務。她的建議能夠讓經理人對風險、授權、競爭、成長，退出策略等議題，及經常令人難以處理的情緒問題做出分析與決策。她有賓州大學華頓商學院的商學碩士學位。

露西・費雪（Lucy Fisher）

撫養三名子女之際，同時也擁有好萊塢最成功的職業生涯。費雪一開始是在聯美公司（United Artists）擔任劇本編輯，一九七〇年代曾經在二十世紀福斯公司擔任製片副總裁，從一九八一年到一九九五年，則任職於華納兄弟電影公司。她製作過許多賣座電影，例如《小精靈》（*Gremlins*）、《紫色姊妹花》、《紫屋魔戀》以及《麥迪遜之橋》。她也說服了華納兄弟電影公司成立電影界第一間托兒中心。一九九六年，她成爲哥倫比亞三星影業的副董事長，她所帶領的團隊，包括她先生製作人道格拉斯・威克不斷推出一部又一部的賣座電影：《征服情海》、《新娘不是我》、《MIB星際戰警》、《空軍一號》、《蒙面俠蘇洛》以及《愛你在心口難開》。在兩千年她離開哥倫比亞三星影業之後，她與她先生又共同製作了好幾部電影，包括《小飛俠彼得潘》在內。因爲她的一名子女患有糖尿病，露西・費雪也積極參與糖尿病研究計畫的募款活動。

娜奧美・芬納（Naomi Foner）

住在洛杉磯的一名劇作家暨製作人，她的一對兒女都是成功的年輕演員。芬納生長於紐約，職業生涯之初曾經擔任公共電視的製作人。她在兒童電視工作坊工作了十年，在那裡她企劃了《兒童電力公司》（*The Electric Company*）節目，另外也參與熱門兒童節目《3—2—1接觸》（*3-2-1 Contact*）。孩子出生後，她和她的導演先生搬到了洛杉磯，而她也開始從事獨立寫作的工作。

芬納所創作的劇本《不設限通緝》曾經獲得奧斯卡金像獎最佳原創劇本提名。她也參與了其他電影，如《危險情人》（*A Dangerous Woman*）和《生母養母的戰爭》（*Losing Isiah*）等片子的劇本撰寫與製作，後者是由潔西卡・蘭芝和荷莉・貝瑞所主演。她的家庭最近因爲對美國憲法第一修正案議題的貢獻，獲得了美國民權聯盟頒發自由火炬獎（Torch of Liberty Award）的肯定。

麥可・佛薩西卡（Michael Fossaceca）

二〇〇四年時他才三十八歲，是紐約市大通銀行全球資金管理部門的資深副總裁。他帶領一個龐大的業務團隊，協助《財星》一千大企業找到管理流動資產的短期解決方案，包括投資國庫券，以及改善應收帳款與應付帳款處理程序。他與妻子育有兩名女兒，在二〇〇二年十二月我們進行訪談時，分別爲四歲半和十七個月大。

路易絲・法蘭西絲康尼（Louise Francesconi）

雷神公司營業額三十億美元的飛彈系統部門總裁，營運地點位於亞利桑那州的鳳凰城。她負責監督超過四十個生產與開發計畫，並且管理約一萬一千名員工（她的部門所生產的武器，曾經被用來獵捕賓拉登，也曾在美伊戰爭當中使用過）。她在雷神與休斯航空公司合併之後，加入雷神公司。在此之前，她在休斯服務長達二十四年，並且擔任休斯飛彈系統公司的總裁。她有一位已成年的兒子和一位繼子。

萊斯列・甘尼斯・羅斯（Leslie Gaines-Ross）

《執行長資產：建立執行長聲譽與公司成功》（*CEO Capital: A Guide to Building CEO Reputation and Company Success*）一書（二〇〇三年出版）的作者，也是全美針對執行長與企業聲譽議題的頂尖專家之一。她目前擔任博雅公關顧問公司的執行長與研究長。在加入博雅公關公司之前，甘尼斯・羅斯博士於一九八八到一九九七年之間，曾擔任《財星》雜誌的公關與行銷總監。她有兩位已成年的女兒，和一名正值青少年時期的兒子。

潔米・高立克（Jamie Gorelick）

畢業於哈佛大學與哈佛法學院，目前是一位於華府執業的律師，在柯林頓政府時期，也曾擔任過美國五角大廈法律總顧問及司法部副部長。從二〇〇一年到二〇〇三年之間，她擔任美國最大房屋貸款業主美國聯邦國民抵押貸款協會的副董事長，負責政府政策與弱勢族群貸款業務。她也是九一一調查委員會（National Commission on Terrorist Attacks Upon the United States）的委員之一。高立克已婚，有兩名學齡子女。

露絲・哈金（Ruth Harkin）

聯合科技公司的資深副總裁，負責國際事務與政府關係事務。哈金本身是一位律師，她也是美國最早的女性檢察官之一，在一九七〇年代初期，她就在愛荷華州擔任檢察官。她之後成爲美國農業部副法律總顧問，從一九九三年到一九九七年期間，擔任海外私人投資公司的執行長。她嫁給愛荷華州參議員湯姆・哈金（Tom Harkin），育有兩名已成年的女兒。

黛比・漢瑞塔（Deb Henretta）

時年四十三歲，目前擔任寶鹼公司全球嬰兒用品部門的總裁。漢瑞塔從進入社會起就在寶鹼服務，在成功管理該公司知名洗衣粉品牌汰漬之後，建立個人在業界的聲譽。但是她一直到一九九九年被指派爲寶鹼北美地區嬰兒用品部門的總經理之後，才正式脫離洗衣粉的領域。她是寶鹼公司第一個負責紙尿布業務的女性經理人，她當時的任務很明確，就是拯救疲弱不振的幫寶適品牌。幫寶適曾經是全世界銷售第一名的紙尿布品牌，當時卻已經連續數年發生市占率下滑的問題。黛比．漢瑞塔當時三十八歲，已婚且育有三名分別爲九歲、七歲和兩歲的子女。她用媽媽的觀點來解決問題，終於成功挽回該品牌的聲勢。

梅德琳．庫寧（Madeleine Kunin）

曾經擔任過三任佛蒙特州州長，之後也曾經被柯林頓總統任命爲教育部副部長。她後來回到出生地，擔任美國駐瑞士大使。她出生於一個猶太家庭，她們全家人在一九三〇年代離開瑞士、移民到美國。她在美國受教育、結婚，並育有四名子女。

雪麗．肯尼（Shirley Kenny）

育有五名子女，雖然她和她先生都是工作繁忙的大學教授，不過她先生在照顧家庭方面給了她非常大的支持。在德州大學取得博士學位之後，肯尼在天主教大學教授英文，之後則被指派擔任紐約市皇后學院（Queens College）的校長。她目前是紐約州立大學石溪分校的校長。在我們於一九九〇年代中期認識時，她的兒女當中有一位猶太拉比、兩位博士，一位企管碩士，還有一名大學生。

潔洛汀・雷本（Geraldine Laybourne）

紐約多媒體公司氧氣媒體的董事長暨執行長，該公司擁有一家針對女性觀眾的有線電視網路。雷本的事業開始於尼克兒童頻道，她製作的第一個成功節目是《看誰來挑戰》，該節目在不到六個月之內，收視率就成長了一倍。在擔任該頻道總裁期間，她把這家曾經虧損連連的兒童頻道變成一家獲利豐厚的事業。她在和知名脫口秀主持人歐普拉共同創立氧氣媒體之前，也曾經擔任迪士尼ABC電視集團的總裁。她和她先生育有兩名子女。

雪莉・拉沙羅斯（Shelly Lazarus）

全球最大廣告公司之一，奧美環球廣告公司的董事長暨執行長。她在一九七〇年代畢業於哥倫比亞大學商學院，當時她是全班當中僅有的四名女學生之一。拉沙羅斯幾乎整個職業生涯都在奧美廣告。在她的領導之下，奧美廣告贏得了數個重要全球性客戶的信賴，包括IBM、柯達、摩托羅拉和甲骨文等。她和她擔任小兒科醫師的先生育有三名子女。

薇若妮卡・洛佩茲（Veronica Lopez）

住在紐約的史坦頓島，是一位家長教育專家和顧問。已婚，育有一名處於青少年時期的兒子和兩名現年十餘歲的雙胞胎女兒。

安・摩爾（Ann Moore）

時代公司的董事長暨執行長，時代公司是全球頂尖的雜誌出版商之一，同時也擁有影音產品的直銷業務。安・摩爾在一九七八年開始於時代公司任職，在一九九〇年代初期，成爲《時人》雜誌的發行人，之後更成爲該雜誌的總裁。在她的領導之下，這本雜誌的成績更是扶搖直上。摩爾也推出過數本成功的刊物，包括《*Instyle*》、《*Teen People*》和《*Real Simple*》等。已婚，育有一子。

艾琳・納蒂維德（Irene Natividad）

美國女性運動長期的領袖之一。身爲菲裔美國人的納蒂維德，在一九八〇年代曾經擔任美國國家女性政團（National Women's Political Caucus）負責人，該黨團爲一跨黨派組織，設立宗旨在於遴選與指派更多女性擔任公職。她曾經擔任菲裔美人基金會（Philippine American Foundation）的執行總監，也曾任一九九二年與一九九四年全球女性高峰會（Global Summit of Women）總監。已婚，育有一子。

蘇黛德・奧布萊恩（Soledad O'Brien）

自二〇〇三年開始，擔任CNN《早安美國》的雙主播之一。在加入CNN之前，曾經主持NBC的《週末今日》，MSNBC的《晨間綜合新聞》，也曾經擔任NBC《夜線新聞》的記者。她畢業於哈佛大學，育有兩名子女，並且以她獨特的拉丁、愛爾蘭和非裔美人的血統爲榮。

莎拉・皮斯布瑞（Sarah Pillsbury）

住在洛杉磯，是一位電影製作人暨慈善家。一九七六年，她二十五歲的時候，她就共同創立了自由之丘基金會，其宗旨爲「改變，而非施捨」，支持各種地方社區行動主義與環保活動。她也製作了頗獲好評的獨立影片，例如《神秘約會》和《編織戀愛夢》（*How to Make an American Quilt*），以及贏得艾美獎的HBO自製電影《世紀的哭泣》（*And the Band Played On*）。她育有一名女兒，目前就讀於耶魯大學，還有一位就讀高中的兒子。

凱薩琳・鮑威爾（Catherine R. Powell）

華盛頓特區國立天主教學校（National Cathedral School）國中小部的牧師。每個禮拜日，在華盛頓的聖大衛聖公會教會擔任兒童主日學傳道師。她之前曾經在華盛頓特區、北卡羅萊納州和麻塞諸塞州的教會服事過。育有兩名女兒，分別爲二十歲和十六歲。

茱蒂絲・拉波包特（Judith Rapoport）

國家心理健康協會的兒童心理學主任，之前也曾經擔任心理分析師。她是暢銷書《無法停止洗手的男孩》（*The Boy Who Couldn't Stop Washing*）一書作者。已婚，育有兩名已成年的兒子。

安・里查（Ann Richards）

二十多年來，一邊於德州奧斯丁養育四名子女，一面積極參與地方以及全州的政治競選活動。一九七六年，她參與第一場公職競選，也順利選上了郡行政長官。六年之後，她贏得了州財政廳長的選舉，成爲德州五十年來第一位民選擔任州政府公職的女性。一九九〇年，她當選德州州長，她的下一任就是現任美國總統小布希。她目前擔任華府一家法律事務所的資深顧問，並且擁有六名「極近完美」的孫兒女。

瑪莉安・盧德曼（Marian Ruderman）

北卡羅萊納州葛林斯堡創意領導中心的研究總監。她的研究主題是領袖發展過程，尤其著重於女性領袖之發展。她同時也是《十字路口：高成就女性的下一步》（*Standing at the Crossroads: Next Steps for High-Achieving Women*）一書的共同作者之一，另外也共同編輯了

《組織團隊多元性‥變遷職場的研究典範》(*Diversity in Work Teams: Research Paradigms for a Changing Workplace*）一書。她擁有密西根大學組織心理學博士學位。

哈洛德・桑德斯（Harold Saunders）

凱特寧基金會（Kettering Foundation）國際事務部主任，在卡特總統任內（一九七八至一九八一年），曾經擔任近東與南亞事務國務卿。一九七四到一九七九年當中，參與調解五次阿拉伯與以色列之間的協定，包括大衛營協定和以埃和平協定。他也因此建立起一個他稱爲「永續對話」（sustained dialogue）的架構，改善緊張的種族關係。育有兩名已成年的子女。

寶琳・史奈德（Pauline Schneider）

華府何威律師事務所的合夥人。她的專長是公共金融交易，曾經替機場與州政府和市政府處理過價值數十億美元的融資活動。畢業於耶魯大學法學院，曾經參與過許多委員會的運作，也曾擔任華府律師公會的會長。育有一男一女，均已成年。

夏娜・索威爾（Shaunna Sowell）

索威爾整個職業生涯都在德州儀器服務，在大約二十年前，從設計工程師開始做起。之後並擔任過全球環境安全與健康計畫部門副總裁、全球公用設施部門副總裁及經理等職位，二〇〇一年，她成爲德州儀器旗下一家晶圓廠的第一位副總裁與經理，負責管理八百名員工和每年價值十億美元的產品生產線。二〇〇二年，她被《職業婦女》雜誌選爲年度母親的第二名。

潘蜜拉・湯瑪斯・葛拉罕（Pamela Thomas-Graham）

二〇〇一年七月成爲CNBC電視台的總裁暨執行長。之前曾經在麥肯錫企管顧問公司服務長達十年，成爲該公司的第一位黑人女性合夥人。畢業於哈佛大學，著有三本小說。葛拉罕和她先生育有一名學齡前兒童，和一對襁褓中的雙胞胎。

帕翠西・沃德（Patricia Wald）

畢業於耶魯大學法學院，在花十年的時間養育五名子女之前，曾經有過短暫的律師執業生涯。她於一九七七到一九七九年間，擔任美國司法部副部長，之後被指派爲美國華府巡迴上訴法庭，也是美國第二大的聯邦法庭擔任法官。她在該單位服務了二十年，其中一九八六到一九九一年之間，還擔任首席法官。一九九九年退休之後，她在前南斯拉夫聯盟國際戰犯特別法庭（International Criminal Tribunal for the Former Yugoslavia）擔任法官，二〇〇四年，她被指派參加聯邦委員會，調查關於伊拉克大規模毀滅性武器的情報錯誤問題。

瑪格麗特・溫寧（Margaret Wenig）

溫寧在紐約市貝安人民猶太教堂（Beth Am, The People's Temple）擔任拉比長達十六年的時間。這間曾經式微的教會在她的精神帶領之下，重新興盛起來。溫寧拉比是一位專業演說家，也在希伯來協和學院的猶太宗教研究所教授講道學。她經常受邀講道和演講，她的文章曾經被收錄在由亞瑟・坤茲威爾（Arthur Kunzweil）編輯的二〇〇三年《最佳猶太文學作品選集》（*Best Jewish Writing*）當中。

致謝

首先我要對所有我採訪的媽媽們致上最高的敬意和感謝，當總人數已經超過一百人時，我就停止計算確切的數字了，我要感謝她們慷慨分享她們的看法和生活當中的細節。這對她們來說不見得是一件容易的事情。有一天晚上我參加了一群馬里蘭州的媽媽們舉辦的一家一菜晚餐聚會，在晚餐前的幾個小時，我收到了以下這封電子郵件，顯然是由另外一個媽媽團體的某位成員不小心錯寄給我的：

「我的教會有一個職業媽媽團體，其中一位成員今天晚上在她家舉辦一場晚餐派對。安・克坦頓會來參加。她在替她的新書做研究，想要聽聽看我們有沒有什麼有趣的故事，還有我們如何把帶小孩的技巧運用在職場上。我覺得壓力好大！我馬上要去參加這場聚會了，但是我的腦袋卻一片空白！我甚至連一件關於我小孩的趣事都想不起來。有沒有人可以提供我一個好故事，讓我假裝是我自己的故事好去分享的呢？」

我那天晚上故意表現得很隨興，沒有帶任何的故事回家。因爲我最不想做的事情，就是替那些已經被忙碌生活壓得喘不過氣來的職業婦女們再增加任何壓力。相反地，我撰寫這本書的目的，是爲了替每位母親增加原本就應該擁有的勝任感和自信心。從許多花時間協助我做這項研究的媽媽們身上，證實了我認爲「如果你養過小孩，你什麼都辦得到」的信念。

除了許多在書中已經提到的感謝對象之外，我也要特別感謝以下的朋友們，她們貢獻了自己的人脈、研究、創意、回饋和無比的熱情。

普林斯頓大學的潔西卡・白蘭度（Jessica Brando），和觸媒這家致力於提升女性在職場上地位的非營利機構的艾莉西亞・麥希（Alicia Maxey），她提供了寶貴的研究協助。其他提供我採訪對象聯絡方式的，還包括了國家母親中心協會的琳達・吉爾根、朗達・凱夫（Rhonda Kave）和羅莉・史萊普安（Lori Slepian）；全國性支援團體媽媽網絡的瓊安・布朗黛吉（Joanne Brundage）和黛博・李維（Debra Levy）；華盛頓特區聖哥倫比亞聖公會的凱琳・麗莎克爾（Karin Lissakers）、馬丁・梅爾（Martin Mayer）、凱薩琳・派特森（Kathleen Patterson）、羅斯瑪莉・瑞普萊（Rosemary Ripley）、瑪歌・羅斯福（Margo Roosevelt）和珍妮絲・湯瑪斯（Janice Thomas）。我也要特別感謝MOTHERS D. C.的艾琳・愛德史東（Irene Addlestone）、愛彼吉兒・泰勒（Abigail Taylor）和維拉蕊楊（Valerie Young），還有愛蓮娜・萊坎恩（Eleanor LeCain）、愛彼吉兒・特福德、維拉芮・哈德遜和薇若妮卡・洛佩茲等人的全力支持。

我還要特別感謝瑪莉・愛德薩爾（Mary Edsall），她的眞知灼見多年來一直砥礪著我的思維，她也認眞地讀了我的初稿。還有凱薩琳・馬歇爾，她不但認眞讀了我的手稿，同時也和我分享她在女性領導方面的深入見解。

我想要特別感謝我最傑出的經紀人布洛克曼公司（Brockman Inc.）的凱娣卡・馬特森（Katinka Matson）長久以來的支持，還有高譚出版社（Gotham Books）的發行人勞倫・馬瑞諾（Lauren Marino）和希拉蕊・泰瑞爾（Hilary Terrell）。當然也要特別感謝我的先生約翰・漢瑞（John Henry），他不但愛上一位女強人，也相信未來將是女強人的時代。最後，我也要深深感謝我的兒子詹姆斯・克坦頓・漢瑞（James Crittenden Henry），如果沒有他，我永遠沒辦法體會激發這本書靈感的洞察力，也因爲他，才讓我成爲遠比我自己夢想還要聰明的女人。

國家圖書館出版品預行編目資料

媽媽經大於管理經／安・克坦頓（Ann Crittenden）著；
郭春美譯. －－初版. －－
臺北市：大塊文化，2006【民95】
面；　公分. －－（touch；46）
譯自：If you've raised kids, you can manage anything:
leadership begins at home
ISBN 978-986-7059-45-1（平裝）

1. 父母與子女 2. 職業婦女 3. 職場成功法

544.144　　95018092

105 台北市南京東路四段25號11樓

廣　告　回　信
台灣北區郵政管理局登記證
北台字第10227號

大塊文化出版股份有限公司　收

地址：□□□ ＿＿＿＿＿市／縣＿＿＿＿＿＿鄉／鎮／市／區

＿＿＿＿＿＿路／街＿＿＿段＿＿＿巷＿＿＿弄＿＿＿號＿＿＿樓

姓名：

請沿虛線撕下後對折裝訂寄回，謝謝！

大塊 LOCUS 文化

編號：TO046　書名：媽媽經大於管理經

大塊 LOCUS 文化 讀者回函卡

謝謝您購買這本書，爲了加強對您的服務，請您詳細塡寫本卡各欄，寄回大塊出版 (免附回郵) 即可不定期收到本公司最新的出版資訊。

姓名：______________ 身分證字號：_______________ 性別：□男 □女

出生日期：______年______月______日 聯絡電話：_____________________

住址：____

E-mail：____

學歷：1.□高中及高中以下 2.□專科與大學 3.□研究所以上

職業：1.□學生 2.□資訊業 3.□工 4.□商 5.□服務業 6.□軍警公教 7.□自由業及專業 8.□其他

您所購買的書名：____

從何處得知本書：1.□書店 2.□網路 3.□大塊電子報 4.□報紙廣告 5.□雜誌 6.□新聞報導 7.□他人推薦 8.□廣播節目 9.□其他

您以何種方式購書：1.逛書店購書 □連鎖書店 □一般書店 2.□網路購書 3.□郵局劃撥 4.□其他

您購買過我們那些書系：

1.□touch系列 2.□mark系列 3.□smile系列 4.□catch系列 5.□幾米系列 6.□from系列 7.□to系列 8.□home系列 9.□KODIKO系列 10.□ACG系列 11.□TONE系列 12.□R系列 13.□GI系列 14.□together系列 15.□其他

您對本書的評價：(請填代號 1.非常滿意 2.滿意 3.普通 4.不滿意 5.非常不滿意)

書名_______ 內容_______ 封面設計_______ 版面編排_______ 紙張質感_______

讀完本書後您覺得：

1.□非常喜歡 2.□喜歡 3.□普通 4.□不喜歡 5.□非常不喜歡

對我們的建議：____

____

____

LOCUS

LOCUS

LOCUS

LOCUS